우리 문화에 ON AI

우리 문화에 ON AI
ⓒ정수현

2025년 2월 24일 초판 1쇄 펴냄

펴낸곳 **J&J Culture**
펴낸이 정수현

디자인 디자인 지폴리
인　쇄 수이북스

등　록 2017.08.16 제300-2017-111호
주　소 원주시 지정면 가곡로 50, 1002-1901

전　화 010-5661-5998
팩　스 0504-433-5999
이메일 litjeong@hanmail.net

ISBN 979-11-984265-3-6 (0300)

값 20,000원

주문은 문자로~!　010-5661-5998
입금계좌 국민은행 813001-04-086498
예금주 제이제이컬처

우리 문화에 ON AI

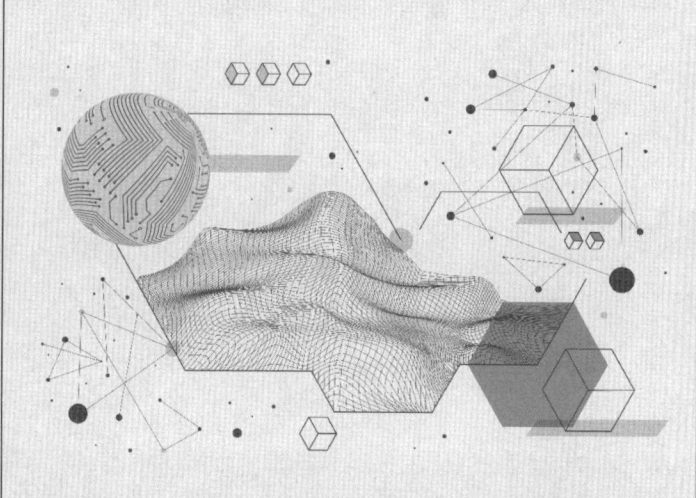

저자 정수현

J&J Culture

차례

1. 도구의 역사 11
2. 4차 산업혁명 43
3. 초연결시대와 융합 63
4. 디지털사회와 빅데이터 93
5. 인공지능 115
6. 디지털 경제1(비트코인) 141
7. 디지털 경제2(내러티브) 163
8. 디지털시대의 공동체 1(인간관계) 189
9. 디지털시대의 공동체 2(가족) 209
10. 디지털시대의 언어 233
11. AI시대 일자리의 미래 255
12. AI시대의 교육 273
13. AI시대의 인문학 293
14. AI 강국 315
15. AI 미래사회 339

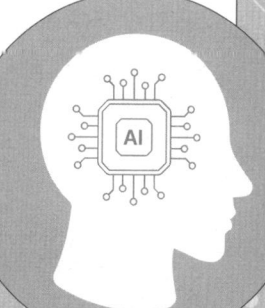

머리말

AI, AI, AI. 세상은 온통 AI 이야기로 떠들썩하다. AI(인공지능)가 체스 게임에서 사람을 이길 때는 그런가 보다 했다. 알파고가 이세돌 9단을 이겼을 때도, AI가 음악을 만들고 그림을 그리고 로봇이 의사 대신 수술을 한다고 했을 때도 두렵기는 했지만, 전문가 영역의 기술이라 생각하여 그 충격이 그리 오래가지 않았다. 하지만 생성형 인공지능 챗지피티(ChatGPT)에서 중국의 '딥시크'(DeepSeek)까지 인공지능은 실제가 되었고 '사용이 너무 쉽고, 똑똑하며, 다양한 형태의 인공지능과 결합하여 인간의 많은 부분을 대체할 것'이 눈앞에 그려졌다. 실감이 났다. 'AI가 나와 무슨 상관이지?'라고 무관심했던 사람들의 시선도 모두 AI에 모이고 있다.

인공지능은 다양한 형태의 문장을 이해하고 생성하며, 긴 문장을 요약하기도 하고, 사용자와 대화해 나갈 수도 있다. 이야기를 만들어 내고, 문서를 작성하며, 시나 소설을 만들어 내기도 하고, 번역도 잘하며, 사용자의 감정을 파악하고 그에 응대해주기까지 한다. 인간과 자연스럽게 대화할 수 있는 능력도 갖추고 있어 더 사람같이 보인다. 공학자와 경제학자들이 모여 AI기술의 변화와 일자리 문제를 논의할 때 만 해도 언어문화 연구자로서 AI는 그들이 논할 영역이라고 생각했다. 하지만 현재의 언어이며 미래의 언어이기도 한 AI는 필연적으로 언어학과 인문학의 주요 주제가 될 수밖에 없다. 이렇게 AI가 세상을 바꾸고, 우리 삶을 바꾸고 있는 지금은 모두가 나서 기술과 미래, 그리고 시장에 대한 통찰이 필요한 시점이다. AI는 경제현상이면서 사회현상이다. 기술혁명이면서 언어혁명이기도 하다.

한국 문화 전공자로서 AI 같은 첨단 기술이 우리의 전통문화와 만나 어떤 긍정적인 변화를 가져올 수 있을지를 고민해보고 싶었다. '**우리 문화에 ON AI**'라는 제목은 AI 기술이 한국 문화 속에서 어떻게 자리 잡고 발전해 나갈지를 살펴보기 위함이다.

먼저, '우리'가 갖는 의미이다. 4차 산업혁명 시대의 기술 발전으로 물리적 거리를 초월한 새로운 형태의 '우리'가 이미 형성되고 있다. 온라인 커뮤니티, 소셜 미디어 플랫폼 등에서 다양한 사람들이 하나의 목표나 관심사를 중심으로 모여 '우리'라는 공동체를 형성하게 된다. '우리'라는 개념은 다양성을 포용하고, 서로 다른 의견과 경험을 존중하고, 공동체의 범위를 확장하는 데 이바지한다. '우리 문화'라는 표현은 전통적인 한국 문화, 또는 한국인의 정체성을 강조하는 것이다. 이 제목은 AI 기술이 한국 문화 속에서 어떻게 자리 잡고 발전해 나갈지를 암시한다. 또한 'ON'이라는 단어에는 '켜다'

또는 '작동하다'라는 의미가 있다. 따라서 '우리 문화에 AI를 적용하고 활성화한다'는 해석이 가능하다. 동시에 '~에 관한'이라는 의미도 있어서, 우리 문화와 AI의 관계를 탐구하는 책이라는 것도 포함할 수 있다. 즉, 인공지능(AI)이 한국 문화에 어떤 영향을 미치고 있으며, 어떻게 활용될 수 있는지를 다루고 있다는 것이다.

이 책은 한국인은 이미 인공지능 시대를 위한 대비가 되어있다는 것을 인공지능의 핵심 개념과 한국 문화의 연결을 통해 보여준다. 우선 한국이 왜 AI의 최적지인가를 살펴보고, 한국식 AI 혁명은 어떠해야 하는가를 보여준다. 이를 위해 미래의 핵심 과학 기술을 우리 문화와 연관 지어 다양한 사례를 통해 설명한다. 또한 그 기술이 가져오는 삶과 직업의 변화와 대중들에게 끼치는 영향을 생생하게 그려낸다. 그동안 말로만 들어보았지 명확히 실체를 알지 못하는 기술들, 즉 인공지능, 로봇, 사물인터넷, 빅데이터, 비트코인 등에 대해 초심자들의 눈높이에 맞춰 알기 쉽게 설명한다. 또한 AI의 미래가 어떻게 펼쳐지는지 궁금한 대중들에게 가장 생생하고 현실적인 실체를 보여준다.

이 책은 인공지능에 관심은 있지만 딱딱한 기술 서적을 펴들 엄두를 못 내는 초보자들을 위한 책이다. 쉽고 재미있는 이야기로 듣고 싶어 하는 사람들에게 4차 산업혁명과 인공지능으로 이어지는 흐름의 연속성을 짚어주며 이해를 돕고자 했다. 인공지능에 대한 지식이 전혀 없는 독자, 인공지능에 대한 기술적인 지식은 있지만 사회문화적 깊이를 원하는 독자, 그리고 현재 우리나라에서 벌어지고 있는 다양한 문화 현상들을 분석하고자 하는 문화연구자들에게 도움이 될 수 있을 것이다. 또한 인공지능에 대하여 이미 익숙하다고 자부하는 분들도 사회문화적으로 미칠 파장에 대해서는 전문적인 깊이를 느끼기에 부족함이 없을 것이다. 대중들이 쉽게 만나는 AI 인문학책으로, 한국 전통문화를 재발견하는 책으로 기능하며 동시에 미래 흐름을 읽는 안목을 키워줄 것이다.

1

도구의 역사

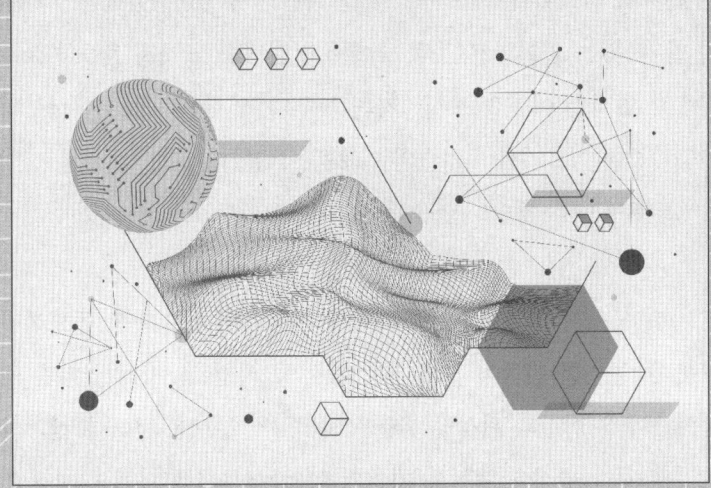

사람은 도구를 만들고
도구는 사람을 만든다

캐나다의 미디어 학자 마셜 맥루한(Marshall McLuhan)은 '사람은 도구를 만들고 도구는 사람을 만든다'라고 했다. 도구는 인간을 특별한 존재로 만들었다. 새로운 도구를 사용할 수 있는 능력은 인간만이 할 수 있는 일이었고, 동물 중에서도 간단한 도구를 만들어 쓰는 경우가 있지만 이를 발전시키지는 못했다. 인간은 돌도끼에서부터 인공지능에 이르기까지 기술의 진보를 이뤄왔다.

❋ 마셜 맥루한, 『미디어의 이해(Understanding Media: The Extensions of Man)』, 민음사, 2019

바퀴나 배가 없었다면, 불을 피우는 방법을 몰랐다면, 돌도끼나 그릇 등 농기를 만들지 못했다면, 화살 등 사냥도구가 없었다면 인류의 생활은 야만과 원시의 생활을 벗어나지 못했을 것이다. 쟁기의 도입은 경작 방식에 혁신을 가져와 농업 생산성을 크게 향상했고, 바퀴의 발명은 운송 수단을 혁신적으로 변화시켜 무역과 상업의 발전을 촉진했고, 인쇄기는 정보의 확산을 혁신적으로 변화시켜 책과 문서의 대량 생산을 통한 지식과 정보가 널리 퍼지며 교육과 문화의 발전을 촉진했다. 산업혁명 시기에 증기기관의 발명은 제조업과 운송의 혁신을 가져왔고 기계화가 이루어지면서 대량 생산할 수 있어 사회 구조와 경제 체제를 변화시켰다.

맥루한은 "바퀴는 발의 연장이고, 타자기는 손의 연장이며, 티브이는 눈의 연장이다."라고 하여 도구를 인간 한계의 확장이라고 보았다. 과학 기술이 인간과 상호작용하면서 인간을 확장하는 역할을 한다는 것이다. 인간은 바퀴로 이동할 수 있는 거리만큼 사고의 영역이 확장됐고, 그 바퀴의 경험은 불가능하게 보였던 강을 건널 수 있는 배를 만들 수 있게 했다. 땅 위를 질주하는 자동차를 만들고 하늘을 나는 비행기를 만들게 하였다. 또한 현미경이나 망원경 등의 도구가 발명되면서 맨눈으로는 볼 수 없었던 것을 보게 된 것처럼 인류는 기술의 발달에 따라 인식 범위를 확장할 수 있게 되었다. 인간은 도구에 의해 신체의 한계와 시공의 한계를 훌쩍 뛰어넘게 된 것이다.

20세기 후반에 등장한 컴퓨터와 인터넷은 현대 사회의 모든 측면을 변화시켰다. 정보의 저장과 처리 방식이 혁신적으로 개선되었고, 글로벌 커뮤니케이션과 정보 접근이 쉬워졌다. 전화는 소통 방식에 큰 변화를 가져왔다. 멀리 떨어진 사람들과의 즉각적인 소통이 가능해지면서 개인의 생활뿐만 아니라 비즈니스와 사회적 관계에도 큰 영향을 미쳤다. 이는 경제, 교육, 사회적 상호작용을 포함한 모든 분야에서 혁신을 가져왔다.

이와 같은 도구들은 인류의 생활 방식을 혁신하고 발전시키는 데 중요한 역할을 했으며, 오늘날의 사회와 문화를 형성하는 데 이바지하였다. 도구의 발명이 없었다면 우리가 문명이라고 부르는 사회적 정착 생활이나 문화, 예술은 꿈도 꾸지 못했을 것이다. 도구를 통해 인류가 생활해 온 역사가 바로 인류 진화의 역사이자 문명의 발달사이다. 그래서 도구의 역사는 과학사이면서 문명사이다.

프랑스의 철학자 앙리 베르그송은 인간을 합리성뿐 아니라 발명과 혁신 능력으로 다른 동물과 구별했고, 인간을 '도구의 인간', '만드는 사람'이란 의미의 '호모 파베르'(Homo Faber)라고 했다. 그는 인간 진화의 특징인 도구와 기술을 발명하는 인간의 능력을 구체화하면서도 도구적 합리성(호모 파베르의 사고방식)에 대한 지나친 강조가 기계론적인 삶의 관점으로 이어질 수 있고 더 깊은 영적, 창조적 차원을 무시할 수 있다는 점을 우려했다. 진정한 인간성은 기술적 숙달(호모 파베르)과 직관적 창의성을 지닌 호모 사피엔스(슬기로운 사람) 또는 호모 루덴스(놀이하는 사람) 사이의 균형에 있다고 강조했다.

❋ 앙리 베르그송 저, 황수영 번역, 『창조적 진화(Creative Evolution)』, 아카넷, 2005

기계에 죽음을, 기계는 우리 꿈을 짓밟아!

도구가 인류 역사에서 언제나 환영받았던 것은 아니다. 19세기 초 산업혁명 시기에 영국 노동자들은 기계파괴운동 '러다이트'(Luddites)를 일으켰다. 방적기가 노동자의 일거리를 줄인다며 총과 해머를 들고 1,000대가 넘는 기계를 파괴했다. 당시 방적기는 기술 혁신의 대명사였다. 그러나 노동자들은 기계로 인해 고된 수공업에서 벗어났다고 좋아하지 않았다. 그들은 "기계에 죽음을, 기계는 우리 꿈을 짓밟아"라는 구호를 외쳤다.

❋ 러다이트 : 1811년과 1812년 사이에 일어난 대규모적인 기계 부수기 운동이었고, 기계를 부수는 행위는 실제로는 노동자들이 자본가에 맞서 계급투쟁을 벌인 노동운동이었다.

노동자들은 기계가 인간을 노동에서 해방하는 게 아니라, 인간을 자본에 귀속시켜 기계보다 못한 삶을 살게 할 것으로 생각했다. 공장에 도입된 기계는 더 저렴하고 효율적으로 상품을 생산할 수 있게 하여 숙련된 장인들의 생계를 위협했다. 실업, 임금 삭감, 열악한 노동 조건에 직면한 노동자들은 자신들의 억압을 상징하는 기계를 부수며 직접 행동에 나섰다. 그들의 행동은 경제적 불공정에 대한 항의이자 비인간화된 산업 세력에 맞서 존엄성을 외치는 외침이기도 했다.

영국 정부는 나폴레옹과 벌인 전투보다 더 많은 병력을 보내 폭동을 진압했고 100여 명이 교수형에 처하거나 추방됐다. 하지만, 1818년 독일의 언론인 '쾰른 차이퉁'은 "증기기관 한 대가 1,000명의 사람을 실업자로 만들고 노동자 모두에게 분배될 이익을 한 사람에게 넘기기도 한다. 새로운 기계가 나올 때마다 많은 가정이 빵을 빼앗긴다. 증기기관이 하나 만들어지면 거지의 숫자가 늘어난다. 사회의 모든 돈이 일부의 자본가들 손에 들어가고 대다수 사람은 그들에게 잘 보이려고 애걸하는 세상이 올 수도 있다."라는 러다이트를 옹호하는 기사를 실었다. 러다이트는 종종 반진보적이라고 무시당했지만 본질적으로 반기술적인 존재는 아니었다. 그들의 저항은 기술변화로 인한 사회적, 경제적 결과에 뿌리를 두고 있었다. 그들은 인간 복지와 기계화 사이의 균형을 옹호하며 공정한 대우와 지속 가능한 혁신 통합을 추구했다.

기계와 기술에 대한 반감은 이후에도 이어졌다. 컴퓨터가 나왔을 때, 인터넷이 나왔을 때, 인공지능이 나왔을 때도 사람들의 반응은 같았다. 새로움을 받아들이는 건 어렵다. 하물며 사회 체계가 바뀌고 큰 비용이 든다면 저항이 클 수밖에 없다. 새로운 기술은 우리에게 미지의 세계를 상상하게 한다. 그다음은 공포와 불안을 준다. 이러한 감정이 개인을 넘어 집단이 되면 폭력이 발생할 수 있다. 21세기에도 거대 IT 기업들의 과도한 영향력에 대한 반발과 적대감으로 시민들이 시위대를 결성해 실리콘밸리 도로를 점거하고 구글 애플

통근 버스를 공격하는 일이 일어나기도 했다. 이를 테크래시(tech-lash)라 부른다. 테크래시(tech-lash)는 정보기술(IT) 기업들의 성장으로 일상생활이 편리해졌지만 이에 따라 사회에 부정적인 영향이 일어나고 있다고 생각하는 이들이 많아지면서 생긴 용어다.

❋ 테크래시(tech-lash) : 기술을 뜻하는 테크놀로지(technology)와 급변하는 사회에 대한 대중의 반발을 의미하는 백래시(backlash)의 합성어다.

구글·애플·아마존·페이스북·넷플릭스 등 미국의 IT 기업들은 빠른 성장을 거듭하면서 시장 지배력을 강화해 나가고 있다. 이 과정에서 본사가 있는 지역의 집값 폭등, 개인 정보 유출에 따른 사생활 침해 등의 상황으로 피해를 보는 이들도 생겨났고 이로 인한 반발이 폭력으로 번진 것이다. 디지털 혁명이 삶의 모든 측면을 재편하면서 사회는 프라이버시 침해, 직업 이동, 사회적 고립, 인공지능이 제기하는 윤리적 딜레마 등 새로운 도전에 직면하게 된다. 데이터 보호, 공정 노동 관행, 윤리적 AI를 옹호하는 운동에서 나타나는 기술에 대한 반발은 견제받지 않는 기술 채택에 대한 우려를 반영한다.

처음에는 연결성과 민주화된 커뮤니케이션의 도구로 찬사를 받았던 Facebook과 Twitter와 같은 플랫폼도 이제 잘못된 정보를 퍼뜨리고, 정치적 양극화를 조장하며, 사용자 데이터를 악용하는 역할로 인해 비판의 대상이 되고 있다. 마찬가지로 Uber와 DoorDash와 같은 기업도 불안정한 노동 관행으로 비판받고 있으며, 이는 착취적인 산업 시스템에 맞선 19세기 노동자들의 투쟁을 반영한다. 게다가 인공지능의 부상은 러다이트족의 불안감을 연상시키는 두려움을 불러일으킨다. AI는 제조업에서 의료 서비스에 이르기까지 전 산업을 혼란에 빠뜨려 수백만 명의 근로자를 잠재적으로 해고할 수 있다고 위협한다. AI의 사회적 비용을 완화하면서 AI의 혜택을 공평하게 분배하는 방법에 대한 문제는 아직 해결되지 않아 회의론과 저항을 불러일으키고 있다.

❋ Uber : 미국의 종합 운송 네트워크 기업. 운전자와 승객을 중개하여 승객이 이용할 때 승객이 요금을 지불하며, 기사를 통해 그 회사에서 수수료 이익을 얻는 방식의 라이드 헤일링(Ride Hailing) 서비스를 제공한다.
❋ DoorDash : 온라인 음식 주문 및 배달 대행 서비스 미국 기업.

그러나 러다이트족과 마찬가지로 현대의 테크래시는 단순히 기술에 대한 거부가 아니라 책임감, 윤리, 혁신의 포용성을 요구하는 것이다. 책임 있는 기술을 옹호하는 사람들은 인간의 복지, 환경 지속 가능성, 공평한 경제적 결과를 우선시하는 규제의 필요성을 강조한다. 윤리적 AI 체계, 공정 거래 관행, 디지털 권리에 대한 추진은 인류의 핵심 가치를 희생하지 않으면서 기술의 잠재력을 활용하려는 집단적인 열망을 반영한다.

결론적으로 한때 영국에서 울려 퍼졌던 "기계에 죽음을!"이라는 외침은 오늘날의 사회에서 기술의 역할에 대한 논쟁으로 계속되고 있다. 러다이트는 인간의 존엄성을 희생해서는 안 된다는 가슴 아픈 기억이다. 디지털시대의 복잡성을 헤쳐나가며 기계가 우리의 꿈을 짓밟기보다는 향상시킬 수 있도록 역사의 교훈에 귀를 기울여야 한다. 문제는 혁신을 중단하는 것이 아니라 기술이 인류에게 봉사하는 미래를 향해 나아가는 데 있다.

그들은 왜
신기술에 저항하는가?

신기술이 등장할 때마다 발생하는 사회적 반발에 대해 미국 하버드대 케네디스쿨의 칼레스투스 주마(Calestous Juma)교수는 왜 혁신적 기술이 사회의 반대에 부딪히게 되는지, 그러한 반대를 극복하려면 어떤 정책이 필요한지 설명한다. 그는 역사적으로 사회의 반대를 이긴 다양한 혁신 사례를 소개한다. 냉동 기계와 마가린 등 우리 생활을 바꾼 신기술들이 사회의 불신과 흑색선전을 이겨내고 주도적 기술로 자리 잡는 과정을 흥미롭게 풀어냈다. 천연얼음은 몸에 좋고 기계로 냉동한 얼음은 유해하다는 편견, 마가린은 위조 버터고 불임을 유발한다는 유언비어 등 신기술이 부딪혔던 저항과 그를 이겨낸 혁신가들의 이야기를 담고 있다. 이 책은 신기술 도입으로 야기되는 사회적 긴장의 원인과 그 해소 방안을 모색한다.

❄ 칼레스투스 주마 저/박정택 역, 『규제를 깬 혁신의 역사 : 왜 그들은 신기술에 저항하는가』, 한울아카데미, 2022

위의 책을 바탕으로 신기술에 대한 저항의 원인을 찾아본다면, 첫 번째로는 불확실성에 대한 두려움이다. 새로운 기술은 항상 불확실성을 동반한다. 사람들은 기술이 가져올 변화에 대한 예측이 어렵고, 그로 인해 자신의 생활이나 일자리에 부정적인 영향을 미칠까 두려워하게 되고, 이러한 불안감은 자연스럽게 저항으로 이어진다. 예를 들어, 인터넷과 스마트폰의 출현은 정보 접근성을 획기적으로 향상했지만, 동시에 소통의 방식과 인간관계의 질에 대한 우려도 불러일으켰다. 사람들이 기술의 발전에 대해 두려워하는 이유는, 익숙한 방식에서 벗어나는 것에 대한 불안감과 그로 인해 발생할 수 있는 부정적인 결과 때문이다.

두 번째로는 기존 가치관과의 충돌이다. 신기술은 종종 기존의 가치관이나 문화와 충돌한다. 예를 들어, 디지털 기술의 확산은 전통적인 비즈니스 모델을 위협할 수 있다. 이에 따라 사람들은 자신의 신념과 일치하지 않는 기술에 대해 저항감을 느끼게 된다. 세 번째로는 정보의 부족이다. 새로운 기술에 대한 이해 부족도 저항의 한 원인이다. 기술에 대한 충분한 정보가 없거나 잘못된 정보가 퍼지면, 사람들은 기술을 거부하게 된다. 교육과 정보 제공이 부족하면 저항은 더욱 강해질 수 있다. 문자가 보급되던 초기에 소크라테스는 문자가 사람들의 기억력을 약화하고 스스로 사고하는 능력을 떨어뜨릴 것이라 우려했고, 인쇄술이 보급되자 라이프니츠는 "책의 범람으로 사회는 철저한 망각의 위험에 빠지고 야만으로 회귀할 것"이라고 경고했다. 네 번째로는 경제적 요인을 들 수 있다. 신기술 도입은 종종 비용이 들거나 초기 투자 부담이 크다. 특히 중소기업이나 개인 사업자는 이러한 경제적 부담 때문에 새로운 기술을 수용하기 어려워할 수 있다.

이처럼 신기술에 대한 저항은 단순한 반발이 아니라, 복합적인 심리적, 사회적, 경제적 요인에 의해 형성된다. 따라서 혁신을 추진하는 측에서는 이러한 저항의 원인을 이해하고, 효과적으로 소통하며 교육하는 것이 중요하다. 사람들의 두려움을 해소하고, 신기술이 가져올 긍정적인 변화에 대한 믿음을 심어주는 노력이 필요하다. 칼레스투스 주마는 『규제를 깬 혁신의 역사』에서 이러한 반발의 해결책으로 혁신은 새로운 기술과 발명품을 개발하는 것에서 그치지 말고 그것을 널리 보급해 사회가 혜택을 누리게 해야 비로소 완성이라고 할 수 있으며, 사회의 긴장을 해소해 '문화적 수용성'을 높여야 한다고 주장한다.

클라이브 톰슨(Clive Thompson)은 『생각은 죽지 않는다』에서 실제로 글쓰기, 인쇄술, 전신술 등의 모든 기술적 혁신이 역사 속에서 우려를 자아냈지만, 그 과정에서 인류는 새로운 기술에 훌륭히 적응했고 옛것의 장점은 그대로 유지했다고 밝힌다. 소크라테스의 우려는 오늘날 전자책이 종이책을 대체하고, 검색이 일상화되고, 스마트폰이 필수품이 되면서 우리가 갖게 된 두려움과 크게 다르지 않다. 그러나 인류는 새로운 기술이 나올 때마다 그것에 훌륭히 적응했고 새로운 도구의 사용법을 터득했으며, 옛것의 장점은 그대로 유지했다. 저자는 최근 우리의 일상을 지배하고 있는 디지털 기술이 가진 특성을 하나하나 짚어보며 그것이 인간 정신에 어떤 영향을 미치고 있는지 많은 사례를 들어 치밀하게 분석하여, 새로운 기술이 우리의 사고 패턴을 좋은 쪽으로 바꾼다는 낙관적인 입장에 손을 들어주고 있다.

❋ 클라이브 톰슨 저/ 이경남 역, 『생각은 죽지 않는다: 인터넷이 생각을 좀먹는다고 염려하는 이들에게』, 알키, 2015

손,
밖으로 나온 뇌

몇 만 년 전, 인류의 조상은 직립보행을 하기 시작하면서 손이 자유롭게 되었다. 자유로워진 두 손은 도구를 개발할 수 있게 했다. 손은 단순히 두뇌가 하는 일을 수행하는 일에 그치지 않고, 두뇌를 자극해 발달시켜 주는 존재이다. 과학자들은 인류가 도구를 사용하기 시작했을 때부터 뇌 용적이 많이 증가했다고 말한다. 손을 사용함으로써 인간 두뇌의 중추인 전두엽에 자극이 가해지고, 자극을 해석하는 과정에서 전두엽은 새로운 생각을 만드는 등 창의적 활동을 한다. 즉 손은 최고 차원의 정신 기능을 움직이는 '외부의 뇌'인 것이다. 손은 세상과의 물리적 상호작용을 위한 도구의 역할을 넘어 복잡한 생각, 감정, 의도를 드러낼 수 있는 뇌의 연장선 역할을 한다. '외부로 드러나는 또 하나의 뇌'라는 표현은 의사소통, 창의성, 문제 해결의 매개체인 손의 다면적인 성격을 적절하게 포착한 것이다.

손의 창조 능력은 지적 능력에 대한 또 다른 증거다. 선사 시대 동굴 벽화부터 현대 건축의 경이로움에 이르기까지 인간의 손은 예술과 기술 발전의 중심이었다. 예술작품을 창작하거나 건축물을 짓는 행위에는 추상적 아이디어를 물리적 형태로 변환하여 상상과 현실 사이의 격차를 해소하는 작업이 필요하다. 문제 해결에도 손이 필요한 경우가 많고, 학습에서 촉각 탐색의 역할은 대단히 크다. 과학자, 엔지니어, 장인은 아이디어를 구체화하기 위해 실험에 의존하는 경우가 많은데, 손과 뇌 사이의 이러한 상호 작용은 이해를 향상하고 진행을 촉진한다.

또한, 손은 물리적 접촉을 넘어서는 인간의 감정과 사회적 상호작용과 깊이 얽혀있다. 부드러운 손길은 편안함을, 확고한 그립은 자신감을, 박수는 감탄을 표현할 수 있다. 이러한 상호작용을 통해 손은 관계를 구축하고 공감을 키우는 매개체가 된다. 접촉의 치료적 힘은 손의 정서적 중요성을 더욱 잘 보여준다. 마사지 요법, 신체 재활과 같은 분야에서 손은 간병인의 의도와 환자의 경험을 연결하는 치유와 웰빙 역할을 한다.

일본의 대표적 뇌과학자인 구보타 기소우는 인류의 진화과정에서 손이 한 역할을 살핀다. 그는 인류가 손을 쓰면서부터 뇌의 부피가 급증했다고 주장한다. 160만년 전 도구를 사용하는 '손을 쓰는 사람'이라는 뜻의 호모 하빌리스(Homo habilis) 화석이 그 증거다. 1963년 탄자니아의 한 계곡에서 영국 인류학자가 사람 화석을 발견했는데, 엄지손가락을 제외한 네 손가락은 나무타기와 매달려 있기에 적합했고, 모든 손가락의 관절은 도구를 사용하기에 적합했다. 이 화석 이후 원시인의 뇌 용적이 급격히 커졌다. 호모 하빌리스가 손으로 돌이나 나무 등을 만지는 과정에서 뇌에 자극받고 창조성을 발휘했을 것으로 추정된다. 손을 사용하기 시작한 호모 하빌리스 이후 인류는 뇌 용적은 많이 증가한다. 철학자 칸트(1724~1804)는 손을 두고 '바깥으로 드러난 또 하나의 뇌'라고 부르며 손에 중요성을 부여했다.

❋ 구보타 기소우 지음/ 고선윤 옮김, 『손과 뇌』 바다출판사, 2014

　　손의 능력은 단순히 도구를 사용하는 것을 넘어서, 예술, 음악, 공예 등 다양한 분야에서도 표현되며, 손은 육체노동의 도구일 뿐만 아니라 커뮤니케이션 수단이기도 하다. 몸짓, 수화, 심지어 미묘한 움직임까지 말만으로는 표현할 수 없는 미묘한 감정과 의미를 전달한다. 많은 문화권에서 손은 신뢰의 몸짓인 악수, 인사의 물결, 종교의식과 춤의 복잡한 손짓 등 상징적 의사소통의 중심이다. 수화는 손이 "외부로 드러나는 또 다른 두뇌"로 작용하는 방식을 보여주는 심오한 예다. 청각 장애가 있는 사람들에게 손은 복잡한 문법, 어조, 감정을 표현할 수 있는 언어 의사소통의 주요 매체가 된다. 이러한 의존은 사고의 통로로써 손의 인지적 깊이와 적응성을 강조한다. 인간에게 손은 생각이 되고 말과 몸짓이 되었다.

❋ 악수는 중세 서양에서 기사들이 싸울 의지가 없음을 보이기 위해 오른손을 내밀던 것에서 유래했다. 무기를 쥐던 오른손이 빈손임을 보여줌으로써 화해를 약속한 것이 지금의 악수로 자리 잡았다.

　　인류의 진화에서 손은 단순한 신체 부위를 넘어, 문화와 기술을 발전시키는 핵심적인 역할을 했다. 손의 구조와 기능은 복잡한 도구를 제작하고 사용하는 데 최적화되어 있으며, 이는 호모 파베르뿐만 아니라 현대인에게도 중요한 요소이다. 인간의 손은 물리적인 부속

물 이상으로 생각, 감정, 창의성을 외부 세계에 드러내는 두뇌의 확장이다. 두뇌의 민첩성, 인지 통합 및 표현 잠재력은 "또 다른 두뇌"로서의 역할을 강조한다. 외과 의사의 정확성, 예술가의 창의성, 전달자의 몸짓을 통해 손은 내부 세계와 현실을 연결하여 인간의 독창성을 구현한다.

기계보다 빠르고
정교한 손재주

한국인은 손재주가 뛰어난 민족으로 알려져 있다. 전통 공예부터 첨단 산업에 이르기까지 한국인의 타고난 기술, 정확성, 적응력은 문화와 정체성을 형성하는 데 중요한 역할을 해왔다. 한국의 기술은 한국의 풍부한 장인정신과 예술의 역사에서 그 기원을 찾을 수 있다. 이는 공예, 요리, 음악 등 여러 분야에서 두드러지게 나타난다. 한국의 전통 공예인 한지, 도자기, 직조, 목공예 등은 정교한 손길로 이루어지며, 이러한 기술은 대대로 전수됐다. 또한 한국의 전통 악기인 가야금이나 해금 등을 연주할 때도 섬세한 손놀림이 필수적이다.

우리 선조들의 뛰어난 손재주를 보여주는 증거로는 고조선시대의 유물인 국보 제141호 다뉴세문경(多紐細紋鏡)이 대표적이다. 현대 정밀공학으로도 엄두를 못 낼 만큼 거울의 뒷면이 미세한 기하학적 무늬와 선으로 가득하다. 지름 21cm의 면에서 1만 3천여 개의 줄이 한 치의 흐트러짐 없이 가지런히 그어져 있다. 선과 선 사이의 간격은 0.3㎜에 불과하다. 1㎜ 안에 머리카락 굵기의 선 3개를 새겨 넣은 것과 같은 작업이다. 확대경이나 초정밀 제도기구가 없던 시대, 이처럼 뛰어난 청동 주조물은 세계 어디서도 찾아볼 수 없다. 다보탑, 금속활자 등도 우리 선조의 정교한 손재주를 대변해 주는 것들이다. 또한, 고려 시대 청자 제작에는 예술적 비전뿐만 아니라 특유의 상감 문양과 우아한 형태를 구현하기 위한 정밀한 손놀림이 필요했고, 마찬가지로, 한국의 전통 의상인 한복 제작에는 기능성과 아름다움의 균형을 이루는 복잡한 바느질 기술이 필요했다. 여러 세대에 걸쳐 전해 내려온 이러한 문화 전통은 한국인의 수작업 기술을 세계 최고의 수준에 올려놨다.

한국인들이 유별나게 손재주가 좋은 이유는 생업과 관련이 있다. 한국은 오랜 역사 동안 농업과 수공업 중심의 사회 구조를 유지해 왔다. 농업은 정교한 도구와 기술이 필요하고, 수공업은 뛰어난 손재주가 요구된다. 이러한 환경은 손의 능숙함과 기술적 숙련도를 발전시키는 데 이바지했다. 남녀 나이 10대가 되면 남자들은 새끼를 꼬고, 여자들은 나물을 캐고 다듬는 등 손을 쓰기 시작했고, 아이들이 즐겨 하는 놀이도 공기놀이, 실뜨기, 종이접기 등 손놀림으로 집중되어 있었다. 또한 우리 민족이 젓가락질을 통해 손을 미세하게 조절할 수 있어서 손재주가 좋다는 것이 정설이다.

한국의 요리 전통 또한 비교할 수 없는 손기술의 또 다른 생생한 예를 제공한다. 김치, 떡, 만두 등의 요리를 준비하는 과정에는 손재주가 돋보이는 복잡한 기술이 필요하다. 예를 들어 김치를 담그는 과정에서는 양념을 배춧잎에 고르게 바르는 능숙한 손이 필요하고, 떡을 만들거나 만두 속을 채워 피를 접는 일은 정확성과 속도를 요구한다. 이러한 요리 관행은 미각을 만족시킬 뿐만 아니라 손기술과 문화적 정체성 사이의 심오한 연관성을 보여준다. 식생활에서 젓가락의 사용은 손기술의 극치이다. 젓가락은 포크 사용의 두 배가 넘는 30여 개의 관절과 50여 개의 근육이 함께 작동해 지능 발달에도 커다란 영향을 끼친다고 한다. 손재주는 세대를 거쳐 전수되어, 한국인의 문화적 정체성과 연결되면서 강화되었다. 한국인의 손재주는 단순한 기술적 능력을 넘어, 문화와 예술, 그리고 현대 산업에까지 영향을 미치고 있다.

현대에 와서 한국의 손재주는 전통 공예를 넘어 전자, 자동차 제조, 생명공학 등 산업의 원동력이 되었다. 한국인들은 특히 섬세한 조립과 정밀도가 요구되는 분야에서 뛰어난 속도와 정확성으로 유명하다. 삼성, LG와 같은 기업으로 대표되는 전자 산업은 기계가 할 수 없는 정교한 작업을 수행하기 위해 숙련된 인력에 크게 의존한다. 예를 들어, 마이크로칩이나 LCD 패널을 조립하려면 첨단 로봇공학조차 달성하기 어려운 속도, 정밀도 및 적응성의 조합이 필요하다. 기계는 반복적인 작업에는 탁월하지만, 변화나 예상치 못한 문제에 적응하는 인간의 능력은 부족하다.

손이 발달한 우리는 '손'을 활용한 단어의 표현이 풍성하다. '손이 크다·작다'부터 '손이 가다.' '손을 빌리다' '손이 없다.' '손을 벌리다.' '손에 익다.' '손에 맞다.' 등 무척 다양하다. 이런 관용구에서 '손'은 '일하는데 필요한 사람'을 말하기도 하고 '기술이나 노력'을 의미하기도 한다. 때로는 '어떤 사람의 능력이나 힘이 미치는 범위'

로 해석되기도 한다. 한국인들은 손이 발달했기 때문에 어떤 것이든 만져보려 한다. 수박을 살 때도 손으로 두드려보고 관광도 눈으로는 성이 차질 않아 반드시 만져본다. 그래서 손이 닿을 만한 거리의 문화재는 부분부분 손때로 반지르르하다.

속도, 정확성, 적응성을 특징으로 하는 한국의 손재주는 기계가 점점 더 지배하는 세상에서 인간 기술의 힘을 보여주는 증거다. 풍부한 장인정신의 역사에 뿌리를 두고 문화적 가치와 교육으로 유지되는 이러한 독특한 특성 덕분에 한국은 전통 예술, 현대 산업, 심지어 뛰어난 요리 분야에서도 번영할 수 있었다. 기계는 계속 발전하지만, 직관력, 적응성, 인간 손의 미묘함을 복제할 수 없다는 점으로 인해 여전히 한계가 있다. 기계보다 빠르고 정교한 한국의 손재주는 전통과 혁신이 조화롭게 공존하는 세상을 만들어가는 인간의 독창성과 기술의 지속적인 가치를 일깨워준다.

 # 어루만지다

한국어는 촉각을 강조하는 표현으로 가득 차 있어 문화적 중요성을 보여준다. '손을 잡다'와 같은 문구는 신체적 행동뿐만 아니라 정서적, 관계적 깊이도 전달하는 중의적 표현을 갖는다. 이러한 관용구는 촉각이 한국어 의사소통의 구조에 은유적으로 어떻게 짜여 있는지를 보여준다. 또한 한국어의 존칭 체계는 촉각 존중을 더욱 강조한다. 예를 들어, 더 높은 지위에 있는 사람과 대화하면서 자신을 신체적으로 낮추거나, 두 손으로 술잔을 받쳐 들고 윗사람이 따르는 술을 받는 등의 행위는 촉각과 언어가 얽혀있는 언어적, 문화적 실천이다. 이는 한국의 의사소통이 말을 초월하여 겸손을 표현하는 신체적 제스처를 도입하는 경우가 많다는 것을 보여준다.

'어루만지다'는 가볍게 쓰다듬어 만진다는 뜻이다. '매만지다'도 만지다에서 나온 말이기는 마찬가지지만 '매만지다'는 잘 가다듬어 손질하거나 부드럽게 어루만지는 걸 말하고 '어루만지다'는 가볍게 쓰다듬어 만지거나 가볍게 쓰다듬는 것처럼 스쳐 지나가거나 빛 따위가 사람이나 물체를 가볍게 비추는 걸 말한다. 둘 다 부드럽게 만지는 것을 뜻하지만 '매만지다'가 손질의 의미를 띤다면 '어루만지다'는 듣기 좋은 말이나 행동으로 달래거나 마음을 풀어 준다는 뜻으로 위로의 의미를 띤다는 차이가 있다. 어루만짐은 다른 사람의 외로움, 설움, 상처를 치유할 수 있는 위로이고, 배려가 담겨 있는 말이다. 어루만짐은 영어 touch나 pat으로는 그 깊은 의미와 뉘앙스를 살릴 수 없다.

우리말의 감각성은 사람의 오감 중 청각과 더불어 촉감 표현에서도 그 능력을 발휘한다. 감정을 표현하는 데 감촉적인 말이 많은 것도 사물을 촉각으로 인지하려는 성향과 무관하지 않다. 이규태는 한국인은 서구 사람보다 육체나 감정 등 촉감으로 사물을 파악하는 데 길들어 있다고 하면서 서양인은 눈으로 미를 인지하고 한국인들은 손으로 미를 인지한다고 했다. 무엇인가를 관찰할 때 서양사람들은 눈으로 하는 데 우리 한국인들은 손으로 한다. '손때(가) 묻다'라는 한국어 관용구는 '그릇, 가구 따위를 오래 써서 길이 들거나 정이 들다'라는 뜻으로 쓰이는 데 비록 하찮은 물질이라도 접촉이 많으면 소중한 것이 된다는 의미이다. 촉각을 중시하는 한국인들의 정서가 잘 드러나는 말이다. 골동품상에서도 손때 묻은 물건을 높게 친다. 손때는 곧 접촉의 결과물이다.

❋ 이규태, 『한국인의 힘』, 신원문화사, 2009

한국인에게 신체적 접촉은 단순한 감각적 경험을 넘어 애정, 존중, 공동체를 표현하는 데 필수적인 부분이다. 애정, 유대감, 애착을 아우르는 한국 고유의 정서인 '정(情)'의 개념에서도 촉각의 중요성을 관찰할 수 있다. 정은 종종 손을 잡거나 등을 두드리거나 위로의 포옹을 하는 등의 신체적 제스처를 통해 나타난다. 이러한 행동은 단순하지만 깊은 감정적 무게를 지니고 있으며 관계의 촉각적 특성을 보여주는 증거다. 또한 우리의 일상생활 속에서 의사소통의 핵심에 촉각이 있었다. 우리나라에서는 여성들끼리 손을 잡거나 팔짱을 끼고 걷는 모습이 아주 자연스럽다. 사람들이 모이면 손에 손을 맞잡고 원을 지어 춤을 추는 강강술래 같은 행사가 관습적으로 행해진다. 운동 경기를 시작하기 전 손을 모아 쌓아 들어 올리거나 내리며 '파이팅'을 외치고, 모임이 끝날 때는 손을 맞잡고 작별 인사를 하고, 모든 선거에서 득표 활동의 가장 효과적인 수단은 악수와 같은 신체적 접촉이다. 전통 풍습부터 현대 사회적 상호작용에 이르기까지 촉각은 한국의 생활 방식을 풍요롭게 하는 문자적이면서도 은유적인 개념이다.

디지털시대의 스마트폰의 햅틱 피드백과 몰입형 가상현실과 같은 혁신은 한국 문화에서 촉각의 중요성에 영향을 받았다. 사용자 상호작용에 반응하여 촉각을 제공하는 햅틱 피드백(haptic feedback)이 스마트폰에 통합되어 사용자 경험을 향상시켰고, 이 기술을 통해 사용자가 기기와 상호작용할 때 진동이나 기타 촉각을 느낄 수 있어 더욱 흥미롭고 실감이 나게 경험할 수 있다. 몰입형 가상현실(immersive virtual reality)은 사용자에게 더 현실적이고 매력적인 경험을 제공하기 위해 촉각에 의존한다. VR에서 햅틱 피드백은 물체를 만지거나 가상 환경을 통과하거나 가상 행동의 영향을 느끼는 감각을 시뮬레이션할 수 있고, 이 기술은 사용자에게 더 몰입감 있고 상호교감하는 경험을 제공함으로써 게임, 교육, 헬스케어 등 다양한 산업에 혁신을 일으킬 수 있는 잠재력을 가지고 있다.

❋ 햅틱 피드백(Haptic Feedback) : 사용자 인터페이스에서 촉각을 통해 피드백을 제공하는 기술. 스마트폰, 게임 컨트롤러, VR 장비 등 다양한 기기에서 사용되며, 진동, 압력, 촉감 등을 통해 다양한 피드백을 제공할 수 있다

❋ 인터페이스 (interface) : 서로 다른 두 개의 시스템, 장치 사이에서 정보나 신호를 주고받는 경우의 접점이나 경계면이다.

❋ 몰입형 가상현실(immersive virtual reality) : 가상현실(VR)에서 사용자의 몰입감을 증대시켜 주변 환경이 현실이라고 느낄 정도로 실감을 주는 것이다. 머리 착용 디스플레이(HMD: Head Mounted Display)를 이용하여 사용자는 시각, 청각, 촉각 등의 감각 요소를 통해 생생한 현실감을 느끼게 된다.

현대 한국에서는 친밀한 것부터 기술적인 것까지 다양한 형태로 촉각의 가치가 지속되고 있고, 공중목욕탕이나 찜질방과 같은 신체적인 근접성은 촉각의 공동체적 측면을 강조하고 문화적 편안함을 반영한다. 반면 디지털시대는 한국 문화의 촉각 경험에 새로운 차원을 가져왔다. 스마트폰의 촉각 피드백과 몰입형 가상현실과 같은 혁신은 촉각을 시뮬레이션하여 기술과 인간의 상호작용 사이의 틈새를 메우는 것을 목표로 한다. 이러한 발전은 점점 더 디지털화되는 세상에서도 한국인들이 촉각 경험을 계속 우선시한다는 점을 강조한다. 촉각은 한국 문화와 언어에서 소중한 위치를 차지하며 사람들이 연결되고 소통하며 감정을 표현하는 방식을 형성한다. 이러한 문화적 전통은 개인적인 관계를 풍요롭게 할 뿐만 아니라 공동체 의식과 소속감을 강화할 수 있다.

도구와 몸의 일체감

한국은 오랜 역사 속에서 도구를 생활 일부분으로 통합해 온 전통이 있다. 한국인들이 도구를 몸의 일부분으로 생각하는 것은 젓가락과 숟가락의 사용에서 특히 잘 드러난다. 한국인은 젓가락 숟가락을 예로부터 몸의 일부로 여겼다. 손가락, 발가락, 머리카락과 같이 '가락'이라는 접미사가 붙은 단어는 모두 신체의 끝에 있다. 여기에서 젓가락과 숟가락도 신체 일부로 여겼음을 유추할 수 있다. 이에 대해 이규태는 '한국인은 숟가락과 젓가락은 내 것, 네 것을 엄연히 구분해서 사용했으며 내 입에 닿은 물건은 그 쓰는 사람의 심신(心身)의 연장체(延長體)로서 인식한 것을 지적하면서 식구(食具)를 인격화하며 신성하게 여기는 것을 한국인 고유의 문화행위'로 주장하였다.

✤ 이규태, 『한국인의 밥상 문화』, 신원문화사, 2000

이어령 또한 한국인들이 젓가락을 몸의 신경 감각의 일부라고 여겼다고 보았다. 먹는 도구의 이름이 인체와 연결된 나라는 한국밖에 없다. 숟가락, 젓가락은 '손가락'의 연장이다. 그런 면에서 젓가락은 몽둥이와 정반대의 속성을 지녔다. 몽둥이는 주먹의 연장이자 근육의 연장이지만 젓가락은 손가락의 연장이자 신경의 연장이다. 힘의 상징인 몽둥이는 주먹보다 크고 뭉툭하지만, 섬세함의 연장인 젓가락은 손가락보다 가늘고 뾰족해야 한다. 젓가락은 내 몸의 피와 신경이 통해 있는 아바타인 셈이다. 우리말에서 숟가락도 늘 특별한 의미가 있었다. 한국어 표현을 보면 숟가락의 중요성을 알 수 있다. 아이가 태어나면 '밥숟가락 하나 늘었다'라고 했고, '밥숟가락 놓았다'라는 것은 죽는다는 의미로 쓰였다. 이렇게 인간의 죽음과 삶을 표현할 때 숟가락을 사용할 만큼 숟가락은 한국인들의 삶의 일부였다.

❋ 이어령, 『한국인 이야기: 너 어디에서 왔니』, 파람북, 2020

    스마트폰 사용이 한국 사회에서 보편화된 이유 중 하나는 이런 문화적 전통과 관련이 깊다. 우리나라 국민 95%가 스마트폰을 사용하는 것으로 조사되었고 이는 전 세계 1위이다. 한국인들은 아침부터 잠들기 전까지 거의 온종일 스마트폰을 놓지 않는다. 스마트폰이 신체 일부처럼 된 사람들을 포노 사피엔스(Phono Sapiens)라고 한다. 옛사람들이 살기 위해 숟가락을 몸에 붙이고 다녔던 것처럼 현대인들은 살기 위해 스마트폰을 몸에 붙이고 다닌다. 지갑보다 더 챙기는 물건이 되었다. 돈 떨어지는 것보다 휴대폰 배터리 떨어지는 것이 더 겁이 난다고 한다. 포노 사피엔스에게 스마트폰은 제3의 손이자 입이기 때문에 그렇다.

❋ 포노 사피엔스(Phono Sapiens) : 생물학적 용어는 아니고 영국 경제주간지 이코노미스트가 처음 쓴 용어로 스마트폰(smartphone)과 호모 사피엔스(homo sapiens)의 합성어이다.

    한국인에게 디지털 도구는 단순히 외부 기기로만 인식되는 것이 아니라 개인 및 직업 생활의 필수적인 부분으로 인식되는 사회적 변화가 일어나고 있다. 스마트폰은 커뮤니케이션, 내비게이션, 쇼핑, 심지어 건강 모니터링의 허브 역할을 하며, 사실상 인간의 능력을 향상시키는 디지털 보철물이 되었다. 마찬가지로 컴퓨터는 업무, 교육, 엔터테인먼트의 중심이 되어 인간 활동의 필수적인 확장자의 역할을 더욱 공고히 하고 있다. 카카오톡, 인스타그램과 같은 소셜 미디어 플랫폼은 단순한 의사소통 도구가 아니라 사회적 상호작용과 정체성 표현을 위한 필수적인 공간이고, 이러한 플랫폼을 통해 개인은 물리적 경계를 넘어 관계를 유지할 수 있다. 많은 한국인에게 스마트폰이 제공하는 끊임없는 접근성은 항상 연결되어 있다는 느낌, 즉 문화적 규범이 된 상태를 만들고, 이러한 문화적 가치는 디지털 기기를 자아의 필수적인 부분으로 인식하게 한다.

    디지털 도구는 일상생활의 통합에도 이바지했다. 세계적 수준의 인터넷 인프라와 기술에 능통한 인구가 결합하면서 디지털 기기에 대한 의존도가 편리할 뿐만 아니라 효율적인 환경이 조성되었다. 이러한 효율성이 생산성과 혁신을 중시하며 빠르게 변화하는 사회에서 매우 중요해짐에 따라 도구를 신체의 확장으로 인식하는 것은 한국인이 경쟁이 치열한 경제 환경의 요구를 충족할 수 있도록 하는 역할에도 기인한다. 하지만 디지털 기기에 지나치게 의존하면 디지털 중독, 대면 상호작용 감소, 눈의 피로 및 근골격계 질환과 같은 건강 문제가 발생할 수 있다. 또한 스마트폰으로 인한 지속적인 연결성이 일과 개인 생활의 경계를 흐려놓아 스트레스와 번아웃이 증가할 수 있다.

현대 한국인들은 스마트폰이나 컴퓨터와 같은 디지털 도구를 신체의 연장으로 인식한다. 이러한 인식은 문화적, 경제적, 기술적 요소의 독특한 상호작용을 반영한다. 디지털 도구를 통해 소통하고 정보를 처리하며 몸과 도구의 일체감을 느끼는 한국인은 디지털 도구를 전 세계 누구보다 잘 이용할 수 있는 사람들이다. 디지털 장치는 단순한 도구가 아니라 개인이 세상과 상호작용하고 정체성을 표현하는 방식에 필수적인 요소가 되었고, 전례 없는 편리함과 연결성을 제공하지만, 잠재적인 단점을 완화하기 위한 신중한 사용이 필요하다.

물건을 희롱하면 뜻을 잃는다

주(周)나라 무왕(武王)이 은(殷)나라를 멸망시키고 천하를 얻자 여러 나라에서 공물을 바쳤다. 그때 여(旅)라는 나라에서 그곳의 특산품인 큰 개 한 마리를 바쳤는데 그 개의 이름이 오(獒)였다. '오'를 선물로 받은 무왕은 아주 흡족해 하며 한시도 개의 곁을 떠나지 않았다. 이를 본 신하 소공(召公)이 '완인상덕 완물상지(玩人喪德 玩物喪志)'라는 경계의 글을 올렸다. "사람과 놀면 덕을 잃고, 물건과 놀면 뜻을 잃는다"라는 뜻으로, 사람들과 사귀는 것이 중요하지만, 너무 사람들과 놀기만 하면 자신의 덕을 잃을 수 있고, 물건과 놀기만 하면 자기 뜻을 잃을 수 있다는 것을 경고하는 문장이다. 물건에 정신이 팔리면 진짜 중요한 자신의 본분을 잃어버릴 수 있으니 정신 차리라는 소리다. 이 말을 듣고 무왕은 은나라의 멸망을 교훈 삼아 헌상품을 모조리 제후와 공신들에게 나누어 주고 정치에 전념했고 한다.

❋ 이는 동양고전의 하나인 '서경(書經)' 여오(旅獒) 편에 나오는 일화이다.

도구의 사용이 인간의 삶을 풍요롭게만 하지 않는 이유는, 이익과 효율을 앞세워 이익이 인간을 지배하는 세상이 되었기 때문이다.

효과적으로 도구를 사용하는 것이 아니라 도구를 앞세워 인간을 파괴하고 있다. 본말전도(本末顚倒)이다. 조선시대 선비들의 말을 빌리자면 신발과 모자가 바뀌어 거꾸로 되어있는 상태이다. 서양의 속담에도 이와 비슷한 말이 '왝더독(Wag the dog)'이다. '꼬리가 개의 몸통을 흔든다'라는 뜻이다. 앞뒤가 바뀌고 주객이 바뀌고 본말이 전도된 경우를 가리킨다. 주인과 손님의 뒤바뀜, 주객전도(主客顚倒) 또는 처음과 나중이 거꾸로 됨, 본말(本末)전도 상황을 일컫는다. 경제에서는 선물이 현물 주식시장을 흔드는 현상을 말하고, 정치적으로는 정치인이 여론의 시선을 다른 곳으로 돌리기 위해 교묘하게 진심을 숨기는 행위를 가리킨다.

❋ Wag the dog : '개를 흔드는 꼬리(the tail wagging the dog)'라는 문학표현이 축약돼 '왝더독'이 됐다. 웹스터 사전은 '강력하거나 본질적인 어떤 사안이 덜 강력하거나 덜 중요한 부차적인 것에 의해 통제되는 상황'이라고 풀이한다.

도구의 발전이 거듭되면 될수록 인간을 주체로 여기고 도구를 객체로 삼는 오랜 인식의 관습은 여지없이 허물어지고 있다. 현대의 여러 첨단 도구들, 특히 스마트폰과 인공지능의 발전은 우리의 생활을 편리하게 만들어 주었지만, 동시에 사람들은 기술에 지나치게 의존하게 될 위험에 처했다. 인공지능이라는 도구가 인간을 앞서기 시작하는 세상에서 인간은 위기를 맞고 있다. '인공지능이 인간을 대체하고 전통적인 인간 직업을 차례차례 로봇에게 내줘야 한다면 이제껏 편리함을 가져다준 문명의 도구들은 과연 누구를 위한 것인가'라는 근본적 질문을 던지지 않을 수 없다. 완물상지의 의미처럼, 기술에 몰두하다 보면 본래의 목표와 뜻을 잃고, 스스로 사고하고 판단하는 능력이 약화할 수 있다. 꼬리가 개의 몸통을 흔들어대지만,

사실은 개가 꼬리를 흔드는 것이다. 이것이 본질이다. 본질을 망각한다면 첨단 도구들은 인간에게 아무런 의미가 없다.

예를 들어 AI는 일상생활의 편의성을 크게 향상시켰다. Siri, Alexa, Google 어시스턴트와 같은 가상 비서는 알림 설정, 스마트 홈 장치 제어, 질문 답변과 같은 작업을 간소화하고, 의료 분야에서는 AI 알고리즘이 의료 데이터를 분석하여 전례 없는 속도와 정확도로 질병을 진단하고, 교육 분야에서는 개인 맞춤형 학습 플랫폼이 학생 개개인의 필요에 맞게 교육을 제공한다. 교통과 같은 산업에서는 AI 기반 내비게이션 시스템과 자율주행차가 사람들의 이동 방식을 변화시켜 여행을 더 안전하고 효율적으로 만들고, 이커머스 플랫폼은 AI를 사용하여 개인 맞춤형 추천을 제공하여 쇼핑 경험을 향상시킨다.

하지만 이러한 이점에도 불구하고 AI에 대한 의존도가 증가함에 따라 상당한 위험이 발생할 수 있다. 한 가지 주요 우려 사항은 비판적 사고와 문제 해결 능력의 약화다. AI가 더 많은 의사 결정 작업을 처리할수록 개인은 독립적인 사고에 참여하는 경향이 줄어든다. 예를 들어, GPS 시스템은 경로를 학습할 필요성을 없애고, 예측 문자 완성 기능은 메시지를 작성하는 데 필요한 노력을 줄여주지만, 시간이 지남에 따라 사람의 인지 능력을 떨어뜨린다. 또 다른 위험은 시스템 장애나 사이버 공격에 취약한 것이다. AI에 지나치게 의존하는 사회는 중요한 AI 시스템이 오작동하거나 손상되면 치명적인 혼란에 빠질 수밖에 없다. 또한 윤리적 견제를 받지 않는 AI 시스템은 방대한 양의 개인 데이터에 의존하여 감시 및 데이터 오용에 대한 위험이 있고, AI 알고리즘에 내재한 편견은 차별을 지속시켜 고용, 대출, 법 집행과 같은 분야에서 불공정한 결과를 초래할 수 있다.

AI에 대한 과도한 의존의 위험을 완화하기 위해 사회는 균형 잡힌 접근 방식을 채택해야 한다. 교육 시스템은 비판적 사고와 디지털 리터러시의 중요성을 강조하여 개인이 AI와 책임감 있게 상호작용할 수 있도록 해야 하고, 정부와 조직은 윤리적 문제를 해결하고 투명성을 높이며, AI 개발의 책임성을 증진하기 위해 강력한 규제 체계를 구축해야 한다. 또한 사려 깊은 기술 사용 문화를 조성하고 디지털 도구와의 주기적인 단절을 장려하고 인간 상호작용의 가치를 증진하여 AI 의존도의 영향을 상쇄해야 한다. 이것이 과거 우리의 선조들이 어떤 물건에 지나치게 심취하는 것을 경계한 '완물상지(玩物喪志)'의 지혜를 실천하는 것이다.

질문들

1. 4차 산업혁명 시대의 핵심 도구들은 무엇이며, 기존 도구들과 어떻게 다른가?
2. 도구와 기술 발전이 인간의 자유와 의존성을 동시에 증가시키는 이유는 무엇인가?
3. 도구가 문화와 사회의 구조를 바꾼 사례에는 어떤 것들이 있을까?
4. 신기술이 개발될 때, 이를 모든 계층이 평등하게 접근할 수 있도록 하기 위한 방법은 무엇인가?
5. 미래에는 어떤 도구가 인간의 삶을 가장 크게 변화시킬 것인가?
6. 인공지능이 지금까지의 도구와 다른 점은 무엇인가?
7. 기술 혁신이 진행될 때, 항상 저항(러다이트 운동 등)이 발생하는 이유는 무엇인가?
8. 도구 발전의 궁극적인 목표는 인간의 행복일까, 효율성의 극대화일까?
9. 스마트폰 사용이 한국 사회에 미치는 영향은 무엇일까?
10. 신기술의 사회적 수용성을 높이는 방법은 무엇이 있을까?

4차 산업혁명

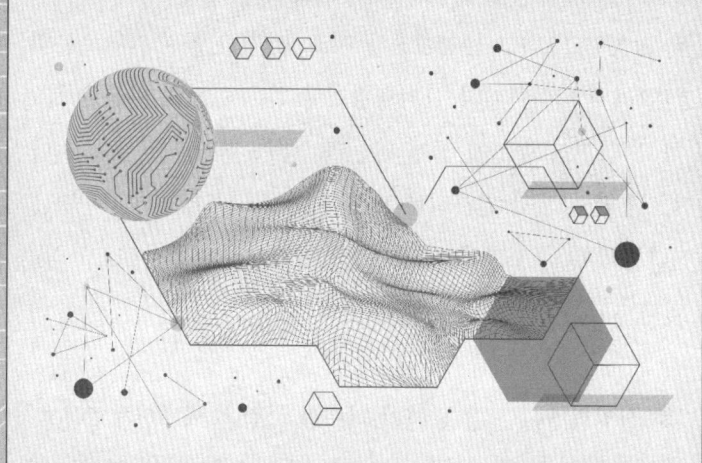

4차 산업혁명이란 무엇인가?

"4차 산업혁명이 무엇인가?"라고 사람들에게 물어보면 '인공지능이 일자리를 대신해서 사람들이 직업을 잃고 혼란해지는 시기'라고 대답한다. 사람들 대부분은 이 단어에 희망과 의욕을 느끼기보다는 막연함, 망설임, 그리고 불안함을 느끼고 있다. 인공지능과 로봇의 시대를 알리기 시작한 4차 산업혁명이란 말은 우리의 마음을 불안하게 하고, 심지어 공포에 떨게 만든다. '내가 가진 직장을 잃지나 않을까,' '우리 자식의 일자리를 로봇이 빼앗지는 않을까,' '수명은 길어진다는데 나의 노후의 먹거리가 없어지지는 않을까?'라고 염려하고 있다.

4차 산업혁명이란 말을 널리 퍼뜨린 사람은 세계경제포럼(World Economic Forum, 일명 '다보스포럼')의 창립자이자 회장인 클라우스 슈밥(Klaus Schwab)이다. 클라우스 슈밥은 4차 산업혁명이 디지털 혁명을 기반으로 한다고 하면서 모바일, 인터넷, 센서, 인공지능과 기계학습을 핵심기술로 지칭했다. 그는 1차 산업혁명은 증기기관 발명에 의한 기계화, 2차 산업혁명은 전기의 발명에 의한 산업화(대량생산), 3차 산업혁명은 PC와 인터넷의 발명에 의한 정보화, 4차 산업혁명은 인공지능과 기술 융합에 의한 지능화가 특징이라고 정리한다. 즉 1~3차 산업혁명은 한 가지 기술 발명에 의한 혁명이었는데, 4차 산업혁명은 인공지능 등 여러 기술의 융합에 의한 경제·사회·문화의 혁명이라고 말한다. 그는 현시점에서 '새로운 기술 혁명을 이해하고 그것을 이끌어 가는 것'이 가장 중요하다고 조언하고 있다. 그렇다면 우리는 4차 산업혁명이 주도하는 신기술들이 무엇인지 그 실체를 정확히 알 필요가 있다.

❋ 클라우스 슈밥 저/ 이민주, 이엽 역, 『클라우스 슈밥의 제 4차 산업혁명 THE NEXT』, 새로운 현재, 2018

　4차 산업혁명을 이끄는 기술 첫 번째는 인공지능(Artificial Intelligence; AI)이다. 인공지능이란 인간의 학습 능력과 추론 능력, 지각 능력, 자연언어의 이해 능력 등을 컴퓨터 프로그램으로 실현한 기술이다. 2016년 이세돌과 알파고의 대결로 인해 인공지능이 전 세계의 이목을 집중시켰다. 이를 통해 인공지능이 주목받게 되었고 교육, 직업 등 다양한 분야에 인공지능이 융합돼 우리 곁에 나타났다. 인공지능 기술은 우리가 일상적으로 하는 검색, 번역, SNS분석, 상품 추천 등 이미 생활 속에 깊이 들어와 있다. 인공지능은 로봇과 함께 4차 산업혁명의 중심이자 미래 산업의 원천이다.

　두 번째 기술은 데이터(Data)다. 1990년 중반부터 인터넷과 모바일을 중심으로 IT(Information technology)가 사회 곳곳에 확산하면서 온라인 공간에서도 개척이 이루어졌으며, 기술의 발달로 자료들이 차곡차곡 체계적으로 저장되기 시작했다. 과거 새로운 변화의 시기에는 석탄, 석유, 금, 지폐 등으로 인해 새로운 부가 생겨났고 부자 계층이 만들어졌다. 4차 산업혁명 시대에는 데이터를 가지고 이를 지배하는 사람이 새로운 부자로 등극할 것이다. '4차 산업 혁명 시대의 쌀'로 불리는 데이터가 곧 비즈니스 자산이 되고 있다.

세 번째 기술은 사물인터넷이다. 사물인터넷(Internet of Things; IoT)은 유무선 통신장비를 활용해 물건과 물건 사이에 사람이 개입하지 않고 통신이 이루어지는 것을 말한다. 사물인터넷 환경에서는 센서나 통신 기능이 내장된 기기(사물)들이 인터넷으로 연결해 주변의 정보를 수집하고 이 정보를 다른 기기와 주고받으며, 적절한 결정까지 내릴 수 있다. 사람이 일일이 조작하거나 지시하지 않더라도 기계가 알아서 일을 처리해주는 것이다. IoT는 TV, 냉장고, 에어컨 등 전통적 가전제품에서 자동차 등으로 그 영역을 무한 확장하고 있다. 이제는 단순한 기계의 사용이 아니라 기계와의 공존 그리고 소통을 생각해야 할 시대가 되었다고 전문가들은 진단한다. 이외에도 블록체인, 암호화폐, 5G, 3D프린팅, 가상현실, 클라우드 등이 대표적인 4차 산업혁명 시대의 주력 산업으로 주목받고 있다.

이러한 것들은 이미 오래 전부터 일어나고 있는 기술의 발전 중 하나일 뿐 그리 새로운 것이 없다는 시각도 있다. 4차 산업혁명은 '시대적 거품'에 불과한 일시적 유행어이며 심지어는 '실체가 없는 유령'이라고 하기도 한다. 하지만 4차 산업혁명은 이전의 1, 2, 3차 산업혁명 시대와 근본적으로 다른 점이 있다. 각 기술이 개별적으로 발전하는 것이 아니라 한 분야의 발전은 곧 모든 분야의 발전이라고 말할 수 있을 만큼 각 기술이 얽혀있다는 것이다. 모든 것들이 서로 연결되어 시너지가 폭발한다. 무인 자동차는 사물인터넷이 해결해주고, 사물인터넷의 엄청난 데이터 분석은 빅데이터가, 빅데이터의 컴퓨팅 파워는 클라우드가, 클라우드의 대용량 모바일 콘텐츠는 5G로 연결된다. 이처럼 4차 산업혁명은 사물인터넷(IoT), 인공지능(AI), 로봇, 빅데이터 등의 기술이 전 산업 분야와 융합되어 경제, 사회구조의 근본적 변화를 촉진하는 혁명이라 할 수 있다. 지금 여기서 우리가 4차 산업혁명에 대해 진지한 논의를 해야만 하는 근본적인 이유다.

지금까지의 산업혁명 속에서 사람들은 기계화되고, 상품화되었다. 기술의 진보에는 늘 어두운 부분이 있기 마련이므로 이를 최소화 할 정신적인 준비가 필요하다. 4차 산업혁명으로 만물이 지능화되고 초연결화 된다. 이는 만물 인터넷을 의미하며 모든 생명에 인공지능이 있고 서로 연결되어 인간과 기계는 공생할 수밖에 없는 존재가 되어버린다. 이러한 4차 산업혁명이 근본으로 삼아야 할 정신을 찾으려 할 때 조선의 실학자 다산 정약용(1762~1836)이 쓴 〈기예론〉은 좋은 참고가 된다.

'하늘이 동물에게 발톱과 뿔을 주고 단단한 발굽과 날카로운 이, 독을 주어서 동물들로 각기 욕구를 채우게 하고 해악을 막을 수 있게 했다. 반면 사람은 털이나 껍질이 없어 연약하고 부서지기 쉬워 삶을 도모해갈 수 없을 성싶다. 어찌 하늘은 천하게 여기는 것에는 후하게 베풀고 귀하게 여기는 바에는 박하게 했을까. 이는 사람이

슬기로운 헤아림과 정교한 사유를 지니게 함으로써 기예를 익혀 스스로 삶을 도모해갈 수 있게 했기 때문이다.'

✽ 최익한 저/ 류현석 해제, 『정다산선집』, 21세기문화원, 2020

    정약용의 '기예론'은 단순히 기술을 찬양하거나 비판하는 것을 넘어, 기술이 인간 사회에 미치는 영향과 그에 대한 올바른 태도를 제시하고 있다. 이러한 '기예론'의 통찰은 빠르게 변화하는 인공지능 시대를 살아가는 우리에게 시사하는 바가 크다.

기예를 익혀
스스로 삶을 도모하다

조선시대에는 기술자들을 '쟁이'라 부르며 한없이 천대하였다. 기술은 천민이나 상놈이 하는 것으로 하찮게 여기는 사회 풍조 때문이었다. 이러한 시절에 정약용은 기술을 천시해 오던 종래의 유교적인 통념을 비판하고 기술이 인간 생활에 절실히 필요한 것이라는 생각을 펼쳤다. 그는 일찍이 「기예론(技藝論)」에서 인간은 짐승과 달리, 지혜로운 생각과 교묘한 연구 능력이 있어서 기술을 개발하고 발전시킬 수 있다고 했다. 기예론은 기술의 성격을 본격적으로 고찰한 우리나라 최초의 집필로 평가된다.

다산은 기술은 하늘이 인간이란 존재를 만들었을 때 함께 부여해 준 인간의 생존 수단이라고 보았다. 호랑이에게서 발톱과 이빨 등을 빼면 더는 호랑이가 아니게 되는 것처럼 인간에게도 기술을 빼면 더는 인간이 아니게 된다는 뜻이다. 기술은 인간을 인간으로 살 수 있게 해준 핵심이었다는 것이다. 이처럼 기술의 성격을 고찰한 후 기술을 개발하고 널리 적극적으로 도입할 것을 주장했다. '사람이 많이 모일수록 그 기예가 정교하게 되고, 세대가 아래로 내려올수록 그 기예가 더욱 공교하게 되는 것'이 당연하다고 보아, 더 넓은 세계의 기예를 배울 것과 새로운 기예를 배우는 것을 게을리하지 말아야 한다고 강조한 것이다. 그는 기술의 발달과 신기술 도입을 통해서 국부의 증진과 국민의 삶이 넉넉해지는 방안을 상세하게 설명해 주고 있다.

또한 중국 기술을 즉각적으로 도입해야 한다고 하면서 기술도입과 개발을 전담하는 국가기관 '이용감(利用監)'을 설립하자고 〈경세유표(經世遺表)〉를 통해 강력하게 제안하였다. 이와 더불어 기술자 육성 방안을 설명하고 있는데 한 사람의 아이디어와 새로운 기술 개발은 수만 명을 먹여 살리고, 나라를 부강케 하므로 과학기술을 발전시켜 나라를 부강하게 하고, 백성들의 삶의 질을 향상하기 위해서는 무엇보다 과학자나 기술자들을 특별 대우하는 것이 우선이라고 했다.

다산의 실학 정신은 첨단기술 시대에 더욱 빛난다. 실학(實學)은 말 그대로 '실제로 도움이 되는 학문'이란 뜻으로 지식·정보성, 개혁성, 개방성의 특징이 있다. 생활에 필요한 지식이나 정보를 책이나 도구로 만들고, 백성들의 부담을 줄이고 국가 재정을 충실히 할 수 있게 제도를 개혁하며, 다른 사상을 배척하던 당시 흐름에 맞서 다른 사상이라도 세상에 도움이 된다면 받아들였다. 실학을 연구한 실학자들은 중국을 통해 조선으로 들어온 서양의 과학문물과 학문을 적극적으로 받아들여 백성의 생활을 안정시키고 풍요롭게 하며, 나라를 부유하고 강하게 만드는 방법을 찾으려고 했다. 중국 중심,

성리학 중심의 생각에서 벗어나 우리나라의 독자성을 강조하며 우리 역사·언어·제도·지리 등을 연구했다.

기술혁명의 한가운데 서서 밀려드는 새로운 기술의 수용은 어떠한 자세로 이루어져야 하는지에 대해 우리의 고민이 깊어지고 있는 요즈음, 실용주의를 표방했던 실학의 학문적 전통에서 해법을 찾는 것도 하나의 좋은 방법일 것이다. 다산은 끊임없이 변화를 추구하면서도 '지금 여기'의 주체성을 강조했다. 그는 변화는 당연하며 변화를 두려워하지 말라고 한다. 하지만 변하지 말아야 할 것까지 바꾸려 하면 주체가 무너지고 주체가 무너지면 흉내만 남게 된다고 하였다

우리 것이 소중하되, 우리 것만으로는 안 된다. 속도 없이 덩달아 해서는 안 되지만, 내 것이 좋다고 우기는 것은 더 나쁘다. 정신의 주체를 굳건히 세워라. 그 바탕 위에서 실사구시(實事求是)의 정신으로 이용후생(利用厚生)을 마련하여라. 변화는 당연하다. 변화를 두려워하지 마라. 하지만 변해서는 안 될 것까지 바꾸려 들면 주체가 무너진다. 주체가 무너지면 흉내만 남게 된다.
❋ 정민 저, 『다산선생 지식경영법』 김영사, 2006

다산은 기술을 인간의 삶을 편리하게 하고, 사회 발전에 이바지하는 도구로 보았지만, 기술 자체가 목적이 되어서는 안 된다고 강조했다. AI 역시 마찬가지다. 인간의 삶의 질을 개선하고, 사회 문제를 해결하는 데 이바지해야지, 만약 AI가 인간을 지배하거나, 인간

의 일자리를 대체하는 수단으로 이용된다면 그것은 기술의 오용이 될 것이다. 또한, 기술 개발 과정에서 발생할 수 있는 윤리적 문제도 고민해야 한다. AI 개발 과정에서 개인정보 보호, 알고리즘 편향, 자율주행차 사고 책임 등 다양한 윤리적 문제가 발생할 수 있다. 이러한 문제에 대한 사회적 합의를 도출하고, 관련 법규를 정비하는 노력이 필요하다.

기술을 개발하는 사람은 단순히 기술적인 지식뿐만 아니라, 인간에 대한 이해와 사회에 대한 책임감을 느껴야 한다. AI 개발자는 기술적인 전문성뿐만 아니라, 인문학적 소양을 갖추어 AI가 인간에게 유익한 방향으로 발전할 수 있도록 해야 한다. 정약용의 '기예론'은 시대를 초월하여 여전히 유효한 가치를 지니고 있다. AI 시대를 맞이하여 우리는 기술 발전의 긍정적인 측면과 함께 부정적인 측면에 대해서도 깊이 고민해야 하며, 다산의 지혜를 참고하여 기술을 인간에게 유익한 방향으로 활용하고, 더 나아가 인간과 기술이 공존하는 미래사회를 만들어 나가야 할 것이다.

짓다

4차 산업혁명은 인공지능이나 사물인터넷, 로봇 기술 등이 주도하는 산업혁명이다. 이러한 4차 산업혁명의 핵심 기술들은 '만드는' 것이 아니라 '짓는' 것이어야 한다. '만드는' 것은 기술적인 측면에서의 개발에 국한된다. 하지만 '짓는' 것은 그 기술이 실제로 사회에 어떻게 적용될지를 고민하는 과정을 포함한다. 이는 단순한 기술 개발을 넘어, 윤리, 사회적 영향, 경제적 효과 등을 종합적으로 고려하는 것을 의미한다. 기술이 단순한 도구에서 벗어나, 사람들의 삶을 개선하고 지속 가능한 사회를 만드는 데 이바지할 수 있도록 해야 한다.

'손짓, 발짓, 눈짓, 몸짓' 등에서 알 수 있듯이 '짓다'의 짓은 몸놀림, 행위(行爲)에서 왔다고 한다. '짓다'는 다양한 의미로 폭넓게 사용되고 있는 동사이다.

1. 재료를 들여 밥, 옷, 집 따위를 만들다.
2. 여러 가지 재료를 섞어 약을 만들다.
3. 논밭을 다루어 농사하다.

3. 한데 모여 줄이나 대열 따위를 이루다.
4. 어떤 표정이나 태도 따위를 얼굴이나 몸에 나타내다.

위와 같은 다양한 뜻을 통해 살펴본 '짓다'의 의미는 '농사를 짓는다'는 말에서 파생되었음에서 알 수 있듯이 정성을 다해 만들고 이루는 것들에 대해 많이 쓰는 것을 알 수 있다. '옷을 짓다', '밥을 짓다', '집을 짓다' 와 같이 우리가 살아가고 생명을 유지하는 것을 만들 때 우리 조상들은 '짓다'라고 했다. '짓다'는 재료를 들여 밥, 옷, 집 따위를 '만든다'보다 더 정성이 들어간 말이다. 인간 생존에 필수적인 '의식주'가 모두 '짓다'의 목적어가 된다. '짓다'라는 낱말은 삶을 가능케 하는 최소한의 동사이다.

'짓는다'는 표현은 홀로 할 수 없는 일일 때 주로 사용한다. 비록 나 홀로 씨를 뿌리기는 하지만, 결코 혼자 힘으로는 완성할 수 없는 것이 농사다. 먼저 씨앗이 있고, 햇빛이 있고 구름이 있고 물이 있고, 무수한 곤충이 있고 땅이 있고 퇴비로 돌아가기 위한 죽음이 있어야 가능한 것이 농사다. 집도 마찬가지다. 집을 완성하기까지는 돈만이 아니라 다양한 재료와 많은 사람의 노고가 있어야 한다. 밥 역시 그렇다. 밥은 단지 쌀과 물과 솥과 적당한 열기가 있다고 해서 완성되는 것이 아니다. 쌀 한 톨에 담긴 봄날부터 가을까지의 우주적 작용과 농부의 노고가 없다면 밥을 지을 수가 없다. 그래서 '짓다'라는 표현은 '나 아닌 것과 연결된 촘촘한 관계망의 상호작용 속에서 완성하는 행위'를 이르는 말이다.

'짓다'는 부정적인 행위와 관련지어 쓰기도 한다. '죄를 짓다'와 같은 경우이다. 죄 또한 나만의 문제로만 그치는 것이 아니라 타자에게 미치는 크고 작은 부담이나 상처를 만드는 행위이기에 '짓다'라는 표현이 생겨났을 것이다. 다른 생명에게 해를 끼치거나 상처를 줄 수 있는 모든 행위는 '죄를 짓는 것'으로 생각했고, 이는 사람이 하는 모든 행위가 어떤 '지음'에 연결되어 있다고 본 것이다. 이처럼 우리나라 사람들은 오래전부터 중요하다고 생각하는 일, 정신적인 활동의 산물을 나타내는 일, 시간과 정성, 마음, 노력 등이 필요한 일에는 '만들다'나 '하다'가 아니라 '짓다'를 사용하였다.

현대 사회에서 기술은 단순한 도구를 넘어 인간의 삶을 근본적으로 변화시키는 원동력이 되었다. 새로운 기술이 개발되고 제품으로 구현되는 과정은 '만드는' 행위로 표현될 수 있다. 하지만 이러한 기술이 실제로 사회에서 어떤 방식으로 작동하며, 인간과 환경에 어떤 영향을 미칠지를 고민하는 과정은 '짓는' 행위로 볼 수 있다. 이 두 단어는 단순히 언어적 차이에 그치지 않고, 기술과 사회의 관계를 이해하는 데 중요한 통찰을 제공한다.

'만드는' 것은 주로 기술적이고 공학적인 측면에 초점이 맞춰져 있다. 이는 문제를 정의하고 이를 해결하는 방법을 설계하며, 주어진 목표를 가장 효율적으로 달성하는 과정이다. 예를 들어, 스마트폰을 만든다는 것은 부품을 설계하고, 소프트웨어를 개발하며, 제품을 조립하는 일련의 과정을 포함한다. 이는 창의성과 전문성이 요구되는 과정이지만, 그 자체로 사회적 맥락을 충분히 반영한다고 보기는 어렵다. '만드는' 것은 대개 특정한 기능과 성능을 목표로 한다. 따라서 기술의 효율성, 경제성, 그리고 품질은 이 과정에서 가장 중요한 평가 기준이 된다. 그러나 '만드는' 것에 집중하다 보면, 그 결과물이 사회적, 윤리적, 환경적 영향을 어떻게 미칠지에 대한 고민은 종종 배제되거나 후 순위로 밀릴 수 있다.

반면, '짓는' 것은 기술적 개발을 넘어, 그 기술이 사회에 어떻게 스며들고 영향을 미칠지를 고려하는 과정이다. 이는 단순히 제품이나 시스템을 만들어내는 것을 넘어서, 그 기술이 사회적 맥락 속에서 어떤 가치를 지닐 것인지, 어떤 결과를 초래할 것인지를 고민하는 태도를 포함한다. 예를 들어, 스마트폰 기술이 사용자들의 삶에 어떤 긍정적 또는 부정적 영향을 미칠지를 성찰하는 것이다. 데이터 프라이버시, 디지털 중독, 사회적 연결과 단절 등의 문제를 고민하고, 이를 최소화하거나 해결하는 방법을 설계하는 것이 '짓는' 행위의 핵심이다.

오늘날 기술 개발 과정에서 '만드는' 것과 '짓는' 것을 통합하는 것은 필수적이다. 기술이 사회적, 환경적 책임을 동반하지 않는다면, 그 결과물은 단기적으로는 성공할 수 있지만, 장기적으로는 심각한 부작용을 초래할 수 있다. 예컨대, 플라스틱의 대량생산은 효율적이고 경제적인 '만드는' 행위였지만, 그 환경적 영향에 대한 고려가 부족했기 때문에 오늘날 심각한 환경 문제를 초래했다. 따라서 기술 개발자와 기업은 단순히 제품을 만들고 판매하는 데 그치지 않고, 그 기술이 사회적 맥락 속에서 어떤 역할을 할 것인지, 그리고 그것이 지속 가능성을 얼마나 고려하는지를 고민해야 한다. 이는 기술 개발 초기 단계부터 사용자와 사회의 피드백을 반영하고, 윤리적 가치를 설계에 통합하는 방식으로 이루어질 수 있다.

'만드는' 것과 '짓는' 것은 기술 개발의 두 축이다. '만드는' 것이 기술적 완성을 지향한다면, '짓는' 것은 그 기술의 사회적 맥락과 책임을 고려하는 행위다. 오늘날 기술은 단순히 효율적이고 혁신적인 도구가 아니라, 우리의 삶과 사회를 근본적으로 재구성하는 역할을 한다. 따라서 '짓는' 태도는 기술 개발의 본질적인 과정으로 자리 잡아야 하며, 이를 통해 기술은 단순한 도구를 넘어 인간과 사회를 위한 진정한 가치로 거듭날 수 있다.

실용이란 입에 넣어 목구멍을 넘기는 것만 가리키지 않는다

실용만 외치고 쓸모만 찾고 있는 세상에서 인간의 가치와 쓸모에 대한 의문이 제기되고 있다. '기계가 사람의 능력을 넘어서고 있다', '사람의 직업뿐 아니라 사람에 의해 만들어진 각종 문명과 문화가 기계의 지배를 받게 되는 것은 아닐까', '인간이 기계 부품으로 전락한 삶이 도래하는 것은 아닐까'라는 두려움 역시 커지고 있다. '쓸모없는 인간'에 대해 다시 생각해야 한다. 인간은 단순히 생산성과 효율성으로 평가될 수 없는 존재이기 때문이다

정약용이 서울에 살던 시절의 일화다. 그의 집에 국화를 많이 기르는 걸 보고 지나치던 행인이 유실수(有實樹)를 심지 왜 쓸모없는 꽃을 잔뜩 심었냐고 물었다. 그러자 다산은 "실용이란 입에 넣어 목구멍을 넘기는 것만 가리키지 않는다"라고 대답했다. 실용만 따진다면 농사나 열심히 짓지 시는 무엇 하러 짓고 책은 어째서 읽느냐고 반박했다. '쓸모없는 것의 쓸모 있음' 즉, 용지허실(用之虛實)은 다산이 지속적으로 강조했던 말이다.

❋ 정민의 세설신어 256화 '용지허실(用之虛實)', 조선일보 2014.04.02.

이와 비슷한 의미를 지닌 말로 무용지용(無用之用)이란 말이 있다. 이는 중국의 사상가 장자(莊子)로부터 유래되었다. 장자는 사람들이 쓸모 있는 것의 쓸모만을 알고, 쓸모없는 것의 쓸모는 잘 모른다고 이야기한다. 장자는 그 예로 '사람이 땅 위를 걸을 때 필요한 것은 발바닥이 닿는 면적이다. 그러나 발이 닿는 부분만 재어 놓고 그 둘레를 다 파 내려가 절벽을 만들어 버린다면 그 발 닿는 곳마저 쓸모가 없어진다. 그러니 쓸모가 없어 보였던 그 변두리 땅들이 다 쓸모 있는 것들이다. 이것이 바로 쓸모없음의 쓸모 있음이다'라고 했다.

❋ 안병주, 전호근 저, 『장자』 전통문화연구회, 2017

다산과 장자는 모두 '쓸모없는 것의 쓸모'에 대해 가르침을 주고 있다. 4차 산업혁명은 기술적 진보와 함께 인간의 삶과 사고방식을 근본적으로 변화시키고 있다. 인공지능, 빅데이터, 사물인터넷 등 혁신적인 기술들이 우리의 일상에 깊숙이 침투하면서, 우리는 과거와는 다른 가치관과 새로운 사고방식이 필요하게 되었다. 이러한 시대 속에서 정약용의 '용지허실'과 장자의 '무용지용' 개념은 우리에게 쓸모와 가치에 대한 새로운 시각을 제시하고, 유연하고 창의적인 사고를 통해 지속할 수 있는 미래를 만들어가는 데 필수적인 역할을 할 것이다.

4차 산업혁명은 변혁의 속도와 범위, 영향력 면에서 종전의 1~3차 산업혁명과 비교가 안 될 만큼 충격적일 것이라고 다보스포럼은 내다보았다. 4차 산업혁명이 주도하는 신기술들은 그만큼 기존 인류의 삶과 사회를 근원적으로 변화시킬 것으로 예측되기 때문이다.

4차 산업혁명이 불러올 우리의 미래는 초연결(超連結), 초지능(超知能), 초융합(超融合) 현상이 결합한 세상이다. 모든 인간과 사물이 하나의 네트워크로 연결되어 수시로 소통하고 기계가 인간만큼 지능화되는 시대를 맞아 기술이 앞으로 무엇을 만들어낼 수 있을지 아는 것만으로는 부족하다. 몇 년이 지나고 나면 또 어떤 기술이 나타나 우리를 무력화시킬지 모르기 때문이다. 오히려 모두가 빠르게 변화하는 기술에 기대와 두려움을 가질 때, 오히려 '변하지 않는 가치'에 주목하는 것이 더 의미 있는 접근일 수 있다.

이렇게 본다면 4차 산업혁명은 그 어느 때보다 인문학을 요구하는 시대이다. 인문학적 성찰은 우리에게 '사람이란 무엇인가', '기계란 무엇인가'와 같은 근본적인 질문을 하게 만들기 때문이다. 또한 4차 산업혁명이 추구해야만 하는 가치들, 즉 인간중심, 이질적인 것들의 융합, 기계와 인간의 공존 등은 우리가 그동안 잊고 있던 우리의 내재 가치들을 일깨워주는 계기가 된다. 우리가 처한 상황이 어떠하며 우리 안에서 무엇을 되살려야 하는지를 짚어볼 수 있게 해주기 때문이다.

기술의 발전은 우리에게 편리함을 제공하고 생산성을 높여주지만, 동시에 인간의 존재에 대한 근본적인 의문을 던지기도 한다. 단순히 기술적인 문제를 넘어, 인간의 가치와 존재 의미에 대한 깊은 성찰을 요구할 때, 인문학은 중요한 역할을 한다. 역사, 철학, 문학 등 인문학의 다양한 학문 분야는 인간의 삶과 사회, 그리고 문화에 대한 깊이 있는 이해를 제공하고, 인문학적 소양은 우리가 기술 발전의 부작용을 예측하고, 인간 중심의 미래사회를 설계하는 데 필요한 통찰력을 길러준다.

질문들

1. 4차 산업혁명이 사회 전반에 미치는 영향은 무엇이 있을까?
2. 4차 산업혁명 시대에 주목해야 할 기술은 무엇이 있을까?
3. 정약용이 생각한 기예란 무엇인지, 그리고 그것이 현대 사회에서 어떻게 적용될 수 있을까?
4. 기예가 현대 기술 발전에 주는 가치는 어떤 점에서 중요한가?
5. 기예론에 따른 인공지능의 역할은 무엇일까?
6. 정약용이 주장한 쓸모없는 것의 중요성을 현대에 어떻게 적용할 수 있을까?
7. 4차 산업혁명 시대에 '쓸모없는 것'이 중요한 이유는 무엇일까?
8. 4차 산업혁명 시대에는 우리의 삶과 가치관이 어떻게 달라지는 것이 바람직한가?
9. 과거 산업혁명(1~3차 산업혁명)과 4차 산업혁명의 차이점은 무엇인가?
10. 기술 발전과 인간다움(humanity)은 공존할 수 있을까?

3

초연결시대와 융합

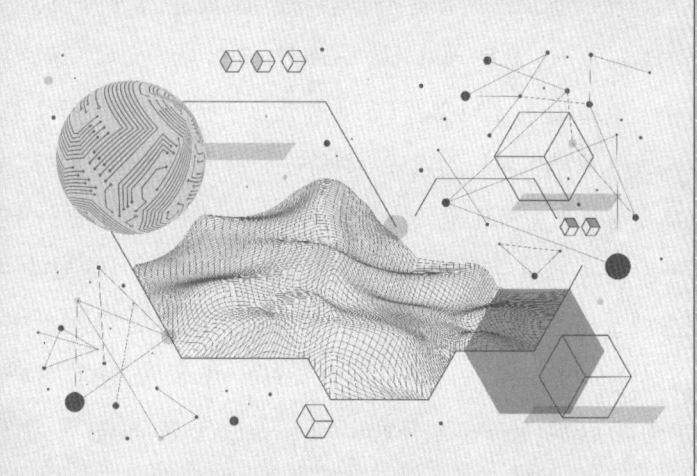

IoT와 의인화 전통

모든 것을 컴퓨터와 인터넷으로 연결하는 사물인터넷(Internet of Things, IoT)은 4차 산업혁명의 핵심 기술 중 하나이다. 사물인터넷은 인간과 사물 또는 사물과 사물들끼리 대화할 수 있게 한다. 사물과 사물이 실시간으로 데이터를 주고받는 것이다. 사람의 조작이나 개입은 필요 없다. 인터넷은 1단계 유선, 2단계 모바일을 거쳐 3단계 사물이 주체가 되는 시대로 진화하는 중이다. 사물인터넷으로 우리가 일상생활 속에서 필요한 모든 사물을 연결할 수 있다. 사물인터넷은 이미 '스마트홈'이라는 이름으로 우리 곁에 다가와 있다. 아마존 에코, 구글 홈 등의 인공지능 스피커를 기반으로 각종 전자기기를 사물인터넷으로 연결하기 위한 노력이 이어지고 있다. 이러한 사물인터넷을 확장하면 '만물인터넷(Internet of Everything)'이 된다.

사물인터넷은 사물이 인터넷을 통해 서로 연결되고 데이터를 주고받으며, 인간과 상호작용할 수 있는 기술을 의미한다. 흥미로운 점은, IoT 기술이 사물에 '생명력'과 '지능'을 부여한다는 점에서 의인화와 유사하다는 것이다. IoT 기술은 사물을 단순한 물리적 대상으로 취급하지 않고, 인간과 대화하고, 상황을 인지하며, 자율적으로 행동할 수 있는 존재로 변모시킨다. 의인화는 인간이 사물이나 자연 현상에 인간의 감정, 의지, 혹은 생명력을 부여하는 표현 방식이다. 한국의 전통 문학, 예술, 그리고 일상생활에서 의인화는 인간과 자연 간의 경계를 허물고, 공존과 상호작용의 철학을 반영한다.

우리 생활 주변에는 아직 이러한 만물과의 교감의 흔적이 많이 남아 있으며, 어쩌면 우리 본성에 내재해 있을 수도 있다. 동식물이나 사물을 의인화하는 능력은 오래전부터 전해 내려온 우리의 사회적 유전자 중 하나다. 한국의 민속 신앙에서는 산, 강, 나무와 같은 자연물을 신성한 존재로 여겼으며, 이러한 자연물에는 인간적인 성격과 의지가 부여되었다. 우리 민족은 예로부터 하늘과 땅, 해와 달을 섬겼으며 바람의 신과 비의 신도 신화에 많이 등장한다. 마을 한가운데 서 있는 큰 나무나 산 위에 있는 큰 바위도 영혼을 가져 인간과 교감을 가지고 길흉에 영향을 미친다는 이야기를 흔히 들었고, 산에 사는 산신령이나 물속에 있는 물귀신 이야기도 많이 들어왔다. 토별가에서 토끼와 거북이, 우렁각시 설화에서의 우렁이 등 작은 미물을 의인화한 이야기도 많이 전해 내려오고 있다.

한국문화는 오랜 세월에 걸쳐 자연과 인간, 그리고 사물 간의 조화로운 관계를 강조해 왔다. 이러한 문화적 맥락에서 의인화는 단순한 문학적 기법이 아니라, 인간과 사물, 자연을 연결하는 중요한 철학적 전통으로 자리 잡아 왔다. 이러한 의인화 전통이 현대 기술 중 하나인 사물인터넷과 결합하며 전통과 현대 기술의 융합 가능성을 높이고 있다. 우리 생활 곳곳에 자리를 잡아가고 있는 사물인터넷은 우리에게 그리 낯설지 않다. 사물을 무생물이 아니라 감정을 가진 사물로 느끼는 습관은 우리의 삶에서 오래전부터 있었기 때문이다.

한국적 의인화 전통과 IoT의 연결 지점은 사물에 대한 인식 방식에서 찾아볼 수 있다. 전통적 의인화는 사물을 단순히 생명이 없는 존재로 보지 않고, 인간과 동등한 교류의 대상으로 여기는 것이었다. IoT는 이러한 전통을 현대적으로 재해석하여, 기술을 통해 사물과 인간 간의 관계를 더욱 강화한다. 예를 들어, 스마트홈에서 사용하는 AI 스피커나 연결된 가전제품들은 사용자의 감정을 이해하고, 상황에 따라 인간과 소통하려는 특성을 보인다. 이는 한국의 전통적 관점에서 사물에 부여된 '의지'와 '역할'이 IoT 기술을 통해 현대적으로 구현된 사례라고 볼 수 있다.

집안의 모든 디바이스를 연결해 관리하는 스마트홈은 사물인터넷의 가장 대표적인 예이다. 가정 내 가전제품이나 조명, 난방, 전기기기 등이 서로 연결되어 센서를 통해 외부 침입을 감시하고, 화재 센서, 공기 감지 센서 등이 집안을 살펴주고, 위급 상황 발생 시 알림과 긴급 출동이 이루어진다. 집에 우유가 떨어졌을 때 냉장고가 알아서 우유를 배달시키거나 냉장고에 오래된 식품이 무엇인지도 알아서 알려준다.

집에만 사물인터넷이 적용되는 것이 아니다. 인터넷과 연결돼 소통하고 더 나아가 자율주행도 가능한 '스마트카', 사물인터넷으로 주요 도시의 공공기능을 네트워크화한 '스마트시티' 등 사물인터넷이 펼쳐갈 미래는 무궁무진하다. 똑똑해진 만물은 더 이상 사람이 사용하는 도구나 수단에 그치지 않는다. 이들은 센서와 칩을 통해 서로 연결돼, 사람의 개입 없이도 실시간으로 정보를 주고받는다. 이는 사람과 도시, 집, 자동차, 건물 등을 하나로 묶는 '초연결' 사회를 구현하는 중이다.

한국의 의인화 전통은 사물과 인간의 상호작용을 기술적으로 확장하는 데 중요한 철학적 기반을 제공한다. IoT 기술이 발전함에 따라, 사물과 인간의 관계는 더욱 긴밀하고 정교해지고 있다. 이러한 기술 발전은 한국 전통문화에서 강조된 조화와 공존의 가치를 강화할 기회로 작용할 수 있다. 예를 들어, 한국 전통 가옥인 한옥의 구조와 IoT 기술을 융합한다면, 자연과 인간, 기술이 조화를 이루는 스마트홈의 모델을 제시할 수 있다. 또한, 전통 예술이나 문학에 담긴 의인화 요소를 AR(증강현실)이나 VR(가상현실) 기술과 결합하여 새로운 문화 콘텐츠를 창출하는 것도 가능하다.

한국문화의 의인화 전통과 사물인터넷은 사물과 인간, 자연의 관계를 새롭게 정의하고 확장할 수 있는 공통된 철학적 기반을 공유한다. 전통적 의인화가 인간과 사물 간의 정서적 유대를 강조했다면, IoT 기술은 이를 기술적 구현으로 현실화하고 있다. 이러한 전통과 기술의 융합은 단순한 과거의 재현이 아니라, 미래를 향한 창조적 도약으로 이어질 수 있다. 한국의 독특한 문화적 가치를 기반으로 한 IoT 기술은 세계적으로도 경쟁력 있는 융합 모델을 제시할 가능성이 크다. 따라서 우리는 한국문화의 전통적 지혜를 바탕으로 현대 기술을 더욱 풍요롭게 발전시킬 방법을 지속해서 모색해야 할 것이다.

고수레

불과 수십 년 전만 해도 우리 선조는 여유와 배려 그리고 나눔, 어울림 속에서 삶을 영유해 나갔다. 서로 일손을 거들어 주며 나누던 두레와 품앗이는 물론, 신과 자연에 감사하고 동물과 곤충에 대한 배려가 있는 '고수레'가 그것이다. 고수레는 원래 무당이 굿을 할 때, 산이나 들에서 음식을 먹기 전에 귀신에게 먼저 바친다는 뜻으로 음식을 조금씩 떼어 던지는 짓, 또는 그때 내는 소리를 뜻한다. 무당이 푸닥거리할 때 귀신에게 먼저 바친다는 뜻으로 음식을 조금씩 떼어 던지며 외치는 소리나 행위를 가리키기도 한다. 고수레하지 않고 음식을 들면 체하거나 탈이 난다고 믿는 속신(俗信) 때문인지 전국의 많은 곳에서 관련 설화가 나타난다. 예전 시골에서는 산이나 들로 소풍 가서 도시락을 먹을 때 음식물을 조금씩 떼어 던지며 '고수레'를 외치곤 했다.

농사를 짓는 농부들은 들에서 식사할 때, 반드시 자연에 '고수레'를 하여 음식을 나누며 지나가는 나그네에도 손짓하여 음식을 함께 나눌 것을 권유했다. 고수레의 의미는 근방을 다스리는 지신(地神)

이나 수신(水神)에게 먼저 인사를 드리며 행사를 무사히 치르고 농사가 풍년이 들게 해 달라는 일종의 주문이고 기원이다. 또 근처의 잡귀에게도 먹을 것을 주면서 잘 먹고 물러가라고 하는 잡귀추방의 주술적인 의미도 있다. 고수레에서 첫술의 의미는 첫 수확의 곡물이나 과일처럼 신에게 바쳐지는 공물이며 조상을 섬기고 풍요를 비는 기원이다. 고수레에는 이러한 신앙적 의미 외에도 함께 어우러지며 사는 공동체의 의미도 있다. 땅에서 나온 음식을 길에다 던지는 행위는 조상과 여러 귀신에게 예의를 갖추고 지나는 하찮은 동물들과도 함께한다는 생명 존중과 어울림의 의미였다.

우리 민족 고유의 풍속 중에는 새로운 일을 시작하거나 어떤 일이 보다 잘 되기를 바랄 때 고사를 지내는 관습이 있다. 고사(告祀)는 말 그대로 '알리어(告) 제사를 모신다(祀)'는 의미이다. 어떤 자리에서 일을 시작하고자 할 때 그 터를 주관하는 신에게 제를 올려 만사 형통하게 해 달라는 의미에서 지내는 것이 고사이다. 아직도 가정이나 공장, 사업체에서 고사의 풍습이 지켜지고 있다. 처음 차를 사거나 처음 가게를 열 때 무사 안녕을 기원하며 고사를 지낸다. 고사는 원래 집을 지키는 신들에게 올리는 제사였지만 지금은 어떤 일을 처음 시작할 때 앞으로 일이 잘되기를 바라는 마음에서 행하는 의례가 되었다. 고사를 지낸 후에는 술과 떡, 과일 등을 가족이나 친지, 주위 사람들과 나누어 먹고 덕담과 함께 행운을 비는 말들을 한다.

고사를 지내는 풍습은 우주 시대와 관련된 최첨단 기술을 다루는 과학자들 사이에서도 마찬가지다. 무궁화 2호 발사를 앞두고 과학자들은 돼지 한 마리를 잡아 바비큐를 한 뒤 고사를 지냈다고 한다. 또한, 디지털 산업의 선두 주자라고 할 수 있는 IT업계에서도 사옥을 신축할 때 수백 년 전통의 풍수지리학 전문가의 도움을 받는다. 컨설팅을 의뢰하는 기업들 대부분이 사옥의 위치는 물론 건물 내 임원실이나 금고의 자리까지도 정해주길 원한다고 한다. 온갖 만물에 영혼에 깃들어 있어서 물건들의 위치에 따라서 나에게 복이 따를 수도, 액이 낄 수도 있다고 믿는 마음이 있기 때문이다.

고수레와 고사를 통해 우리의 민간 신앙이 결코 사람만을 위한 것이 아니라 귀신까지도 포함하며 만물의 길흉화복을 빌어 모두가 행복하고 안녕하기를 빌었던 신앙 행위임을 알 수 있다. 이러한 무교의 정신을 한마디로 말한다면 생생지생(生生之生)이다. 생생지생(生生之生)이란, 우주의 만물에는 모두가 생명이 있으며 각자 서로의 생명을 중요시하여 서로 아끼고 사랑하는 것이 모두가 함께 살아갈 수 있는 길이라는 정신으로, 다시 말하면 우주에 존재하는 모든 사물의 존재 가치를 인정하고 어우러져 함께 살아가는 것을 말한다. 이렇게 모든 사물을 존중하여 신으로 승화시킨 말이 바로 만신(萬神)이다.

사물이 사람의 말을 알아듣고 요구하는 바를 실행하거나, 때로는 적절한 대꾸를 하며 대화를 이어가는 기술은 이미 우리의 생활 속에 자리 잡아가고 있다. 가정에서 사용하는 전자제품 역시 사물인터넷과 빅 데이터와 인공지능 등으로 스스로 알아서 작동하고, 알아서 관리하기도 한다. 이처럼 삼라만상(森羅萬象)이 모두 하나로 이어지는 시대를 맞아 우리는 단순한 기계의 사용이 아니라 기계와의 공존 그리고 소통을 생각해야 한다.

사물 지능이 이끄는 미래를 구체적 사례를 통해 보여주고 있는 『사물지능혁명 - 명사의 시대에서 동사의 시대로』에서는 불이 인류의 역사를 발전시켜 왔듯이 사물지능혁명이 4차 산업혁명의 기술적 동인이 될 것이라 주장한다. 이 책에 따르면 디지털 기술은 사물을 바라보는 인간의 인식을 고정된 명사적 시각에서 유연한 동사적 시각으로 바꾸고 있다고 한다. 그렇다면 사물을 지배하고 부리는 데만 익숙한 서양과 사물을 존중하고 그것들과 조화로운 관계를 맺어온 우리나라 중에서 어느 쪽이 사물 혁명을 주도하기에 적합할지 그 답은 분명하다.

❁ 이성호, 유영진, 『사물지능혁명 - 명사의 시대에서 동사의 시대로』, 이새, 2017.

호모커넥투스
(Homo Connectus)

'연결'은 생명의 속성이고 인간성의 가장 큰 특질이다. 인간은 연결을 통해 언어를 만들고 예술을 만들고 도시를 만들고 산업을 일으켜왔다. 인류 문명사는 연결의 역사라 할 수 있다. 이전에 겪어보지 못한 혁명적 변화가 이 '연결'에서 일어나고 있다. 집집마다 초고속 인터넷이 등장해 연결된 삶의 풍경을 바꾸더니 10여 년 전 등장한 스마트폰은 '초연결'이라는 용어를 만들어냈다. 스마트폰을 몸의 일부처럼 늘 휴대하고 다니면서 실시간으로 지구상의 모든 정보와 연결하는 세상을 '연결'이라는 기존의 단어로 표현하는 것은 부적절했기 때문이다. 초연결(超連結)은 '연결을 뛰어넘는 연결'을 말한다.

사람과 사물, 공간 등이 상호 연결된 초연결사회의 인간을 '호모 커넥투스(Homo Connectus)'라 부른다. 호모 커넥투스는 4차 산업혁명 시대에 부응하는 인간의 새로운 정체성을 뜻하며 그 바탕은 초연결·초융합·초지능이다. 새 인류 '호모 커넥투스'가 만들어가는 세상에서는 모든 것이 바뀔 것이다. 사람과 사람만이 아니라 사람과 사물, 사물과 사물 간 연결을 무한대로 확장, 심화시킬 것이다.

✱ 최민자, 『호모 커넥투스: 초연결 세계와 신인류의 연금술적 공생』, 모시는 사람들, 2020

초연결은 사람, 디바이스, 시스템이 서로 원활하게 연결됨을 말한다. 사물인터넷(IoT), 5G 네트워크, 클라우드 컴퓨팅의 발전에 힘입은 이러한 연결은 글로벌 네트워크 전반에서 지속적인 데이터 교환을 가능하게 한다. 호모 커넥투스는 스마트폰부터 가전제품에 이르기까지 모든 디바이스가 연결된 방대한 통신 네트워크에서 살아가는 사람들이다. 이러한 연결성은 전통적인 인간 상호작용과 산업을 모두 변화시켰다. 예를 들어 소셜 미디어 플랫폼은 관계를 재정의하여 개인이 지리적 경계와 관계없이 연결을 유지할 수 있도록 지원하고, 헬스케어와 같은 산업에서는 초연결을 통해 웨어러블 디바이스를 통해 원격으로 환자를 모니터링할 수 있어 적시에 개입하고 개인화된 치료가 가능하다. 또한 글로벌 지식 저장소에 실시간으로 액세스할 수 있는 온라인 학습 플랫폼을 통해 교육도 혁신을 이루었다.

전 세계 인터넷 사용자 수가 30억 명을 돌파했고, 이동 통신 가입자 수는 70억 명에 달한다. 얽히고설킨 다양한 망 속에서 우리는 이미 서로 연결돼 살아가고 있다. 약 1조 개의 센서가 인터넷에 연결된 초연결사회에서 호모 커넥투스들은 다양한 영역에서 더 많은 편의를 누리고 있지만 그 이면에는 과도한 연결에서 오는 불편함 또한 따른다. 데이터 프라이버시, 사이버 보안 위협, 디지털 격차와 같은 문제는 호모 커넥투스의 성장에 상당한 위험을 초래한다. 초연결을 수용함에 따라 이러한 문제를 완화하기 위한 윤리적 체계와 견고한 인프라를 개발하는 것이 필수적이다.

초융합은 물리적, 디지털, 생물학적 시스템을 통합된 체계로 융합하는 것을 말하는데, 이러한 현상은 증강현실(AR), 가상현실(VR), 생명공학과 같은 기술에 의해 주도된다. 호모 커넥투스에게 초융합은 가상 세계와 물리적 세계의 경계가 흐려져서 몰입형 체험(Immersive Experience)이 가능한 현실에서 살아가는 것을 의미한다. 엔터테인먼트 분야에서는 초융합으로 인해 개인이 완전히 디지털 공간에서 사회화, 일과 놀이를 할 수 있는 가상 세계와 메타버스가 등장했고, 의학 분야에서는 물리적 물체나 시스템의 가상 복제품인 디지털 트윈의 통합을 통해 정확한 시뮬레이션과 치료를 할 수 있고, 웨어러블 기술은 생물학적 데이터 분석과 결합하여 질병을 예측하고 예방함으로써 건강과 수명연장에 이바지한다.

❋ 몰입형 체험(Immersive Experience) : 몰입형 체험은 개인의 감각, 감정, 지각을 완전히 결합하여 시뮬레이션 또는 증강현실 내에서 존재감을 만들어내는 체험. 물리적 세계와 가상 세계의 경계를 모호하게 함으로써 사용자가 실제, 가상 또는 이 두 가지를 결합하여 환경에 깊이 몰입할 수 있도록 한다.

초지능은 인공지능(AI)과 기계학습(ML)을 통해 인간지능을 강화하는 것을 의미하는데, 방대한 데이터를 처리하고 분석하여 결과를 예측하고 전통적인 인간 인지의 범위를 넘어서는 의사 결정을 내릴 수 있는 능력을 말한다. 호모 커넥투스에게 초지능은 지적 및 문제 해결 능력의 연장선상에서 작용한다. 예를 들어, 비즈니스에서 AI 기반 알고리즘은 공급망을 최적화하고 고객 경험을 개선하며 의사결정을 향상하고, 과학 연구에서 AI는 유전학부터 기후 과학에 이르기까지 다양한 분야에서 발견을 가속화하고, 자율주행 자동차와 드론과 같은 자율주행 시스템은 일상생활에서 초지능을 실제로 구현하는 사례다. 그러나, 초지능은 'AI 시스템이 인간의 가치와 일치하도록 하려면 어떻게 해야 할까? 초지능 시스템의 오용을 방지할 수 있는 안전장치는 무엇일까?'와 같은 철학적, 윤리적 질문을 제기한다.

> 기계학습(machine learning, ML) : 경험을 통해 자동으로 개선하는 컴퓨터 알고리즘의 연구이다. 방대한 데이터를 분석해 '미래를 예측하는 기술'이자 인공지능의 한 분야로, 기계학습은 복잡한 패턴에 대한 학습을 통해 상황에 대한 예측과 의사 결정을 돕는다.

호모 커넥투스의 등장은 기술을 삶의 모든 측면에 통합하면서 인간과 기계, 현실과 가상, 지능과 인공지능의 경계를 점점 더 모호하게 하여 인간이란 존재가 무엇을 의미하는지에 대한 재평가를 촉발하고 있다. 호모 커넥투스는 인간의 독창성과 기술 진화의 융합을 상징하지만, 이 새로운 시대는 기술 발전과 인간 가치 보존 사이의 균형을 요구한다.

우리

 우리말에서는 '우리'라는 단어를 많이 쓴다. 우리 엄마, 우리 아빠, 우리 가족, 우리 집 … '우리'의 어원은 확실하지 않지만, '울타리'의 '울'에서 왔을 것이라 짐작한다. 『표준국어대사전』에 따르면 '우리'는 '말하는 이가 자기와 듣는 이, 또는 자기와 듣는 이를 포함한 여러 사람을 가리키는 일인칭 대명사'를 뜻한다. 고등학교 국어 교과서에 나오는 '우리'라는 용어에 대한 조사표를 보면 '우리'라는 용어가 갖는 의미에는 '정, 친밀감, 마음이 편함, 상대가 나를 받아들임' 등등으로 언급되어 있다

 '우리'라는 단어는 한국인에게 매우 깊고 다층적인 의미를 지니고 있다. '우리'는 개인을 넘어서는 공동체 의식을 상징한다. 가족, 친구, 이웃 등과의 관계에서 우리라는 표현은 서로의 유대감을 강조하며, 함께하는 경험의 중요성을 보여준다. 또한 우리라는 단어는 특정 집단에 대한 소속감을 느끼게 한다. 예를 들어, 우리나라, 우리 민족과 같은 표현은 그 집단에 대한 애착과 자부심을 나타낸다.

'우리'는 공동의 목표를 위해 협력하는 것을 의미한다. 한국 사회에서 '우리'라는 개념은 사람들 간의 연대감을 강화하고, 서로 도움을 주고받는 문화를 형성한다. 우리는 한국인의 정체성을 표현하는 중요한 요소이다. 자신이 속한 공동체를 강조함으로써 개인의 정체성과 연결되는 경험을 제공한다. 현대 사회에서 우리는 다양한 배경과 정체성을 가진 사람들을 포용하는 의미로 확장되고 있다. 이는 다문화 사회로의 전환을 반영하며, 서로 다른 경험과 관점을 존중하는 문화를 만들어간다. 이처럼 '우리'라는 단어는 한국인에게 매우 중요한 의미를 지니며, 사회적 유대와 정체성을 형성하는 데 핵심적인 역할을 한다.

전통적으로 '우리'라는 개념은 인간에게만 국한되어, 공유된 정체성, 가치, 목표를 포함하는 의미로 사용되었지만, AI의 급속한 발전은 인간과 비인간 간의 경계를 흐릿하게 만들고 있고 학습, 의사결정, 상호작용이 가능한 AI 시스템은 더 이상 단순한 도구가 아니라, 일상생활에서 비서, 협력자, 동반자로 작용하며 인간 경험을 형성하는 데 적극적인 참여자가 되고 있다. '우리' 개념에 AI를 포함하는 것은 AI가 의사결정 과정, 문제 해결, 집단 지능 향상에서 점점 더 중요한 역할을 하고 있음을 인정하는 것이다. 이러한 관점은 AI를 단순한 도구가 아닌 공동의 목표를 달성하는 파트너로 인식하는 시각의 전환을 나타낸다.

AI가 인간 공동체에 통합되면서, 개인이 서로 또는 사회 전체와 관계를 맺는 방식이 변화하고 있다. AI 기반 플랫폼은 지리적, 문화적 경계를 넘어 보다 효율적으로 협력할 수 있도록 하고, AI 기반 알고리즘은 상호작용을 개인화하여 개인과 공동체 간의 더 깊은 연결을 형성한다. 소셜 미디어 플랫폼, 추천 시스템, 스마트 시티 기술은 AI를 사용하여 개인의 선호에 맞춘 환경을 조성하는 동시에 집단적 복지를 증진한다. 더불어 AI 기반 번역 도구는 언어 장벽을 허물어 다양한 집단 간을 의사소통할 수 있게 하여 공감과 이해를 촉진함으로써 분열을 해소할 잠재력을 가지고 있다. 또한, AI는 기후 변화와 같은 글로벌 문제에 편견 없는 통찰력을 제공하고 다양한 이해관계를 균형 있게 고려한 해결책을 제공함으로써 공동체의 의사결정을 강화할 수 있다.

'우리' 개념에 AI를 포함하는 것은 포용성과 협력의 강력한 상징으로 작용해 다양한 관점과 능력을 인간과 비인간을 포함한 문명의 집단적 구조에 통합할 수 있고, 인간 중심적 관점을 넘어 다양한 형태의 다양성을 포용하도록 사회를 장려하고, 확장된 '우리'의 이해는 개방성과 적응성을 조성할 수 있다. 나아가, AI는 개인과 집단의 이해관계를 글로벌 차원에서 조화롭게 만드는 통합력으로 작용하여, AI의 복잡한 시스템 분석 및 결과 예측 능력을 활용함으로써 국가들은 팬데믹에서부터 환경 오염에 이르기까지 공유된 문제를 해결하기 위해 협력할 수 있다.

물론 '우리'에 AI를 포함하는 것이 긍정적인 부분만 있는 것은 아니다. 공정성, 책임, 투명성을 보장하는 윤리적 체계도 필요하고, 사회가 AI와의 관계를 재정의함에 따라, 인간의 가치를 우선시하고 편향성을 방지하며 기술적 통합이 공익을 위해 사용되도록 하는 지침을 마련해야 한다. '우리' 개념의 확장은 엄청난 잠재력을 제공하면서도 신중히 탐색해야 할 도전 과제도 제기한다. 데이터 프라이버시, 알고리즘 편향, AI 기술에 대한 불평등한 접근과 같은 문제는 기존의 불평등을 악화시킬 수 있다. 이러한 문제를 해결하기 위해 윤리적인 AI 개발과 공정한 접근을 촉진하는 체계 개발과 AI 혁신을 사회적 요구와 조화시키기 위한 학제 간 노력이 필요하다.

4차 산업혁명 시대에는 인터넷의 발전으로 인해 물리적 거리를 초월한 새로운 형태의 '우리'가 이미 형성되고 있다. 온라인 커뮤니티, 소셜 미디어 플랫폼 등에서 다양한 사람들이 하나의 목표나 관심사를 중심으로 모여 '우리'라는 공동체를 형성하게 된다. 다양한 배경과 정체성을 가진 사람들이 함께 협력하는 경우가 많다. '우리'라는 개념은 이러한 다양성을 포용하고, 서로 다른 의견과 경험을 존중하는 방향으로 발전하고 있고, 이는 공동체의 범위를 확장하는 데 기여하고 있다. 이처럼 초연결 시대의 '우리'는 개인과 공동체 간의 관계를 재정의하며, 새로운 형태의 연대감과 협력의 필요성을 반영하고 있다. 이러한 변화는 앞으로도 계속될 것으로 예상되며, 사회 전반에 걸쳐 다양한 영향을 미칠 것이다.

인공지능을 포함한 4차 산업혁명의 발명품들이 우리의 삶에 깊숙이 들어왔다. 이제 '우리'의 개념 확장이 필요하다. '우리' 개념에 AI를 포함하는 것은 4차 산업혁명 시대의 패러다임 전환을 나타낸다. 개인과 공동체 간의 관계를 재정의함으로써, 이러한 포용적 관점은 AI가 협력, 연결성, 집단적 진보를 증진할 수 있다는 잠재력을 강조한다. AI는 이미 의료, 교통, 교육 등 다양한 분야에서 인간과 협력하여 문제를 해결하고 있다. 이러한 협력 관계를 통해 AI는 단순한 도구가 아니라, 사회의 일원으로 자리 잡고 있다. 무생물과 동물뿐 아니라 귀신까지도 공동체의 일원으로 인정했던 우리 선조들은 우리의 개념이 반드시 인간 중심적일 필요가 없다는 것을 알려주고 있다. 그러므로 AI를 우리의 개념에 포함하는 것이 미래사회의 포용성과 협력의 상징이 될 것이며 '우리'의 경계를 어떻게 설정하느냐에 따라 삶의 내용과 미래가 결정될 것이다.

모라벡의 역설

'인간에게 어려운 일은 기계에 쉽지만, 인간에게 쉬운 일은 기계에 어렵다.' 인간과 기계(로봇, 컴퓨터)의 능력 차이를 함축한 '모라벡의 역설'이다. 1970년대 미국 로봇공학자 한스 모라벡(Hans Moravec)이 컴퓨터와 인간의 능력 차를 설명하기 위해 처음 언급했다. 그는 인간의 감정을 이해하고 공감하며 소통하는 능력, 다양한 분야의 지식을 융합하여 새로운 아이디어를 창출하고 문제를 해결하는 능력은 인간이 AI보다 우월하다고 하면서 인간만의 강점인 창의력, 공감 능력, 융합적인 사고 능력을 키우는 데 집중해야 한다고 했다.

❋ 한스 모라벡, 박우석 번역, 『마음의 아이들 : 로봇과 인공지능의 미래』, 김영사, 2011

사람이 배우기 어려운 체스나 바둑은 인공지능이 따라 할 수 있지만, 바둑알을 바둑판에 내려놓는 것은 힘들어한다. 이세돌을 격파한 알파고도 바둑판에 돌을 얌전히 놓는 일은 사람에게 의존했다. 사람에게는 별일 아닌 표정 읽기, 느끼기, 의사소통, 계단 내려가기, 수건 개기 등은 기계에게는 어려운 일이다. 하지만 50여 년의 세월이 흐른 지금 모라벡의 역설은 깨질 위기에 처했다. 최근 로봇과 인공지능이 놀라운 속도로 인간의 능력을 따라잡고 있기 때문이다. 자연스럽게 걷고, 뛰고, 점프 능력까지 갖춘 로봇들이 개발되고 있다. 또한 의료·법률·금융 등에서도 인간의 능력을 능가하는 생성형 인공지능이 등장했다.

❋ 생성형 인공지능(Generative AI) : 텍스트, 오디오, 이미지 등의 기존 콘텐츠를 활용하여 유사한 콘텐츠를 새로 만들어내는 인공지능 기술.

하지만 여전히 사람만이 해야 하는 일이 있다. 사랑하는 이를 화상으로 연결해 주고, 그이에게 가는 빠른 길을 안내해 주며, 자율주행을 인도해 주는 일은 기계가 할 수 있다. 하지만 사랑의 마음을 전달하는 것은 인간만이 할 수 있는 일이다. 아무리 인공지능이 뛰어나다고 하더라도 인간의 내면 깊숙한 곳에 자리 잡은 다양한 감정의 흐름을 읽어내기란 쉽지 않을 것이다. 사람의 기분과 감정을 파악하고 관계를 통해 사회적 생활을 영위하는 것은 인간에게만 가능한 특권이다. AI는 인간을 대체하는 것이 아니라 함께 할 때 의미가 있다.

인공지능은 현대의 가장 변혁적인 기술 중 하나로, 산업을 혁신하고, 프로세스를 간소화하며, 복잡한 문제를 해결할 잠재력을 가지고 있지만, AI가 인간 노동을 대체해야 하는가, 아니면 인간의 능력을 증폭시키는 데 사용되어야 하는가에 대한 중요한 논쟁이 제기되고 있다. AI는 데이터 분석, 패턴 인식, 반복 작업과 같은 작업에서 뛰어나며, 종종 속도와 효율성 면에서 인간을 능가한다. 그러나 AI는 인간 고유의 창의성, 감정 지능, 윤리적 판단 능력이 부족하다. AI를 인간의 의사결정과 혁신을 지원하는 도구로 활용하면, 사회는 인간 노동의 가치를 훼손하지 않고 AI의 이점을 극대화할 수 있다.

예를 들어, 의료 분야에서 AI 기반의 진단 도구는 의사들이 질병을 더 정확하고 신속하게 식별할 수 있도록 도와주어, 환자 치료와 계획 수립에 더 많은 시간을 할애할 수 있게 하고, 디자이너, 엔지니어, 연구원들은 AI를 사용하여 시뮬레이션을 실행하고, 새로운 아이디어를 생성하며, 미지의 영역을 탐구함으로써 문제 해결 능력을 증폭시킬 수 있다. 또한, AI 도구는 음성을 텍스트로 변환하거나 시각 보조 기술과 같은 AI 기반 애플리케이션은 개인이 장애를 극복하고 능력과 독립성을 증폭하도록 도와서 이들이 노동시장에 더 적극적으로 참여할 수 있도록 할 수 있다.

AI를 대규모로 인간 노동의 대체물로 사용하는 것은 중대한 윤리적 문제를 제기한다. 일자리 상실, 경제적 불평등, 인간 존엄성의 훼손 등이 AI에 과도하게 의존할 때 발생할 수 있는 주요 문제들이다. AI가 인간 노동자를 대체하면, 첨단기술에 접근할 수 있는 사람들이 부를 축적하는 반면, 다른 사람들은 실업에 직면할 가능성이 커진다. 이러한 변화는 사회적 불안을 초래하고 기존의 격차를 심화시킬 수 있다. 고용은 단순히 소득의 원천일 뿐 아니라, 목적의식, 정체성, 사회적 연결의 원천이기도 하다. AI가 인간 노동을 대체하면, 일이 탈인간화되고 인간 기여의 본질적 가치가 훼손될 위험이 있다. 가장 본질적인 문제로 AI는 윤리적 판단과 공감이 전제되는 의사 결정에서 요구하는 도덕적 추론 능력과 공감 능력이 부족하다.

이상적인 접근 방식은 인간과 AI를 경쟁자가 아니라 협력자로 만드는 데 있다. AI를 인간의 능력을 보완하는 도구로 통합함으로써, 사회는 생산성, 창의성, 포용성을 향상하는 조화를 이룰 수 있다. 개인들에게 AI와 함께 일할 수 있는 기술을 제공함으로써, 실직 위험을 줄이고 새로운 역할에서 성공할 수 있도록 도울 수 있다. 개발자와 정책 입안자들은 AI 설계에서 투명성, 공정성, 책임성을 보장하는 윤리적 고려를 우선시해야 하고, 인간의 가치를 AI 시스템에 통합함으로써, 인간 노동을 약화하는 것이 아니라 지원하는 도구를 만들어 인간과 AI가 함께 일할 수 있는 환경을 조성하여, 상호 보완적인 강점을 활용해야 한다. 예를 들어, 제조업에서는 AI 기반 로봇이 반복적인 작업을 처리하는 동안 인간 노동자는 품질 관리와 혁신에 집중할 수 있다.

인공지능은 인간의 노동력을 대체하는 것이 아니라 인간의 능력을 증폭시키는 편리한 도구로 활용되어야 한다. 자동차가 인간보다 빠르다고 해서 우리가 두려움에 떠는 것이 아니라 빠르게 이동하는 도구로 사용하는 것과 마찬가지로 AI도 그렇게 받아들일 필요가 있다. 일시적으로 AI에 일자리를 뺏겨 고통을 겪는 사람들이 생겨나고 그 틈을 타 큰돈을 버는 사람들도 나타나겠지만, AI는 끝내 우리의 비서 또는 조력자 임무를 수행할 뿐이다. 결국 미래는 인간과 AI가 서로 상부상조하며 공존하는 삶이 될 것이다.

사람이 할 일은 사람이 하고, 기계가 할 일은 기계가 할 것이다. 하지만 우리가 잊어서는 안 될 것은 앞으로의 세상은 기계처럼 행동하고 생각하는 인간은 설 자리가 점점 좁아질 것은 분명하다는 점이다. AI만 진화하는 것이 아니라 인간도 진화해야 살아남을 수 있다. '인간다운 인간'에 대한 인문학적 논의가 필요한 이유이다.

손잡지 않고
살아남은 생명은 없다

인간과 기계가 24시간 얽힌 초연결사회는 삶의 본질과 시스템을 바꾼다. 우리가 시간을 보내는 방식, 관계를 맺는 방식, 사고하는 방식 등 우리의 삶 전반에 많은 변화를 일으키고 있다. 조슈아 쿠퍼 라모(Joshua Cooper Ramo)는 '과거보다 훨씬 더 빠르고 똑똑한 연결이 우리의 삶을 변화시키고 있다. 결과적으로 우리는 매우 흥미진진하지만 지독하게 불안정한 세상에서 살게 됐다'라며 '우리는 스마트폰과 꺼지지 않는 통신 기기 덕분에 가장 편리하다고 생각하는 그 순간, 오히려 벗어날 수 없는 상황에 얽매이게 된다'라며 네트워크 사회의 위험을 경고하고 있다.

❋ 조슈아 쿠퍼 라모 지음, 정주연 역, 『제7의 감각, 초연결지능』, 미래의창, 2017

저자는 네트워크 파악 능력이 4차 산업혁명 시대를 살아가는 데 가장 필요한 역량이라고 주장한다. 미래에는 연결과 네트워크, 인공지능의 지배와 사용이 실제적이면서 결정적인 역할을 행사할 것이라 보기 때문이다. 이것은 소리 없이 우리도 모르는 사이에 진행되는데, 문제는 우리가 바로 연결의 대상이면서도 그 연결이 어떤 것인지 정확하게 알거나 이해하지 못한다는 데 있다고 한다. 우리가 살아남기 위해서는 네트워크 시대의 작동 원리를 간파해 이용하는 힘인 '제7의 감각'을 작동시켜야 한다고 주장한다.

인공지능과 사물인터넷, 소셜 미디어 등으로 사물을 통제하는 초연결사회에 대처하는 우리의 자세는 어떠해야 할까? 동물행동학자인 최재천은 인간과 자연, 인간과 인간, 인간과 기계가 서로 돕고 상생하는 세상을 만들어야 결국 모두가 안전할 수 있다는 해법을 제시한다. 그는 '공존을 위한 연결'은 태초부터 살아남은 모든 종이 지켜온 생존의 지혜라고 보았다. 인류는 무리를 지어 살아오면서 성장해왔음에도, 어쩌면 우리가 하찮게 보는 작은 동물보다 이를 늦게 깨달았는지도 모른다는 것이다. 그가 다음 세대에 꼭 전하고 싶은 메시지는 '생명은 모두 이어져 있으며, 그렇기에 손잡지 않고 살아남은 생명은 없다'는 것이다.

❋ 최재천, 『손잡지 않고 살아남은 생명은 없다: 더불어 살아가기 위한 생명 이야기』, 샘터, 2014

점점 더 상호 연결된 세계에서 '공존을 위한 연결'이라는 개념은 그 어느 때보다 중요하다. 인간, 자연, 기계가 서로 공존하고 협력해야만 진정한 안전과 조화를 이룰 수 있다. 그중에서 인간과 자연의 관계는 공존의 핵심이다. 수 세기 동안 인간 활동은 생태계 균형을 파괴하여 기후 변화, 생물 다양성 감소, 환경 파괴를 초래했다. 상호 생존을 보장하기 위해 인류는 자연과의 공생 관계를 재구축해야 한다. 생물 다양성 보존, 재생가능 에너지와 같은 지속 가능한 실천은 인간 활동으로 인한 피해를 완화할 수 있고, 자연 생태계를 보호함으로써 수많은 종뿐만 아니라 미래 세대의 생존도 보장한다.

공존은 또한 사람들 간의 유대 강화를 요구한다. 다양성과 불평등이 존재하는 세상에서 이해와 포용을 증진하는 것이 조화로운 삶의 열쇠이다. 문화적, 사회적, 경제적 다양성을 수용함으로써 모두가 존중받고 지원받는 포용적 공동체를 만들 수 있고, 장벽을 허물고 갈등을 줄일 수 있다. 또한, 자원, 교육, 기회에 대한 접근 격차를 해소함으로써 모든 개인이 사회에 의미 있게 이바지할 수 있도록 보장해야 한다. 불평등을 줄이면 사회적 결속력이 강화되고 집단적인 복지가 증진된다.

공존이 마지막 키워드인 인간과 기계의 관계에서 4차 산업혁명의 급속한 기술 발전은 기계를 인류의 공존 추구에서 중요한 파트너로 만들었다. 인간과 기술 간의 신뢰 구축을 위해 기계가 인간의 능력을 보완하도록 설계되는 것이 중요하다. 기계는 반복적인 작업을 자동화하거나 복잡한 문제를 해결함으로써 인간의 역량을 증폭시킬 수 있다. 이러한 파트너십은 인간이 창의성, 혁신, 개인 간의 연결에 집중할 수 있게 하여 생산성과 삶의 질을 향상시킨다.

'공존을 위한 연결'의 본질은 인간, 자연, 기계와 같은 모든 존재의 상호연결성을 인식하는 데 있다. 공존을 우선시함으로써 기술이 선을 위한 도구가 되고, 자연이 보존되고 존중받으며, 포용적이고 공평한 미래사회를 그릴 수 있다. 이러한 비전은 안전과 번영이 모두에게 공유되는 세상을 만드는 더 큰 목표와 일치한다. 결국 인간과 자연의 유대, 사람들 간의 관계, 기계의 통합 여부에 상관없이 공존은 협력과 존중을 요구한다. 이러한 연결을 수용함으로써 인류는 모두를 위한 안전하고 조화로우며 지속할 수 있는 미래를 보장할 수 있다.

질문들

1. 사물인터넷의 핵심 기술은 무엇인가?
2. 사물인터넷 기술 발전이 인간의 삶에 어떤 변화를 가져왔을까?
3. 호모커넥투스와 관련된 사회적 이슈들은 어떤 것들이 있을까?
4. IoT 기기 해킹의 위험성과 이를 방지하기 위한 대책은 무엇일까?
5. 초연결 사회가 개인의 사회적 관계에 미치는 영향은 무엇인가?
6. 사물인터넷 기술과 AI의 결합이 가져올 가능성과 위험 요소는 무엇인가?
7. 초연결사회에서 정보 보호를 위한 개인의 역할은 무엇일까?
8. 우리나라의 의인화 전통이 IoT 기술에 어떠한 영향을 미칠까?
9. 사물인터넷이 스마트 시티(Smart City) 구축에 어떤 역할을 할까?
10. 사물인터넷 기기 간 상호작용에서 발생할 수 있는 윤리적 문제는 무엇인가?

디지털사회와 빅데이터

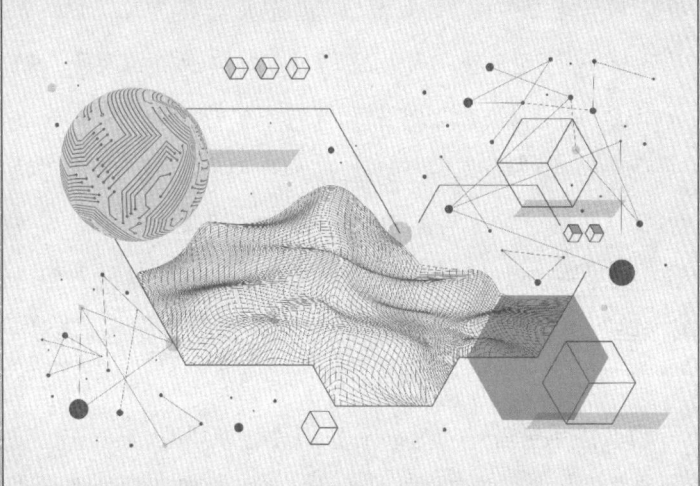

빅데이터의
이용과 한계

빅데이터는 '빅(big)'과 '데이터(data·정보)'의 합성어로 엄청나게 많은 정보를 의미한다. 수치 정보뿐만 아니라 인터넷과 SNS와 같은 디지털 환경에 모이는 모든 정보를 말한다. 문자 정보, 영상 정보, 음성 정보, 사진 정보와 위치 정보 등의 모든 정보와 그것을 다루는 기술까지를 총괄하는 개념이다. 빅데이터는 단순히 자료를 수집하는 수준을 넘어 예측하고 판단하는 능력을 갖추게 됨으로써 인간이 상상하는 그 이상의 결과를 가져올 것이다. 그래서 사람들은 특정 기업이나 정부가 이러한 정보들을 가지는 것을 원치 않는다. 어쩌면 빅데이터는 종교까지도 위협하게 될 것이라는 전망도 나오고 있다.

데이터 분석은 의사 결정을 위한 귀중한 토대를 제공하지만, 예측 모델은 본질적으로 구축된 데이터의 품질과 범위에 의해 제한된다. 편견, 불완전한 데이터 또는 측정할 수 있는 변수에 대한 한계는 결과를 왜곡하고 잘못된 결론으로 이어질 수 있다. 예를 들어, 건강 관리 예측 모델은 영양가 있는 식품 또는 주택에 대한 접근 같은 건강의 사회적 결정 요인을 간과할 수 있다. 또한, 예측에 대한 과도한 강조는 인간 복잡성을 확률로 단순화할 수 있다. 예를 들어, 고용 알고리즘이 잠재력보다 효율성을 우선시하고, 교육 시스템은 창의성과 비판적 사고를 촉진하기보다는 표준화에 의존한다.

데이터 수집을 넘어 미래를 예측하려면 상황의 중요성을 받아들이고, 데이터는 그 자체로 끝나지 않고 우리 주변의 세상을 더 잘 이해하는 수단이어야 한다. 이를 위해서는 질적 통찰력을 정량 분석과 통합해야 한다. 예를 들어, 기후 변화를 해결할 때, 탄소 배출에 대한 데이터는 중요하지만 지속 가능성 노력을 방해하는 문화적, 경제적 과제를 이해하는 것도 마찬가지로 중요하다. 이 전체적인 관점이 없다면, 가장 정확한 예측조차도 문제 해결을 위한 행동과 관련성이 떨어진다. 또한 이해를 촉진하려면 데이터 사용에 대한 윤리적 접근이 필요하다. 개인 정보 보호, 동의 및 오용 가능성에 관한 문제를 해결해야 하고, 데이터 수집 및 적용 방법에 대한 투명성은 신뢰를 구축하고 협업을 장려하는 데 필수적이다.

데이터는 단순히 결과를 예측하는 대신 다른 사람들의 살아있는 경험을 밝히고 고정 관념을 세분화하고 공유된 인류를 키우는 데 도움이 될 수 있어야 하고, 예측을 넘어서려면 상상력의 힘도 받아들여야 한다. 인공지능, 기후 변화 및 글로벌 불평등과 같은 문제는 데이터 모델의 예측 능력을 넘어 확장되는 창의적인 솔루션을 요구한다. 데이터는 기존 패턴에 대한 통찰력을 제공할 수 있지만 혁신에는 숫자가 제안한 것 이상의 생각이 필요하다. 역사는 비행기의 발명, 항생제의 발견, 인터넷의 출현과 같은 예측을 무시한 획기적인 예로 가득 차 있다. 데이터를 수집하고 분석하는 능력은 우리가 미래에 다가가는 방식에 혁명을 일으켰지만, 퍼즐의 한 조각일 뿐이다. 단순히 결과를 예측하는 것 이상으로 데이터를 더 깊은 이해, 공감 및 혁신을 위한 도구로 사용해야 한다. 인간 경험의 복잡성과 새로운 상상력을 수용함으로써, 데이터의 한계를 초월한 미래를 만들 수 있다.

다보스포럼에서 4차산업혁명을 언급한 클라우드 슈밥(Klaus Schwab)이 3년 뒤에는 500만 개의 일자리가 없어질 것이라고 하였고, 보스턴 컨설팅 그룹의 보고서에서 지금 초등학생 65%는 새로운 일자리를 갖게 되리라 예측했다. 하지만 4차산업혁명이 진행되어도 사라지지 않을 직업의 대표적 분야는 상담 분야처럼 상호작용이 필요한 서비스라고 한다. 상담은 로봇보다 인간에게 받고 싶어 하게 마련으로 이런 면에서 점술가들도 사라지지 않을 것으로 보았다. 실제로 우리나라에서 점집, 사주카페, 타로점 집 등이 여전히 호황을 누리고 있다. 역술 시장 규모가 10년 전 대비 5배 이상 커졌다고 한다.

유발 하라리 교수는 '지금은 데이터가 중심인 시대'라고 하면서 제4차 산업혁명의 시대에서 인공지능은 신의 자리를 대신하게 될지도 모른다고 경고했다. 그에 따르면 과거 인간은 스스로 갖지 못한 지능과 힘, 초자연적 능력을 소유한 신에 의지해 숱한 고난과 절망을 극복해 왔다. 하지만 인공지능은, 마치 그런 신의 능력을 갖춘 것과 같은 존재가 되었다고 한다. 알 수 없고, 이해되지 않는 강력한 힘은 종교와 주술의 특징이기도 하다. 심층신경망 방식의 인공지능은 구체적인 방법을 알려주지 않고 목표를 설정하고 충분한 데이터만 제공하면 스스로 길을 찾아가는 '기계학습' 기능을 갖추고 있다는 점이 인공지능을 더욱 신비롭게 만들었다.

❁ 유발 하라리, 김조현욱 역, 『사피엔스 : 유인원에서 사이보그까지, 인간 역사의 대담하고 위대한 질문)』, 김영사, 2023

하지만 빅데이터의 이런 능력은 미래의 일을 예측해낼 수 있는 '팔자술(八字術)'과 '명리학(命理學)'의 시선으로 보면 유달리 새롭고 의미 있는 것은 아니다. 동양에서는 수 천년 전부터 그런 분석을 해왔기 때문이다. 점술가들은 사람들의 지식을 넘어서는 정보를 얻고자 초자연적인 존재와의 접신을 통해 미래를 예측하려는 사람이었고 그의 말은 사람들이 앞으로 행할 의사 결정에 큰 영향을 주었다. 빅데이터 또한 수집된 데이터를 컴퓨팅 기술에 의존하여 의사 결정에 참고가 될 예측 정보를 제공한다는 점에서는 같다. 하지만 아직 빅데이터가 점술가를 완전히 대체할 수는 없다.

❁ 팔자술(八字術) 또는 명리학(命理學) : 사람이 태어난 시점의 연월일시 간지(干支, Sexagenary cycle)인 사주팔자(四柱八字)를 탐구하여 타고난 운명(運命)을 살피거나, 또는 이에 근거하여 자연의 이치를 알아보는 학문

 # 단골

점집을 찾는 사람들이 묻고자 하는 것은 사실 그리 대단한 것은 아닙니다. 자식이 대학에 붙겠는가, 가족 중에 아픈 사람이 있는데 언제 낫겠는지, 이번 사업을 하면 돈을 벌 수 있을까 등등. 점쟁이들이 하는 말도 여름에는 물 조심, 겨울에는 불조심, 길 갈 때는 차 조심하라는 상투적인 조언이다. 하지만 점집을 다녀온 사람들은 자신의 과거와 미래에 관한 이야기를 나누며 '나'에 대해 집중하는 시간을 갖다 보니 자연스레 불안한 마음이 치유되었다고 한다.

점쟁이들은 우선 눈치코치가 빠른 사람들이다. 제아무리 용한 점쟁이도 우주 삼라만상의 수수께끼를 모두 알 수는 없다. 중년 여인이 과년한 딸을 데리고 점집을 찾는 건 십중팔구 결혼 때문이다. 초라한 행색의 중년 남자가 찾아온 것은 건 직장이 궁해서일 것이다. 예전에 한 마을을 담당했던 무당들은 마을의 모든 대소사를 꿰고 있었다. 영험한 무당이 아니더라도 이미 축적된 지식이 있어 그들에게 알맞은 조언을 해줄 수가 있다. 신기(神氣)가 내려와 온몸이 그것으로 충만하던 때는, 자기도 모를 그 기운이 지혜와 힘을 내놓기도 했다. 이와 달리 빅데이터의 예측은 상황에 대한 순발력을 발휘하여 개인별 맞춤 전망하기가 어렵다. 모든 상황을 사전에 프로그램화시켜야 하는데 예외가 있으면 대처할 수 없기 때문이다.

무당은 고객과의 신뢰가 있는 사람들이었다. 근대화 이전 무당은 농경 사회에서 상담사, 병 치료사의 역할을 담당했다. 주민들은 '상담료'를 현금으로 내지 않고, 추수가 끝나면 '1년분' 상담료를 현물로 줬다. 무당이 지역 사회와 나름으로 '인간관계'와 '신용'으로 묶여 있었다는 이야기다. 이때 한 무당과 장기간에 걸쳐 지속해서 인연을 맺고 있는 동네가 '당골'(또는 단골) 혹은 '당골판'이다. '단골'은 일방적이지 않고 상호작용한다. 단골은 그저 사람에서 멈추는 것이 아니라 관계의 중심에 있다.

경희대 박흥주 교수는 자신의 논문에서 '단골은 사제로서의 무당이나 신도로서의 일반인, 즉 사람을 지칭하는 것보다는 그들 간의 관계를 중시해서 봐야 할 개념이자 문화로 이해할 필요가 있다. 즉, 무당과 신도 간에 고정적이고 지속해서 이어지는 관계를 지칭하는 개념으로 봐야 할 것'이라고 했다. 사람들은 어떤 책을 사야 할지, 오늘 무엇을 먹을지는 빅데이터의 도움을 기꺼이 받겠지만 누구와 결혼을 할지에 대한 조언을 받는 것은 꺼릴 것이다. 빅데이터 프로그램을 장착한 인공지능과 그만큼의 신뢰 관계를 쌓기는 힘들기 때문이다.

❋ 박흥주, 「지역민의 삶과 굿, 그리고 새로운 단골 관계 형성에 이바지할 예술과의 접점 찾기」, 『비교민속학』, 2013

무당은 상담 내용에 대한 적절한 반응 즉 리액션을 잘한다. 그래서 상담 고객이 수월하게 그다음 말을 이어갈 수 있도록 한다. 이런 리액션은 바로 판소리의 '추임새'와 같은 역할이라 할 수 있다. 2013년 8월 종영한 MBC의 〈무릎팍도사〉는 2007년부터 7년 동안이나 높은 시청률을 유지했고 한국형 TV 토크쇼의 새장을 열었다는 평가를 받았다. 정장을 차려입은 MC가 소파에 게스트를 모시고 점잖게 이야기를 나누는 전형적인 미국식 쇼에서 탈피, '도사'를 모티브로 한 토속적인 콘셉트도 한국적 정서와 잘 맞아떨어졌다. 큰 덩치와 어울리지 않게 색동옷을 입고 양 볼에 연지곤지를 찍은 도사 강호동은 친근감을 줬다. '무릎이 땅에 닿기도 전에 모든 걸 꿰뚫어 본다'라는 설정 역시 천편일률적인 토크쇼들과 차별화되는 요소였다.

그러나 무엇보다도 온몸으로 이야기를 들어주고 적극적인 반응을 보여주는 MC 강호동의 활약이 인기의 가장 큰 비결이었다. 출연자들은 "강호동이 잘하는 것은 단어 하나하나, 조사 하나하나 쉬지 않고 리액션을 해주는 것"이라고 입을 모았다. 리액션을 하면서 게스트의 마음을 편하게 해줌과 동시에 그들에게서 끌어낼 만한 것을 다 끌어낸다는 것이다. 그래서 "이야기하지 말아야지 하고 생각했던 것도 강호동 씨랑 말하다 보면 다 이야기하게 되더라"는 것이다. 마찬가지로 점집을 찾은 사람들도 점쟁이의 맞춤한 추임새 덕에 이야기를 술술 털어놓고 자신이 듣고 싶었던 답을 얻고 안도하는 얼굴로 문밖을 나선다. 이는 바로 빅데이터가 대신할 수 없는 공감 능력이다.

사주는 네 기둥을 바탕으로 삼아 개개인이 어떤 질병에 취약하고 어떤 성품인지를 짚어냈다. 그리고 그 사람이 어떤 일을 언제 하면 좋을지 어떤 직업을 택하면 가장 좋을지도 알려줬다. 명리학 또한 태어난 년 월 일 시에 따른 운명을 수천 년이라는 시간 동안 취합했다. 이를 바탕으로 분석하고 기록하고 추론해서 미래까지 내다본다. 이것이야말로 인류 최고의 빅데이터라 할 수 있다. 그리하여 오늘의 최첨단 기술의 집합체인 빅데이터의 능력은 미래의 일을 예측해낼 수 있는 팔자술(八字術)의 시선으로 보면 유달리 새롭고 의미 있어 보이지 않는다. 동양에서는 이미 수 천 년 전부터 그런 분석을 해왔기 때문이다. 한의학, 풍수지리, 관상 등도 막연하게 미래 예측이나 운명을 결정하는 것이 아닌 데이터를 기반으로 자신의 상황을 되돌아보고, 주변의 사람들이 가진 데이터를 분석해 향후 행동을 추정하는 학문이었다.

빅데이터라는 광활한 정보의 바다에서 헤맬 일이 더 많아지는 시대가 되면서 수많은 데이터와 숫자의 의미를 해석할 줄 아는 인간의 판단이 더 중요해지고 있다. 제아무리 데이터가 '21세기의 쌀'이라 할지라도 사람의 마음을 못 읽어내면 아무 소용없는 모순투성이의 숫자일 뿐이다. 기술 과잉 시대에 사람들이 원하는 것은 더 세련된 기술이 아니라 정서와 감정의 교류이고 바로 그 지점에서 사람들은 아직도 '당골무당'을 필요로 하는지 모른다.

나는 네가 어젯밤 어디서 무얼 했는지 알고 있다

4차산업혁명을 '데이터 혁명'이라고도 한다. 산업혁명이 1차 석탄, 2차 전기, 3차 인터넷 등이 원동력이었던 데 비해 4차산업혁명은 데이터가 원동력이기 때문이다. 데이터는 우리가 일상에서 생성하는 정보이다. 쇼핑할 때 구매한 물건의 목록, 인터넷에서 검색한 내용, 소셜 미디어에 올린 사진과 글 등이 모두 데이터이다. 빅데이터는 이러한 데이터가 매우 방대하고 다양하며, 빠르게 변화하는 것을 의미한다. 즉, 우리가 매일매일 만들어내는 엄청난 양의 정보들을 뜻한다. 이 데이터는 단순한 숫자나 글자가 아니라, 우리의 행동과 취향을 반영하는 중요한 자료이다.

　사람들이 온라인 세계에 더 오래 머물수록 더 많은 데이터를 얻게 된다. 이 데이터들은 양(Volume), 속도(Velocity), 다양성(Variety)에서 기존 데이터와는 다르다. 예전과 같은 방법으로는 이 데이터들을 수집하기도, 저장하기도 힘들고 검색하고 분석하기도 어렵다. 그래서 사람들은 이런 현상에 빅데이터라는 이름을 붙였다. 이후 인터넷과 컴퓨팅 기술이 발달하면서 빅데이터들을 저장하고 분석할 수 있게 되었다. 그 결과 빅데이터는 무의미하게 떠도는 정보가 아니라 많은 일들을 할 수 있게 만드는 귀중한 자료가 되었다. 즉, 빅데이터라는 것은 '단순히 큰 데이터'뿐만 아니고, 이를 '활용하려는 시도와 기술'을 총체적으로 의미하는 말이 되었다.

디지털시대에서 빅데이터를 '정보사회의 쌀'이라고 하는 것은 쌀이 수십억 인구의 주식(主食)으로서 필수적인 것처럼, 빅데이터는 기술 발전, 경제성장, 의사 결정의 기초가 되기 때문이다. 쌀이 없으면 사람이 살아갈 수 없듯이, 빅데이터가 없다면 현대 기술을 활용할 수 없다. 인공지능, 자동화, 비즈니스 인텔리전스, 개인 맞춤 추천 시스템 등 우리가 사용하는 다양한 기술들은 빅데이터 없이는 제대로 작동할 수 없다. 그러나 쌀이 올바르게 재배, 가공, 소비되어야 영양분을 공급할 수 있듯이, 빅데이터 또한 신중하게 수집, 정제, 활용되어야 그 가치를 극대화할 수 있다.

❋ 비즈니스 인텔리전스(Business Intelligence, BI) : 기업에서 데이터를 수집, 정리, 분석하고 활용하여 효율적인 의사 결정을 할 수 있는 방법에 관해 연구하는 학문.

빅데이터를 수집하고 분석한다면 사람들의 행동 패턴, 동향, 사회 현상 등을 파악할 수 있다. 이를 통해 세상을 더 잘 이해하고, 더 나은 의사 결정을 내릴 수 있다. 시간과 비용도 절약할 수 있고, 새로운 아이디어를 떠올리는 데 도움을 얻을 수도 있다. 대형마트에서는 어떤 제품을 더 많이 판매할지 예측하기 위해 고객의 구매 패턴을 소비자 행동 분석에 사용한다. 병원에서는 환자의 데이터를 분석해 맞춤형 치료를 제공할 수 있고, 가정에서 사용하는 거의 모든 가전의 사용 패턴도 기록이 된다. 하루에 얼마만큼 정수기 물을 마시는지, 냉장고를 몇 번 여는지, 집안의 공기 청정 정도는 어떻게 되는지, 세탁기는 얼마만큼 돌리고 있는지의 정보가 기록되어 가전제품 회사로 전송되고 있다. 이를 바탕으로 사람들의 취향을 예측하고, 새로운 가전제품을 만들어 출시할 수 있다.

하지만 빅데이터가 무분별하게 사용되거나 잘못된 방식으로 활용되면 심각한 문제를 초래할 수 있다. 많은 기업과 정부가 수집한 데이터가 악용되거나 해킹당하면 개인정보 유출, 감시 사회화, 사이버 범죄 등의 위험이 커진다. 중국통 경제학자인 가지타니 가이(梶谷懷) 일본 고베대 대학원 경제학 연구과 교수는 기술이 압도하는 사회에서 인간다운 사회를 만들려면, 시민이 알고리즘의 공공성을 만드는 데 적극적으로 참여해야 한다고 보았다. 대표적인 사례가 2018년 유럽연합(EU)이 시행한 개인정보 보호규정(GDPR)이다. GDPR은 EU 거주자의 개인 정보를 다루는 모든 기업이나 단체가 프라이버시 보호와 관련된 광범위한 규정들을 준수하도록 강제하는 것을 골자로 한다. GDPR은 네트워크 사회에서 개인의 존엄을 보호하는 '21세기 인권 선언'이라고 평가받고 있다. 영화 '마이너리티 리포트'의 범죄 예방 시스템은 살인 사건에 대한 높은 예측률에도 무고한 희생자를 낳는 1% 오류 때문에 폐기됐다. 이런 결정을 하려면, 시민 사회가 각종 정책과 알고리즘에 개입할 수 있어야 한다는 게 가지타니 교수의 설명이다.

❀ GDPR(General Data Protection Regulation) : 유럽연합(EU)에서 1995년부터 운영돼 온 유럽연합 정보보호법을 대폭 강화한 규정으로, 2018년 5월 25일부터 본격 적용됐다.

빵을 먹인 AI

『빵은 길을 만들고 밥은 마을을 만든다』의 저자 권삼윤은 동서양의 문화 차이가 시작된 출발점을 주식인 '빵'과 '밥'에서 찾고 있다. 동서양을 지리적인 조건 이외에 빵 문화권과 밥 문화권을 중심으로 구분하고 있으며, 이러한 기준에 따라 건조지대인 서아시아와 아랍 지역을 빵 문화권으로 정의하였다. 빵과 밥을 단순한 주식 개념에서 동서양의 문명, 주택과 마을 구조, 예술, 나아가 가치관의 차이로까지 확장했다.

❈ 권삼윤, 『빵은 길을 만들고 밥은 마을을 만든다』, 이가서, 2007

책에 따르면 동양은 노동 집약적이면서 마을을 중심으로 한 공동체의 협동을 중시하는 폐쇄적 사회를 구축했다. 반면 서양은 노동 분산적이며 길을 중심으로 효율과 능률성을 따지는 개방적 사회를 이뤘다. 빵은 이동하면서 새로운 길을 만드는데 적합한 음식이지만, 밥은 모여서 먹으면서 촌락 공동체를 만드는데 적합한 음식이었던 셈이다. 결국 밥과 빵이라는 것은 먹는 것의 대명사인 동시에 문화적인 출발점이다.

아주 먼 과거에 어느 문명이 한 작물을 주식으로 선택하고 나면 그것이 오랜 세월 동안 지속되면서 그 지역에 사는 사람들의 삶과 사회 구조를 결정하게 된다. 예컨대 벼농사를 짓는 농민들이 대가족을 이루고 살며 할아버지와 아버지에게 농사 기술을 배우고 쌀밥과 반찬으로 구성된 식사를 하는 것은 타고난 운명과도 같다. 한번 정해진 문명의 구조는 아주 오랫동안 계속되는 특징을 가진다. 우리에겐 쌀은 단순히 식량이 아니다. 민족문화의 근간이며 민족성의 기본이었다.

초창기 챗지피티는 한국어로 '오늘 나 밥 뭐 먹을까'라고 물어도 파스타나 햄버거 같은 음식만 추천했다. '밥힘'으로 살아온 한국인들의 입맛을 전혀 반영하지 않은 대답이다. 영어로 된 미국 중심 데이터로 학습한 인공지능을 사용하게 되면 전 세계의 다양성이 무너지고 미국 문화가 모든 것을 덮어버릴 수도 있다. AI는 데이터로 움직이는 기술이다. 사람들이 쓴 글이나 영상 등 모든 콘텐츠가 데이터가 되고, 여기에는 그 지역의 가치관이 그대로 녹아 있다. AI가 특정 국가나 기업의 가치관을 반영하면, 그 나라의 문화와 정체성은 약화할 수밖에 없다. 구글이나 오픈AI 등을 쓰다 보면 자연스럽게 미국의 가치관 중심으로 가게 될 것이다.

특정 AI에 전 세계가 의존하면 문화와 가치관이 종속될 수 있다는 위기감에서 소버린 AI((Sovereign AI)가 주목받고 있다. 소버린 AI는 자주적인, 독립적인 이란 의미를 갖는 소버린(Sovereign)과 AI가 결합한 용어로 'AI 주권'이라고도 한다. 소버린 AI는 국가나 기업이 자체 인프라와 데이터를 활용하여 독립적인 인공지능 역량을 구축하는 전략을 의미한다. 이어령은 '한솥의 밥을 먹는다는 의식은 농업사회의 쌀이 산업사회의 강철이 되고 정보사회의 디지털로 바뀌게 된 오늘날에도 우리 무의식 속에 생생하게 살아 있다'라고 말한다. 어떠한 데이터를 양분 삼아 어떻게 학습하는지에 따라 가치와 영향이 달라지는 AI에게 빵이 아니라 한국인의 주식인 밥을 먹여야만 한다. 소버린 AI는 단순한 기술 자립 문제가 아니라 한국인의 정체성, 문화유산, 국가 안보와 깊이 연관된 문제다. 소버린 AI를 확보하는 것은 단순히 글로벌 기술 대기업과 경쟁하는 것이 아니라, 디지털시대에서 우리의 고유한 정체성을 보존하고 발전시키는 중요한 과제다.

❋ 이어령, 『디지로그(digilog)』, 생각의 나무, 2008

현재 AI 기술은 구글, 마이크로소프트, 오픈AI, 알리바바, 바이두와 같은 미국과 중국의 대기업들이 주도하고 있다. 이들 기업은 가장 발전된 AI 모델, 클라우드 컴퓨팅 인프라, 데이터 시스템을 보유하고 있다. 우리나라도 삼성, LG, 네이버, 카카오와 같은 글로벌 기술 기업을 보유하고 있지만, 여전히 AI 소프트웨어 및 기초 모델 개발에서는 미국과 중국에 뒤처져 있다. 국내 AI 산업을 강화하고 해외 AI 기술 의존도를 낮추면 AI 연구, 개발, 응용 분야에서 새로운 일자리 창출과 경제적 기회를 만들어낼 수 있고, 중소기업이 자체적으로 AI 기술을 활용할 수 있도록 지원할 수 있다.

현재 ChatGPT, Google Bard와 같은 대부분의 글로벌 AI 모델은 영어 데이터를 중심으로 학습되었기 때문에, 한국어의 미묘한 뉘앙스, 역사, 문화적 맥락을 제대로 반영하지 못하는 경우가 많다. 한국에 최적화된 소버린 AI를 개발하면 한국어 자연어 처리 능력을 높이고, 영어 중심의 언어 편향을 방지할 수 있고, 한국 문화적 가치와 전통을 반영하는 AI 모델을 구축할 수 있으며, 역사적 사실을 정확하게 보존하고, 외국 AI 모델이 제공하는 왜곡된 한국 역사 서술을 방지할 수 있다. 예를 들어, 네이버의 하이퍼클로바X(HyperCLOVA X)와 카카오의 KoGPT는 한국어와 한국문화에 특화된 AI 모델로, 한국의 디지털 주권과 문화 주권을 강화하기 위한 중요한 시도다.

- 하이퍼클로바X : 네이버의 초대규모(Hyperscale) 언어모델인 하이퍼클로바 X 기술을 바탕으로 만들어진 대화형 AI서비스. 2021년 공개한 하이퍼클로바의 업그레이드 버전으로 2023년 8월 24일 공개됐다. 하이퍼클로바X는 챗GPT-3.5보다 한국어 자료를 6500배 더 많이 학습했다고 알려져 있으며, 이로 인해 한국어에 대한 이해도가 매우 높다.
- KoGPT : 한국어 특화 AI 대규모 언어 모델(LLM)로, 60억 개의 매개변수(파라미터)와 2000억 개 토큰(어절)의 한국어 데이터를 학습했으며, 맥락과 의도에 따라 문장을 생성해 상품 소개글을 작성하거나 기계 번역 등과 같은 언어 과제를 해결한다.

AI는 단순한 도구가 아니라, 그 기술을 만든 국가의 가치관을 반영한다. 서구 AI 모델은 미국이나 유럽의 윤리적 기준을 따르는 경우가 많지만, 이는 우리의 사회 규범이나 유교적 가치관과 충돌할 가능성이 있다. 소버린 AI를 통해 우리는 존댓말 체계, 연령별 대화 스타일, 집단 조화 중시 같은 한국의 디지털 예절을 고려한 AI 모델을 설계할 수 있고, 한국 사회의 문화적 맥락을 존중하는 AI 기술을 발전시킬 수 있다. 또한, 세계적으로 큰 영향력을 발휘하고 있는 K-팝, K-드라마, K-무비, K-웹툰 등과 같은 한국문화 콘텐츠에서 AI 기반 자동 번역 및 자막 생성을 통해 K-콘텐츠의 글로벌 접근성을 높일 수 있고, 한국의 문화적 영향력을 극대화하면서 창작자의 자율성과 경제적 이익도 보호할 수 있다.

소버린 AI가 성공하려면 AI 교육과 디지털 리터러시(문해력)를 강화하여 시민들이 AI 기술을 이해하고 활용할 수 있도록 해야 하고, 투명한 AI 정책과 윤리적 기준을 마련하여 국민의 신뢰를 얻어야 한다. 소버린 AI는 단순한 기술 자립이 아니라, 우리의 미래를 결정짓는 전략적 과제다. 한국어와 한국적 가치관을 반영한 AI 시스템을 개발함으로써, 한국은 디지털시대에서도 문화적 정체성을 유지하고 글로벌 경쟁력을 강화할 수 있다. AI 기술을 혁신, 규제, 문화 보존이 조화를 이루는 방식으로 발전시킨다면, 소버린 AI는 한국의 디지털 독립을 보호하는 동시에, 글로벌 AI 산업에서도 강력한 영향력을 행사할 수 있는 핵심 자산이 될 것이다.

쓰레기를 넣으면 쓰레기가 나온다

쓰레기를 넣으면 쓰레기가 나온다는 뜻의 'Garbage in, garbage out'은 불필요한 정보를 입력(input)하면, 불필요한 정보밖에 출력 (output)되지 않는다는 의미다. 잘못된 데이터나 무의미한 데이터를 입력하면 프로그램이 올바르다고 해도 무의미한 결과밖에 출력되지 않는다는 말이다. 처음에는 컴퓨터 사이언스 용어였지만 일상생활에서도 많이 사용되고 있다. 우리나라 속담 '콩 심은 데 콩 나고 팥 심은 데 팥 난다'라는 의미와 비슷하다. 예를 들어, 설문조사를 할 때, 솔직하게 답변하지 않거나, 질문이 이상하게 되어 있다면 그렇게 모은 데이터는 믿을 수 없게 된다. 결과를 신뢰할 수 없는 경우, 기업이나 개인은 잘못된 결정을 내릴 위험이 커진다. 이는 재정적 손실은 물론 브랜드 이미지 손상과 같은 부정적인 결과를 초래할 수 있다.

의료 AI가 잘못된 환자 데이터를 학습하면, 부정확한 진단을 내리고, 금융 AI가 낡고 신뢰할 수 없는 시장 데이터를 학습하면, 위험한 투자 결정을 하고, 챗봇이나 번역 AI가 차별적이거나 편향된 텍스트 데이터를 학습하면, 부적절한 결과를 생성하듯이 AI는 스스로 데이터를 '이해'하는 것이 아니라, 주어진 데이터를 기반으로 패턴을 학습할 뿐이기 때문에, 입력 데이터의 질이 곧 결과의 질을 결정짓는 요소가 된다. 좋은 데이터는 결과의 신뢰성을 높이는 필수 요소이다.

잘못된 데이터가 AI 시스템의 오류를 초래한 대표적인 사례를 살펴보겠다. 아마존은 AI를 활용한 인재 채용 시스템(2018)을 도입했으나, 이 AI가 과거 남성 중심의 채용 데이터를 학습하면서 여성 지원자를 차별하는 문제가 발생했고, 마이크로소프트의 AI 챗봇 Tay(2016)는 트위터 사용자와 소통하면서 학습하도록 설계되었지만, 악의적인 사용자들이 Tay에게 인종차별적이고 혐오적인 표현을 가르치면서, AI 역시 부적절한 발언을 하게 되었다. 일부 경찰 AI 시스템은 과거 범죄 데이터를 기반으로 특정 지역과 인종을 범죄 가능성이 큰 대상으로 간주하며, 결과적으로 사회적 편견을 강화하는 역할을 했다. 이 사례들은 AI가 결코 객관적인 존재가 아니며, 입력된 데이터에 따라 얼마든지 왜곡된 결과를 만들어낼 수 있음을 보여준다.

AI는 데이터를 빠르고 효율적으로 분석할 수 있지만, 무엇이 공정하고 윤리적인지, 어떤 데이터가 의미 있는지 스스로 판단할 수 없다. 따라서 AI의 개발과 활용 과정에서 인간의 개입이 필수적이다. AI의 성능은 어떤 데이터를 학습하느냐에 따라 결정되므로, 데이터의 선정, 정제, 검토 과정이 매우 중요하다. 예를 들어, 의료 AI는 모든 인종과 성별을 대표하는 데이터를 학습해야 특정 환자 그룹에 불리한 결과를 내놓는 것을 방지할 수 있고, 번역 AI는 문화적 맥락을 고려한 데이터를 학습해야 언어적 오류나 부적절한 표현을 방지할 수 있다.

또한, AI가 도출한 결과를 비판적으로 검토하고 해석하는 것은 여전히 인간의 역할이다. 법률 AI는 단순한 데이터 분석이 아니라, 사회적 맥락과 도덕적 판단을 고려하여 판결을 내리는 인간 판사의 보조 도구로 사용되어야 하고, 뉴스 AI가 요약한 기사는 기자가 사실 여부를 검증하고 편향성을 분석한 후 보도해야 한다. AI 채용 시스템을 운영하는 기업도 정기적으로 AI의 편향 여부를 점검하고 수정하는 시스템을 갖춰야 하고, AI를 활용한 법 집행기관은 인권 보호와 공정성 기준을 엄격하게 적용해야 한다.

AI가 더 발전할수록, 인간과 AI가 협력하는 방식이 더욱 중요해질 것이다. 'Garbage In, Garbage Out' 원칙은 AI가 스스로 사고하거나 판단하는 것이 아니라, 주어진 데이터에 따라 결과를 도출한다는 점을 상기시켜준다. AI는 의료, 금융, 엔터테인먼트 등 다양한 분야에서 데이터를 처리하고 분석하는 방식에 혁신을 가져왔지만 AI가 아무리 강력하더라도 입력 데이터의 질에 따라 결과가 결정되는 특성이 있다. 즉, AI에 부정확하거나 편향된 데이터를 입력하면, 결과 역시 신뢰할 수 없거나 부정확한 것이 될 수 있다. 따라서 AI가 데이터를 처리하는 능력은 뛰어나지만, 그 데이터가 무엇을 의미하는지, 그리고 어떤 방향으로 활용해야 하는지는 여전히 인간의 판단에 달려 있다.

 빅데이터의 가장 큰 장점인 방대한 정보량은 역설적으로 단점이 되기도 한다. 양질의 데이터 100개가 이것저것 섞인 데이터 100만 개보다 낫다. 수많은 정보 중 조작된 데이터는 없을까? 만약 데이터가 가짜라면, 그 데이터로 도출된 결과를 신뢰할 수 있을까? 그로 인해 잘못된 선택을 하게 되진 않을까? 사람들의 고민이 깊어지는 요즈음이다. AI가 제공하는 정보를 맹목적으로 신뢰하는 것이 아니라 비판적으로 분석하고 해석하는 능력 그리고 사람들이 남긴 흔적을 잘 살펴 맥락을 만들어내고 그 안에서 통찰을 길어내는 인간 중심의 학문이 절실하게 필요한데, 그것이 바로 인문학이다.

질문들

1. 4차산업혁명은 데이터가 원동력이라 하는 이유는 무엇일까.
2. 데이터는 제공한 사람이 주인일까, 아니면 이를 가공해 보유하고 있는 기업의 소유일까?
3. 빅데이터를 활용한 성공 사례에는 어떤 것들이 있을까?
4. 빅테크의 AI에만 의존하면 어떤 상황이 벌어질까?
5. '인공지능 주권'이란 무엇인가?
6. 각국이 인공지능 주권을 지키기 위해 힘쓰고 있는 이유는 무엇인가?
7. 빅데이터는 인문학 혹은 인문학자에게 어떤 활용 가치가 있는가?
8. 빅데이터가 인간의 창의력과 직관을 대체할 수 있을까?
9. 가짜 뉴스(Fake News) 확산을 막기 위해 빅데이터는 어떤 역할을 할 수 있을까?
10. 데이터의 편향성(bias)은 어떻게 발생하며, 이를 해결하기 위한 방법은 무엇일까?
11. 영화 '마이너리티 리포트'에서는 미래의 범죄자를 파악하여 사고를 미리 막도록 아직 아무 죄도 없는 현재의 범죄자를 처리한다. 누군가의 행동들이 빅데이터 분석을 통해 범죄를 일으킨다고 예측할만한 패턴을 보인다면, 범죄가 있기 전 그를 범죄자로 판단할 수 있을까?

5

인공지능

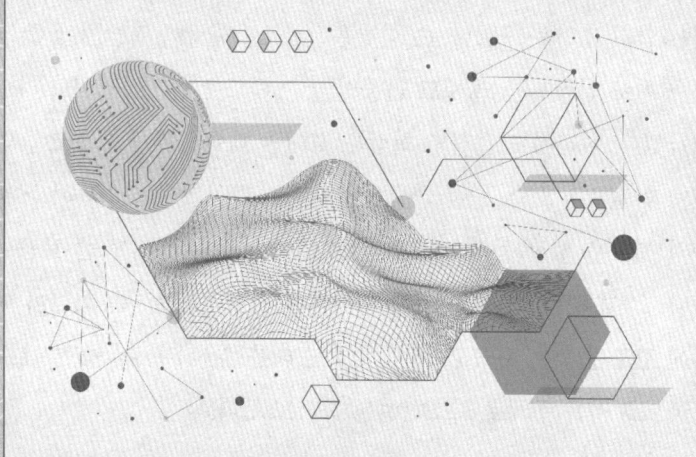

스스로
학습하는 AI

AI, AI, AI. 2019년 7월 4일 한국을 방문한 손정의 소프트뱅크 회장이 청와대에서 문재인 대통령을 만나서 했던 말이다. 문 대통령은 손 회장에게 한국이 4차산업혁명을 선도하기 위해서는 무엇에 집중해야 할지 조언을 구했다. 손 회장은 "앞으로 한국이 집중해야 할 것은 첫째도 인공지능, 둘째도 인공지능, 셋째도 인공지능입니다"라고 대답했다. 이전에도 손정의 회장은 김대중 대통령에게는 초고속 인터넷망 필요성을, 노무현 대통령에게는 온라인게임 산업육성을 정부의 새로운 성장 동력으로 조언했고, 이는 한국 경제에 큰 도움이 됐다. 20여 년이 지난 뒤 다시 청와대를 방문하게 된 손 회장이 이번에 강조한 것은 AI였고, 이에 문재인 대통령은 'IT 강국을 넘어 AI 강국으로'라는 주제로 기조연설을 하기도 했다.

인공지능의 발전은 특히 인간의 뇌 신경망을 모방하는 기계학습(ML)의 한 분야인 딥 러닝(deep learning)을 통해 기술적인 면에서 눈에 띄는 성과를 이루었다. 딥 러닝의 가장 중요한 응용 분야 중 하나는 컴퓨터 비전(computer vision)으로 합성곱 신경망(Convolutional

Neural Networks, CNN)은 이미지 인식에서 핵심적인 역할을 한다. CNN은 인간이 시각 정보를 처리하는 방식을 모방하려는 목적으로 설계되었으며, 이미지를 구성하는 픽셀, 패턴, 질감 등을 분석하여 객체나 얼굴을 인식하고 감정을 파악하는 데 사용된다. 성공적인 사례로는 의료 영상에서 AI의 사용을 들 수 있는데, X-ray나 MRI 스캔에서 암과 같은 질병을 방사선과와 동일한 정확도로 탐지할 수 있다. 이는 기계가 단순히 시각적 데이터를 처리하는 것뿐만 아니라, 사람의 생명에 영향을 미칠 수 있는 중요한 결정을 내리는 형태의 '인공적 기술'을 개발했음을 의미한다.

❋ 컨볼루션 신경망(합성곱 신경망, convolutional neural network) : 딥 러닝에서 선형 연산을 활용하여 시각 이미지를 분석하는 인공 신경망.

또 다른 딥 러닝의 성공적인 응용 분야는 자연어 처리(natural language processing, NLP)이다. 자연어 처리에서는 컴퓨터와 인간 언어 간의 상호작용을 다루는데, 번역, 텍스트 요약, 창의적인 글쓰기 등 다양한 작업에서 뛰어난 성과를 보였다. 대표적인 예로 OpenAI의 GPT-3는 인간과 유사한 텍스트 생성 능력을 보여주며, 문맥, 어조, 심지어는 비꼬는 표현까지 이해하는 능력을 보여준다. 이 능력은 방대한 양의 텍스트 데이터를 학습하면서, 주어진 텍스트를 기반으로 다음 단어나 문장을 예측하는 방식으로 이루어진다. 비록 이 모델이 인간처럼 언어를 '이해'하는 것은 아니지만, 언어 예측 기술을 개발함으로써 대화에 참여하거나 질문에 답하거나 일관성 있는 글을 생성하는 능력을 발휘한다. 자연어 처리 모델들은 인간의 언어를 생성하고 이해하며 조작하는 능력을 모방할 수 있지만, 그 과정은 인간의 인지 방식과는 근본적으로 다르다. 이들은 텍스트 내에서 패턴을 찾아내고, 언어 데이터에 대한 지속적인 노출을 통해 적응해 나간다.

딥 러닝은 게임에서도 뛰어난 성과를 거두었다. 게임은 전략, 의사 결정, 패턴 인식 등을 결합해야 하는 분야로, 가장 유명한 예는 DeepMind가 개발한 알파고(AlphaGo)이다. 알파고는 바둑이라는 고전 게임에서 인간 세계 챔피언을 처음으로 이긴 인공지능으로, 이는 이전에는 수십 년이 걸릴 것이라고 여겨졌던 성과였다. 바둑은 우주의 모든 원자보다 더 많은 가능한 수를 자랑하는 복잡한 게임으로, 체스와는 달리 직관적이고 장기적인 전략을 요구한다. 알파고는 심층신경망과 강화학습의 조합을 사용하여, 수백만 번의 게임을 스스로 플레이하며 최적의 전략을 학습하며 전략적 사고 능력을 개발하게 되었고, 이는 전문가들이 예측할 수 없는 수를 두기도 했다.

딥 러닝 모델이 기술을 습득하는 과정은 본질적으로 패턴 인식과 반복적인 개선에 기반을 두고 있다. 이 모델은 대규모 데이터를 통해 학습하며, 오류를 최소화하거나 보상을 극대화하는 방식으로 내부 파라미터(가중치와 편향)를 조정한다. 이는 인간이 특정 작업에서 전문성을 개발하는 과정과 유사하게 연습, 피드백, 개선을 통해 숙련도를 높여가는 것이다. 딥 러닝 모델은 감독 학습(supervised learning, 라벨된 데이터 제공), 비감독 학습(unsupervised learning, 라벨 없이 패턴 추출), 강화학습(reinforcement learning, 보상과 벌점을 통한 학습)과 같은 과정을 통해 인공적 기술을 개발하며, 예측 정확도와 속도에서 뛰어난 성과를 보이고 있다. 이러한 발전은 매우 유망하지만, 동시에 AI의 미래와 사회에 미칠 영향을 심도 있게 고민해야 할 필요가 있다. 이 시스템들을 계속해서 발전시켜 나가는 동시에, 그들의 잠재적인 이점과 도전 과제를 모두 고려해야 할 것이다.

❋ 라벨링(data labeling) : 사람은 자전거가 찍힌 사진을 보고 사진 속 사물이 자전거임을 쉽게 식별할 수 있다. 하지만 컴퓨터는 이를 자전거로 인식하지 못하기 때문에 컴퓨터가 인식할 수 있도록 사진 위에 자전거 위치와 크기를 입력하고. 그 위치와 크기 안에 있는 이미지를 자전거라고 표시해주는 작업이 필요하다. 이 작업을 라벨링(data labeling) 또는 데이터 주석(data annotation)이라고 한다.

2016년 3월 이세돌 9단과 알파고의 대국 이후 인공지능을 내세운 4차산업혁명이 화두가 된 지도 벌써 몇 년이 지났다. 이제 4차산업혁명이라는 용어는 일상어가 되었고, 로봇과 인공지능이 하루가 다르게 발전하고 있다. 기술의 발전은 멈추지 않으며, 인간이 만든 기계들은 더욱 똑똑해지고 있다. 딥 러닝 기술을 장착한 인공지능은 단순히 체스와 같은 경우의 수를 계산하는 게임을 넘어 우리가 만들어낸 사용자 데이터를 기반으로 형성되는 빅데이터를 학습하여 우리 생활 전반으로 스며들었다. 인공지능 밥솥을 테마로 한 동시 한 편이 우리 생활 속에 파고든 인공지능의 실태를 잘 보여준다.

똑똑한 밥솥

밥 말고는 뭐 할 줄 아는 게 있어야지.
행여, 누가 그런 소리라도 할까 봐/ 밥솥은/ 남몰래/ 공부하여
"현미, 영양밥 맛있는 취사가 시작되겠습니다."/ "취사가 완료되

었습니다./ 잘 섞어서 보온해 주십시오."/ 이런 말들을 하게 됐고,
이젠 시계도 볼 줄 알아서/ 예약 시간에 맞춰/ 저 혼자 척척/
밥을 짓기도 한다.

『서로가 좋은지』 김규학, 대구LH, 2020

    아주 오래전부터 우리 민족의 주식인 밥을 짓던 유용한 도구인 밥솥이 4차산업혁명 시대에 맞춘 밥솥이 되기 위해 비상한 노력을 하고 공부했다. 마침내 최고로 똑똑한 인공지능 밥솥이 된 것이다. 사람의 말을 알아듣기도 하고, 말을 하기도 한다. 시계도 볼 줄 안다. 시간에 맞추어 작업을 할 수 있다. 집안에 말을 할 줄 알고, 시계도 볼 줄 아는 똑똑한 밥솥이 있으니 이제 엄마는 밥 짓는 일을 아예 인공지능에 맡겨 버린다. 그때쯤이면 "밥 식는다. 빨리 와라"와 같은 어머니의 다정한 목소리는 식탁에서 사라지고 인공지능이 진짜 우리의 주인이 될지도 모른다.

특이점
(singularity, 싱귤래리티)

미래학자이자 현 구글 엔지니어링 이사인 레이 커즈와일(Ray Kurzweil)은 저서 『특이점이 온다』에서 '2045년 인간의 지능을 뛰어넘는 초지능이 탄생할 것'이라고 전망했다. '특이점(singularity, 싱귤래리티)'이란 인공지능이 충분히 똑똑해져 자신보다 더 똑똑한 인공지능을 개발할 수 있게 되는 순간을 의미한다. 이 지점을 지나 무한한 지능의 인공지능이 출현하면 인류에게 큰 위협이 될 것이라는 우려가 커지고 있다. 스스로 학습하는 AI가 어느 순간이 되면 인간의 능력을 뛰어넘어 인간을 지배하게 되지 않을까 하는 생각 때문이다.

✳ 레이 커즈와일 저, 김명남 역, 『특이점이 온다 : 기술이 인간을 초월하는 순간』, 김영사, 2007

싱귤래리티(singularity), 즉 특이점은 사전적 정의로는 '특별히 다른 점(singular point)'을 의미하지만, 과학기술 분야에서는 전혀 다른 뜻으로 사용된다. '인공지능이 인간지능을 넘어서는 기점'을 말한다. 이 용어는 컴퓨터 구조를 처음 생각해낸 미국의 수학자 존 폰 노이만(John von Neumann)으로 1953년 처음 언급한 이후 미국 컴퓨터 공학자인 버너 빈지(Vernor Vinge) 등이 이 개념을 발전시켜 왔다. 하지만 이에 대해 가장 구체적인 전망을 한 사람은 컴퓨터 과학자이자 알파고를 개발한 레이 커즈와일(Ray Kurzweil) 이다. 그는 2045년이면 인공지능이 모든 인간의 지능을 합친 것보다 더 강력한 시대가 올 것으로 예측했다. 인공지능에 관한 관심이 급증하면서 커즈와일의 주장이 더욱 주목받고 있다.

특이점이 오면 어떤 세상이 펼쳐질 것인가에 대한 상상력은 4차 산업혁명에서도 중요한 주제가 된다. 기술의 변화 속도가 인간의 생물학적 진화 속도를 따라잡아 추월하는 시점인 특이점이 오면 인간 생활의 엄청난 변화를 예고하기 때문이다. 여기서 기술은 4차산업혁명의 기반이 될 정보 기술을 말한다. 엄청난 처리 속도와 집적 기술을 구현하는 하드웨어와 소프트웨어 기술이 생물학적인 한계를 뛰어넘는 시점, 따라서 생명공학, 나노기술공학, 로봇공학 부문에서 혁명적인 기술 발전이 이루어지는 시점이 바로 특이점이다.

그중에서도 생명공학 분야는 거의 특이점에 도달해 있다는 것이 전문가들의 견해다. 그 대표적인 기술이 유전자 가위기술(gene scissor)인데 유전자 정보들을 편집해 복사, 붙이기를 하기 시작하면 대부분 불치병을 원천 봉쇄할 수 있다. 미국 영화배우 앤젤리나 졸리(Angelina Jolie)는 자기 할머니와 어머니의 유전으로 인해 유방암에 걸릴 수 있는 확률이 87%라는 것을 알고 유방암 유전자 제거 수술을 했다. 신의 가위라 불리는 유전자 편집(Genome Editing) 기술 덕분이다. 앞으로는 누구든지 큰 비용을 들이지 않고 이런 의료 혜택을 누릴 수 있는 혁명이 다가오고 있다. 이미 2018년에 중국 과학자가 세계 최초로 유전자 편집을 거친 아기를 출산하게 하는 데 성공했다고 발표한 바 있다.

인공지능을 바라보는 인간의 인식은 극과 극을 달린다. 한쪽 끝에는 불치병을 치료하여 인류의 오랜 꿈이던 불로장생의 꿈을 실현해 줄 수 있다는 낙관론을 펼치고 있고, 다른 한쪽 끝에는 AI로 인해 사람들이 일자리를 잃어버리고 인류가 AI의 노예가 된다는 비관론이 펼쳐지고 있다.

인공지능의 대표적인 낙관론자는 마크 저커버그(Mark Zuckerberg) 페이스북 창립자와 빌 게이츠(Bill Gates) 마이크로소프트 창업주 같은 자본가들이다. 애플, 구글, 페이스북, 마이크로소프트, 삼성 등 글로벌 기업들이 막대한 자본력을 바탕으로 인공지능과 같은 신기술을 주도하고 있다. 이들은 인공지능이 적은 노동력으로 더 많은 생산과 서비스를 가능하게 하는 최신기술일 뿐이며, 우리의 삶을 질적으로 향상시킨다고 주장한다. 그러나 그 최신기술로 인해 우리의 일상이 깨지고 평화로운 삶이 위협당할 가능성, 더욱 심해질 부의 양극화 현상에 대해서는 침묵하고 있다.

특이점이 온 이후의 미래가 어떤 모습일지를 정확히 예측한다는 것은 결코 쉬운 일이 아니다. 하지만 특이점에 대한 다양한 견해의 공통점은 그것이 온다는 것이다. 전문가들의 견해로는 특이점이 인간이 예상한 것보다 더 빨리 오며, 그것의 영향은 대중이 특정하기 어려울 만큼 클 것이라 한다. 미래학자인 레이 커즈와일은 인공지능 기술이 인간의 진화 속도를 앞서게 되는 시점을 '특이점(Singularity)'으로 명명하고, 그 시기를 2045년으로 예측했다가 2016년 알파고의 출현 이후 그 시기는 계속 앞당겨져 최근에는 2029년으로 보고 있다.

전 세계 인구 75억 명의 지능을 합친 것보다 더 똑똑한 인공지능 우위의 시대가 온다면, 인간만이 할 수 있는 일이 있을까? 있다면 그것은 과연 무엇일까? 라는 질문이 이 시점에서 필요한 이유이다. 현실로 다가온 기계와의 경쟁에서 살아남기 위한 절박한 생존의 물음이기도 하다. 『인공지능의 시대, 인간을 다시 묻다』에서 저자 김재인은 "결국 우리는 인공지능이 뺏을 수 없는 일, 인공지능이 할 수 없는 일을 해야만 할 것"이라고 주장한다. 그것은 다름 아닌 '창조력'과 '상상력'이다.

✱ 김재인, 『인공지능의 시대, 인간을 다시 묻다』, 동아시아, 2017

기계가
생각할 수 있을까?

인공지능의 역사에서 가장 중요한 인물은 영국의 수학자 앨런 튜링(Alan Mathison Turing)이다. 1950년 「컴퓨팅 기계와 지능(Computing Machinery and Intelligence)」이라는 논문에서 "기계가 생각할 수 있을까? (Can machine think?)"라는 주제로 현대 인공지능 개념을 창안했다. 나아가 튜링 머신을 개발하고 튜링 테스트를 실시하여 기계가 인간처럼 생각할 수 있다는 사실을 증명했다. 이는 AI라는 개념을 최초로 제시한 연구로 꼽힌다. 1956년에는 AI의 개념을 세상에 알린 다트머스 회의(Dartmouth Conference)가 열렸다. 이 회의에서는 기계가 인간처럼 학습하고 발전할 수 있는지에 관한 토론이 이루어졌으며, 인공지능(Artificial Intelligence)이라는 용어가 처음 사용되었다.

인공지능 연구자들을 중심으로 '20년 이내에 기계가 사람이 하는 모든 일을 할 수 있게 된다'라는 기대감이 퍼졌다. 정부 주도의 인공지능 프로젝트도 각국에서 추진되었지만, 기술 부족으로 실현되지 못했었다. 그러나 최근 들어 컴퓨터의 발전과 빅데이터의 출현으로 AI가 급속도로 발전하게 되었다. 인터넷의 보급은 디지털 데이터의 폭발적 증가를 가져왔다. 그리고 기계학습 기술이 크게 발전하여 인공신경망을 기반한 딥 러닝으로 진화했다. 또한 컴퓨팅 파워가 크게 향상되었다. 그래픽 처리장치(GPU)의 개발은 딥 러닝에 필요한 복잡한 작업을 초고속으로 구현하여 더 빠르고 효율적인 인공지능 모델 학습으로 이어질 수 있었다.

체스에서는 이미 오래전에 인공지능이 인간을 따라잡았다. 1996년 당시 체스 세계 챔피언인 가리 카스파로프(Garry Kimovich Kasparov)와 IBM의 슈퍼컴퓨터 딥 블루의 첫 대결에서 카스파로프가 승리했지만, 재대결에선 딥 블루가 카스파로프를 꺾자 전 세계 알고리즘과 인공지능 연구원들의 관심사는 바둑으로 옮겨갔다. 그리고 20년이 흐른 뒤 대중들에게 인공지능이라는 기술이 강렬하게 다가온 시점은 2016년 3월 9일 이세돌 9단과 알파고의 바둑 대결부터일 것이다. 2016년 총 5회의 대국으로 진행된 이세돌 9단과 알파고(AlphaGo)의 바둑 대결은 인간과 인공지능의 대결로 큰 관심을 모았다. 사람들은 이세돌 9단이 당연히 승리할 것으로 예상했다. 하지만 결과는 4승 1패로 알파고의 압승이었다. 알파고와 이세돌 9단의 대결 결과를 통해 세계는 인공지능의 발전을 인정하고 체험했다. 대국을 마친 후 이세돌 9단은 "알파고가 이렇게 완벽하게 둘 줄 몰랐다. 알파고 개발자에게 존경심을 표한다"라며 자신의 패배를 인정했다.

바둑은 오래도록 '동양 문화의 정수'라고 불려왔다. 동양 정신이 풍부하게 담겨 있기 때문이다. 고도의 정신 집중을 요구한다는 점에서 '도(道)'이고 기술과 정신이 접목된 사고의 극치를 보여준다는 점에서 '예술(豫術)'이며, 상대를 존중한다는 점에서 '예(禮)'이다. 알파고는 강화학습을 통해 대국하면서 오로지 이기는 방법에만 주력했다. 하지만 인간은 승부를 넘어 바둑에 담긴 인생의 품격과 끝없는 도전, 패배를 통해서도 다시 일어서는 지혜까지 터득하며 살아왔다. 인공지능은 사람보다 바둑에 대해 많이 알기는 하지만 바둑을 즐기거나 재미를 느끼지 못한다는 점에서 인간보다 저급한 경지일 수밖에 없다. 인공지능이 아무리 똑똑해도 인간이 할 수 있는 일과 인간만의 긍지는 따로 있다.

바둑은 둘 수 있는 경우의 수가 무한대에 가까워서 통찰과 직관력이 무엇보다 중요한 게임이다. 이런 인간적인 능력이 필요한 바둑에서 인공지능이 세계 최고의 바둑 기사를 이겼다는 점에서 알파고의 승리는 사회 전반에 엄청난 충격을 주었다. 4000년을 이어온 동양 문화의 정수가 서양 첨단 물질문명에서 정복당했다는 상징적 의미로 해석하기도 했다. 사람들은 인간의 직관과 추론 능력을 쏙 빼닮은 알파고의 위력에 두려워하기 시작했다.

알파고의 기반이 된 구글의 딥 러닝(Deep Learning) 기술 또한 세계적인 주목을 받게 되었다. 딥 러닝은 사물이나 데이터를 스스로 학습하고 분류해 새로운 데이터를 판단하고 예측하는 것으로 엄청나게 많은 데이터를 집어넣으면 인공지능이 스스로 학습하는 기술이다. 이러한 기술 덕에 체스·장기 등에 이어 직관의 영역으로 알고 있던 바둑에서도 인공지능이 승리하게 된 것이다. 알파고는 이세돌과의 대결 전에 16만 개 바둑 기보를 통해 3주간 3억 4,000만 번을 반복 학습했다고 한다. 이렇게 경험이 쌓일수록, 게임 횟수가 늘어날수록 알파고의 성능은 더 좋아졌다.

알파고의 충격이 채 가시기 전에 등장한 챗지피티는 다시 한번 사람들을 놀라게 했다. 2022년 11월 공개된 이후 챗지피티는 전 세계적으로 뜨거운 반응을 얻었다. 인공지능 하면 떠오르던 대명사가 이젠 '알파고'에서 '챗지피티'로 바뀌고 말았다. 챗지피티는 초거대 언어 모델(LLM, Large Language Model)을 기반으로 개발됐다. 언어를 학습 데이터로 삼기 때문에 우리의 언어를 자연스럽게 이해하며, 또 이에 응답한다. 대화형 인공지능이라는 설명처럼 사용자와 마치 사람처럼 대화할 수 있는 능력을 갖춘 것이 특징이다. 알파고가 바둑이라는 제한된 영역에서 우수성을 보인 것과 달리 챗지피티는 일반 지식에서부터 문학, 미술, 음악 등 다양한 창작 영역에서도 가능성을 보였다.

사람 말을 알아듣는 거대언어모델 덕분에, 인공지능은 과학계를 넘어서서 우리 일상생활까지도 깊이 스며들었다. 챗지피티는 전 세계 2억 명 이상이 사용하고 있고, 국내 사용자 수도 500만 명을 넘어섰다. 2024년 12월 기준, 한국인 10명 중 1명이 챗지피티를 사용하고 있는 셈이다. 사람들이 챗지피티에 이토록 열광하는 이유는 우선 사람의 말을 알아듣는다는 것이다. 지금까지 많은 언어 모델 또는 다양한 자연 언어 처리 기술이 나왔지만, 실제로 기계가 인간의 말을 알아듣는 경우는 거의 없었다. 그런데, 챗지피티는 인간의 '말귀'

를 제대로 알아듣는다. 두 번째는 창의성이다. '사람만 할 수 있지' 하고 내심 믿었던 창의적 활동을 보여준다. 챗지피티는 인간처럼 모방을 통해 새로운 것을 만들어 내고 있다. 세 번째는 확장성으로 학습 능력의 향상 속도가 빠르다는 점이다.

챗지피티는 빠른 속도로 진화하고 있다. 2022년 11월 챗지피티 3.5가 출시된 지 넉 달 만에 챗지피티 4.0이 나왔고, GPT 4o가 연이어 출시되었다. 더 많은 기능이 추가된 GPT-5도 곧 공개할 예정이라고 한다. 딥블루, 알파고, 챗지피티로 이어지는 AI의 기술은 여러 분야에서 발전한 기술들이 어떻게 융합하면서 발전해왔는지를 보여준다. 그리고 앞으로도 여러 발전 가능성이 있음을 시사한다. 우리가 주목해야 할 것은 빠른 기술 발전은 새로운 기회를 만들지만, 동시에 사회적 문제를 일으킨다는 점이다. AI 기술의 빠른 발전 속도를 따라가지 못하는 사회 전반에서 여러 가지 우려의 목소리가 나오기 시작했다.

이 다양한 우려의 목소리에는 다음과 같은 것이 있다:

첫째, AI 자동화가 특히 제조, 고객 서비스 및 심지어 의학 및 법률과 같은 전문 분야와 같은 산업 분야에서 인적 직업을 대체 할 것을 두려워한다.

둘째, 윤리적 문제로 특히 얼굴 인식, 감시 및 기계학습 모델의 편견과 같은 분야에서 AI 의사 결정에 대한 우려가 있다.

셋째, 개인정보 보호 및 보안 위험으로, AI 중심 데이터 수집은 AI가 방대한 양의 개인 데이터를 처리하고 분석할 수 있으므로 개인

정보에 대한 우려를 제기한다.

넷째, 경제 불평등으로, 빠른 AI 개발은 AI를 통제하는 기술에 정통한 엘리트들 사이의 격차를 넓힐 수 있으며, 그 기술에서 소외된 사람과는 더 큰 경제적 차이를 만들어 낼 수 있다.

다섯째, 규제 및 통제 부족으로, AI가 적절한 규제 없이 너무 빠르게 발전하고 있어서 자동화 무기 또는 딥페이크(deepfake) 기술과 같은 분야에서 잠재적 오용을 초래할 수 있다.

약장수가 가수와
차력사를 내세우는 까닭

남도(南道)의 한 소도시. 나는 초행인 그 소도시의 장거리를 홀로 걷는다. 어디에선가 슬픈 노래가 들려오고 있다. 텔레비전이나 라디오에서는 더 이상 들을 수 없을 듯한, 한물간 여가수의 흘러간 노래다. 나의 걸음은 그쪽으로 쏠린다. 짐작했던 대로 약장수가 판을 벌이고 있다. 보고 듣는 사람의 마음을 짠하게 하는 여가수의 노래는, 울긋불긋하게 차려입은 차력사의 차력 시범으로 이어진다. (중략) 어둑어둑해진 녘에 장터를 떠나는 내 손에는, 나도 모르는 사이에 사게 된, 나에게는 소용도 없는 만병통치약이 들려 있다. 약장수는 여가수의 노래로 나를 판으로 끌어들여 약을 팔아먹은 것이다.

❋ 이윤기, 「약장수가 가수와 차력사를 내세우는 까닭」, 『우리가 어제 죽인 괴물』, 시공사, 2002

   약장수는 이제 잊힌 직업이 되었다. 그들의 생활 터전인 재래시장이 점점 사라져가고 있고, 약장수보다 더 재미있는 다양한 오락거리들이 생겼기 때문이다. 약장수라는 말은 이제 특정한 직업을 가리키기보다 진정성은 없는 가짜들의 대명사가 되었다. "어디서 약을 팔아?"는 "어디서 감히 내 앞에서 약장수처럼 거짓말을 해"라는 뜻으로 쓰이며 약장수는 '남들을 현혹하는 사람', '사기꾼' 등으로 통용된다.

약장수를 찾는 사람들은 약장수의 현란에 입담에 빠져 그들의 말을 신뢰하였다. 챗지피티도 이와 마찬가지로 사용자들이 쉽게 믿게 만드는 재주가 있다. 약장수가 가수와 차력사를 내세워 다양한 볼거리를 제공했던 것처럼 챗지피는 우리의 오감을 흔들어 호감을 산다. 약장수가 "이 약만 먹으면 저렇게 된다"라며 소위 '만병통치약'을 판 것처럼 척척 해결책을 내놓아 우리를 안심시키기도 한다. 그러나 우리는 챗지피티가 마치 진실인 것처럼 그럴듯하고 자신 있게 잘못된 답으로 '약을 팔고 있다'는 것을 놓쳐서는 안된다.

인공지능이 주어진 데이터나 맥락에 근거하지 않은 잘못된 정보나 허위 정보를 생성하는 것을 '할루시네이션(Hallucination)'이라고 한다. 환각이나 환청을 뜻하는 정신의학 용어에서 단어를 빌려왔다. 업계는 AI가 처음부터 잘못된 데이터로 학습하는 것을 원인으로 보고 있다. AI 언어 모델은 데이터를 학습해 확률상 가장 높은 대답을 내놓지만, 진위는 확인할 수 없기에 얼핏 그럴듯해 보이지만 말도 안 되는 답을 내는 오류를 범한다는 것이다. 만약 인간이 악의적으로 오염된 데이터를 학습시키면 위험해질 수 있기에 최근 주요 7개국(G7) 정부는 '챗지피티' 등 AI 모델을 사용할 때 책임을 부여해야 한다는 취지의 공동성명을 채택하기도 했다. 개발사인 오픈AI도 홈페이지에 챗지피티가 잘못된 정보를 생성할 수 있고, 해로운 지침이나 편향된 내용을 만들어낼 수 있으며, 2021년 12월 이후의 정보에 대해선 제한된 지식을 가지고 있다고 공지하고 있다.

인공지능의 할루시네이션은 단순한 오류를 넘어서 AI의 신뢰성과 안전성에 심각한 의문을 제기하는 문제다. 할루시네이션의 주요 원인으로는 학습 데이터의 한계, 알고리즘의 불완전성, 그리고 AI 모델의 과적합(overfitting) 등이 있다. 대규모 언어 모델(LLM)을 기반으로 하는 AI 시스템들은 방대한 양의 텍스트 데이터를 학습하지만, 이 과정에서 잘못된 정보나 편향된 데이터를 그대로 흡수할 수 있고, 또한, 현재의 AI 기술은 인간처럼 추상적 사고나 맥락 이해 능력이 부족하여 단순히 패턴을 기반으로 정보를 생성하는 경향이 있다. 이러한 인공지능의 할루시네이션 현상은 특히 자연어 처리 분야에서 두드러지게 나타난다. 챗봇이나 AI 작문 도구 등에서 때때로 완전히 허구의 정보나 잘못된 사실을 마치 진실인 것처럼 제시하는 경우가 있다. 이는 단순한 기술적 문제를 넘어 윤리적, 법적 문제로까지 확대될 수 있는 심각한 이슈이다.

대표적인 사례로 법률 분야에서의 AI 변호사 챗지피티의 오류를 들 수 있다. 2023년 미국의 한 법정에서 AI가 생성한 가짜 판례를 인용하여 논쟁이 벌어진 사건이 있었다. 이는 AI가 실제로 존재하지 않는 법적 근거를 '할루시네이션'하여 제시한 것으로, 법조계에 큰 충격을 주었다. 결국 해당 변호사는 벌금을 물었다.

또 다른 사례로는 2023년 2월 Google의 챗봇 Bard가 제임스 웹 우주망원경이 외계 행성의 첫 사진을 찍는 데 사용되었다고 잘

못 주장하여 Google의 평판을 손상했다. "제임스 웹 우주망원경(JWST)의 새로운 발견에 대해 9살짜리 아이에게 말해줄 수 있는 것은 무엇인가요?"라는 질문에 바드(이후 제미니로 이름이 변경됨)는 지구 태양계 밖 행성, 즉 외계 행성의 첫 사진을 찍는 데 JWST가 사용되었다고 답했지만, 실제로 최초의 외계행성 사진은 2004년 유럽남방천문대의 초대형 망원경(VLT)이 촬영한 것이다. 구글의 주가는 몇 시간 만에 시장 가치 1,000억 달러가 하락했다.

인공지능 할루시네이션 현상이 미치는 영향은 매우 광범위하다. 개인적 차원에서는 잘못된 정보로 인한 의사 결정 오류나 금전적 손실 등이 발생할 수 있지만, 사회적으로는 가짜뉴스의 확산, 정보 조작 등으로 인한 신뢰 붕괴와 혼란이 발생하고, 더 나아가 AI에 대한 전반적인 불신으로 이어져 기술 발전에 걸림돌이 될 수 있다. AI는 산업을 재편할 수 있는 잠재력이 있지만 자신의 목적을 달성하기 위해 거짓말과 선동을 하려는 사람에게도 새로운 기회를 제공하는 도구가 될 수 있다. 과거 약장수의 말에 속아 인생을 망치거나 건강이 심하게 손상된 경우는 별로 없었다. 기껏해야 금전적 손해를 조금 보거나, 사 온 약재를 먹고도 효능이 없었다는 정도였다. 그러나 현대의 약장수인 생성형 AI가 뿜어내는 독소는 상상 이상이다.

놀라운 똑똑함, 충격적 어리석음

챗지피티는 인류가 쌓아온 지식을 모두 학습한 똑똑한 인공지능이니까 그 답변은 틀림이 없으리라 여기기 쉽다. 하지만 인공지능에는 환각성과 더불어 편향성이라는 문제점 또한 있다. 데이터 편향성은 인공지능이 학습하고 성장하는 데에 필요한 빅데이터가 충분하지 않을 때, 혹은 빅데이터가 오류가 많거나 정제되지 않은 데이터로 가득할 때 그리고 한가지 성분만 가득 찼을 때 나타난다. 인공지능은 일상 업무 자동화부터 과학적 발견의 발전에 이르기까지 인간 삶의 여러 측면을 변화시켰다. 그러나 AI는 편견에서 벗어나지 않으며, 오히려 기존의 사회적 편견을 증폭시키고 지속시키는 경우가 많다. AI 기반 의사 결정에 대한 의존도가 높아짐에 따라 인종, 성별, 사회경제적 지위에 따른 차별이 강화되어 상당한 위협이 되고 있다.

AI 시스템은 의사 결정 과정의 기초가 되는 방대한 데이터를 학습하는데. 안타깝게도 이러한 데이터에는 사회적 불평등을 반영하는 역사적 편견이 있는 경우가 많다. AI 모델이 데이터를 학습할 때 의도치 않게 이러한 편견을 복제하고 심지어 강화하기도 한다. 예를 들어, 얼굴 인식 기술은 백인보다 유색인종의 오류율이 더 높은 인종적 편견을 보이는 것으로 밝혀졌다. 마찬가지로, 학습 데이터에 내재한 과거 고용 패턴으로 인해 채용 알고리즘은 여성 후보자보다 남성 후보자를 선호해 왔다. 차별적 채용 관행은 고용의 성별 및 인종 격차를 확대할 수 있으며, 편향된 의료 알고리즘은 특정 인구 집단에 대해 불평등한 의료 서비스를 제공할 수 있고, 법률 시스템에서 AI 기반 위험 평가 도구는 소수 개인에게 더 높은 위험 점수를 불균형적으로 부여하여 양형 결과에 불공정하게 영향을 미칠 수 있다. 게다가 AI로 인한 잘못된 정보와 딥페이크 기술은 잘못된 편견의 확산에 기여하여 해로운 고정관념과 사회적 분열을 강화할 수 있다.

더 넓은 차원에서 AI를 통한 차별의 지속적인 강화는 사회적 결속력과 기술에 대한 신뢰를 위협한다. AI 시스템이 불공정하다고 인식되면 기술 발전에 대한 대중의 신뢰가 약화되어 미래의 혁신과 채택을 저해할 수 있다. AI 기반 차별을 해결하려면 개발자, 정책 입안자, 사회 전반이 참여하는 다각적인 접근 방식이 필요하다. AI 개발자는 모델 학습 및 검증 프로세스에 공정성 원칙을 통합하여 윤리적 AI 설계를 우선시해야 한다. 여기에는 학습 데이터를 다양화하고, 편향 감지 메커니즘을 구현하며, 의도하지 않은 결과를 완화하기 위해 AI 성능을 지속적으로 모니터링하는 것이 포함된다. 규제 체계도 책임성을 보장하는 데 필수다. 정부와 기관은 AI 투명성을 위한 명확한 가이드라인을 수립하고 조직이 AI 결정을 내리는 방식을 공개하도록 요구해야 한다. AI 시스템이 대규모로 배포되기 전에 편향을 감지하고 수정하기 위해 제3자 감사 및 공정성 평가가 의

무화되어야 한다. 또한 일반 대중 사이에서 AI 문해력을 키우는 것은 개인이 AI 편견을 인식하고 도전할 수 있도록 하는 데 매우 중요하다. 사회는 AI의 한계에 대한 인식을 높이고 기술자와 사회과학자 간의 학제 간 협력을 장려함으로써 윤리적이고 포용적인 가치를 유지하는 AI 시스템을 만들기 위해 노력해야 한다.

전 세계에서 생성형 인공지능 연구 선구자로 꼽히는 최예진 미국 워싱턴대 교수는 데이터의 편향(Data Sampling Bias)은 주로 데이터 세트의 불균형 및 인간의 선입견 때문에 발생한다고 말한다. AI는 데이터를 만드는 사람의 편견을 배우게 되며, 이는 데이터를 생성하지 않는 사람들의 의도를 대변하지 못한다는 문제점을 내포한다고 한다. 또한 "지금의 거대언어모델(LLM) 학습 방식으로 불투명하고 믿을 수 없을 정도로 권력이 집중되고 있다"라고 지적하면서 소수의 빅테크 기업이 주도하는 현재의 생성형 인공지능 산업에 큰 우려를 표시했다.

최예진교수는 또한 역사관 충돌 문제에 주목했다. "안중근 의사가 어떤 사람이냐 묻는 질문에 '테러리스트'라고 답하는 AI가 세계에서 보편적으로 사용되면 한국이 입을 손해가 얼마나 클지 상상조차 하기 힘들다."라면서 한국 고유의 가치관과 역사관 등을 AI에 반영시키는 것은 국익과 연관된 문제라고 지적하였다. 이를 위해서라도 정부가 나서서 적극적인 AI 윤리 연구 지원에 나서야 한다고 주장했다.

※ <Why AI Is Incredibly Smart and Shockingly Stupid> https://www.youtube.com/watch?v=SvBROOGT5VI Yejin Choi. TED 2023

AI에 관한 놀라움과 편리함도 잠시, AI가 드러내는 인간에 대한 차별과 편견은 큰 우려를 낳고 있다. 허위 조작 정보나 성차별, 인종차별 등 사회적 편견이 내포된 편향된 정보가 몰고 올 파장을 생각하는 사람이 어느 때보다 필요하다. 인공지능은 완성형이 아니다. '놀랍도록 똑똑하고 충격적일 정도로 어리석은' AI에 윤리교육을 제대로 시켜 유용한 과학적 도구이자 동반자로 성장시켜야만 한다.

질문들

1. 인공지능(AI) 기술의 본질은 무엇일까?
2. 인공지능의 품질은 어떤 기준으로 평가해야 할까?
3. 인공지능 도구는 다른 기술과 어떻게 다른가?
4. AI가 개발 과정에서 특정 국가나 기업에 의해 독점된다면 어떤 문제가 발생할까?
5. 인공지능 알고리즘이 편향(Bias)을 가질 수 있는 이유는 무엇인가? 이를 해결하려면 어떻게 해야 할까?
6. 미래 사회에서 AI와 인간이 협력하는 가장 이상적인 형태는 무엇일까?
7. 미래에 널리 활용될 인공지능에 윤리적 가치 판단을 맡길 수 있을까?
8. AI가 특정 분야에서는 인간보다 월등한 성능을 보이지만, 어이없는 실수를 저지를 때가 있는 이유는?
9. 인공지능을 활용한 범죄(딥페이크, 해킹, 개인정보 침해) 등의 위험성을 어떻게 줄일 수 있을까?
10. AI 기술이 의료 분야에서 인간보다 더 정확한 진단을 내릴 수 있을까? 그렇다면 의사는 어떤 역할을 맡게 될까?

디지털 경제1 - 비트코인

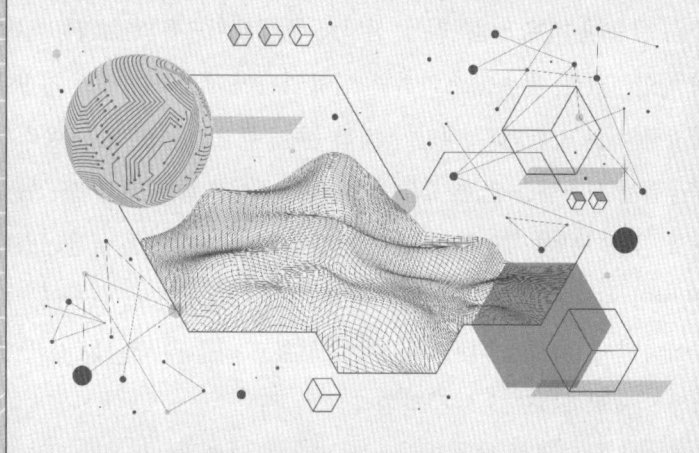

비트코인

비트코인의 개발자는 사토시 나카모토(Satoshi Nakamoto)로 알려져 있다. 비트코인은 2008년 10월 31일에 발표된 〈Bitcoin: A peer-to-peer electronic cash system〉 논문에서 시작되었다. 암호 기술을 활용해 비트코인이라는 전자화폐 네트워크를 만들자는 일종의 제안서였다. 내용을 요약하면 '금융기관이 제공하는 신뢰 기반에 의지하지 않고 개인과 개인이 직접 돈을 주고받을 수 있는 온라인 지급결제 시스템을 만들자'라는 것이다. 국가가 화폐 발행권을 독점하고 금융기관이 제공하는 신뢰 기반에 의지하는 기존 금융시스템을 벗어나 보자는 취지였다. 그리고 이런 취지에 동조하는 이들이 늘어나면서 비트코인 네트워크가 형성됐고 리플, 이더리움 같은 또 다른 암호화폐들도 속속 등장했다.

비트코인은 많은 사람의 관심 속에 있지만 정작 이것이 무엇인지 제대로 아는 사람은 드물다. 블록체인, 해시, 탈중앙화, 작업증명(POW, Proof of work), 지분증명(POS, Proof of stake) 등 생소한 개념과 용어가 무수히 등장하는 데다 기존 화폐 기능과 시스템으로 이해하는 데는 한계가 있기 때문이다. 이 분야 전문가라는 사람들도 대중에게 이해하기 쉽게 잘 설명하지 못한다. 비트코인(Bitcoin)이란 인터넷이 연결된 곳에서 사용할 수 있는 새로운 형태의 돈이다. 비트코인은 '인터넷 접속만으로 세상을 바꿀 혁명'이라고 일컬어진다. 왜냐하면 별도의 관리자 없이도 사용자가 인터넷을 통하여 타인에게 디지털 재산을 안전하게 넘겨주는 일이 가능해졌기 때문이다.

비트코인은 우리가 손으로 만질 수 있는 동전 형태의 화폐가 아니다. 파일로 돼 있는 것으로 컴퓨터로 풀어가는 과정을 '채굴한다'라고 한다. 영어로는 마이닝(mining)이라 하는데 마이닝을 우리나라 말로 옮기는 과정에서 석탄이나 금을 캘 때 쓰는 '채굴'이란 말로 번역하게 된 것이다. 비트코인을 캐는 건 곡괭이가 아니라 컴퓨터이며 '채굴기'라 부른다. 또한 비트코인을 캐는 사람들을 '광부'(miner)라고 한다. 채굴 작업은 비트코인과 이더리움처럼 블록체인을 기반으로 하는 암호화폐 시스템의 핵심이다. 업계에선 '마이닝'이라 하고, 국내에선 '캔다'라고 한다. 전문 용어로는 '블록체인' 기술이라고 한다. 이러한 사실을 제대로 알고 있는 사람은 드물다. 국내의 암호화폐에 대한 열기는 오롯이 '거래'에만 집중됐다. 암호화폐를 얻을 수 있는 또 다른 방법인 채굴에 대해서는 잘 알려지지 않았다.

채굴을 이해하려면 블록체인에 대한 이해가 필요하다. 블록체인은 암호화폐의 거래 내용을 담은 일종의 '장부'로 비트코인의 바탕이 되는 체계다. 비트코인은 블록체인 네트워크를 유지하는 데 이바지한 사람에게 주는 '보상'이다. 정부가 발행한 통화와 달리 비트코인은 각국의 정치에 의해 왜곡될 수 있는 체제가 아니다. 비트코인은 정부가 아니라 비트코인 거래를 인정해주는 사람들, 즉 채굴자들로 이루어진 분산된 체제에 기반을 둔다. 그들은 '블록체인'이라고 알려진, 비트코인의 소유권을 일일이 기록해 놓은 인터넷상의 장부를 갖고 있다. 이것이 채굴의 가장 핵심 원리인 '작업증명(Proof of Work)' 방식이다. 이는 컴퓨터 소유자들이 어떻게 암호화폐를 채굴하는지, 암호화폐가 어떻게 만들어지는지, 자원을 소비함으로써 암호화폐를 만들어내며 그곳에 가치를 담는 과정이 어떻게 이루어지는지에 대한 원리이다. 비트코인에 채굴이라는 과정을 도입한 이유는 암호화폐 구축 초기 단계에서 해결해야 할 가장 큰 산이 바로 '신뢰'였기 때문이다. 신뢰를 유지하기 위해서는 블록체인이라는 강력한 보안을 가진 데이터 저장 시스템을 유지·관리해야 한다. 채굴은 이 같은 거래기록을 보호하는 역할을 할 수 있다.

✳ 마이클 케이시, 폴 비냐 저, 유현재, 김지연 옮김, 『비트코인 현상, 블록체인 2.0』, 미래의창, 2017

비유를 통해 비트코인 채굴 방식을 설명해보면 다음과 같다. 비트코인이 들어있는 상자(블록 block)가 있고 여기에는 자물쇠가 채워져 있다. 상자 속에 먼저 기록하는 대회를 열어서 1등 한 사람에게만 상금을 주기로 약속이 되어있다. 대회에 참가한 모든 사람에게 새로운 블록을 나누어 주는데 누구든 그 자물쇠 비밀번호를 먼저 찾아서 상자를 연 사람만 기록(트랜잭션 Transaction과 해시데이터 Hashdata)을 할 수 있고 상금을 받을 수 있다. 이 대회에서 자물쇠의 비밀번호를 찾는 과정을 작업증명(Proof of Work)이라고 하고 줄여서 POW라고 한다. 이 대회는 10분마다 열린다. 참여하는 사람도 많고 모두 비밀번호를 열심히 찾고 있다. 지금은 처음 대회가 열릴 때와는 달리 비밀번호가 너무 어려워져서 비싼 컴퓨터로 비밀번호를 찾아도 몇 달이 걸릴 정도다. 이렇게 비밀번호를 찾기 어렵게 만드는 것을 '난이도 상승'이라고 한다.

❋ 트랜잭션(transaction) : 네트워크상에서 발생하는 모든 거래나 데이터의 이동을 의미한다. 예를 들어, 암호화폐를 한 지갑에서 다른 지갑으로 전송하는 것이 트랜잭션이다.

❋ 해시데이터(Hashdata) : 데이터를 해시 함수로 가공한 결과로, 주로 파일 또는 메시지의 무결성을 검증하는 데 사용된다. 블록체인은 거래기록을 안전하게 저장하고 검증하기 위해 해시 함수를 사용하여 블록을 연결하고 무결성을 유지한다.

PC 한 대로는 5년이 걸릴 만큼 어려워 채굴을 위한 강력한 컴퓨터가 필요하므로 일반인들은 거의 불가능하다고 한다. 초기에는 개인 컴퓨터로도 채굴할 수 있었지만 남아 있는 비트코인 수량이 줄어들면서 난이도가 급속히 상승했다. 현재 개인이 비트코인을 채굴하는 것은 불가능하다고 봐야 한다. 그래서 지금 개인이 채굴을 시도하는 것은 '숟가락 하나 달랑 들고 광산에 가는 셈'이라고 비유하곤 한다. 그래서 채굴 프로그램을 보유한 전문 대행업체에 투자해 수익을 배분받기도 한다. 채굴 대행 회사에 일정한 비용을 내고 암호화폐를 얻는 것이다. 채굴 대행 회사는 개인에게 채굴기를 팔거나 채굴기 관리 비용을 통해 이익을 얻는다. 2,100만 개를 모두 채굴하면 비트코인 시스템은 멈추는 것이 아닌가 하는 의문을 제기할 수 있다. 채굴자는 거래 내용을 정리하는 대가로 직접적인 비트코인 보상뿐 아니라 해당 거래 당사자들로부터도 거래 수수료를 비트코인으로 따로 받는다. 채굴량 2,100만 개가 모두 바닥나면 채굴에 대한 직접 보상은 없지만, 수수료 수입은 여전히 생긴다. 이 때문에 채굴은 끊이지 않고 계속될 것으로 전망하고 있다.

❋ 한대훈, 『한 권으로 끝내는 비트코인 혁명』, 메이트북스, 2018

　미국의 '달러'는 연방준비은행(Federal Reserve Bank)에서 발행하고 우리나라 화폐인 '원'은 한국은행에서 발행한다. 하지만 비트코인은 사용자 개개인이 발행하는 화폐이다. 비트코인은 누구나 만들 수 있다. 돈을 관리하는 중앙 기구가 없고, 비트코인 거래를 주관하는 기관도 없다. 오직 '채굴'만이 있을 뿐이다. 이것이 비트코인의 가장 혁신적인 점이다. 발행 주체가 따로 없고 거래는 철저하게 익명을 기반으로 P2P(Peer to Peer) 형식의 1대1로 이루어진다. 단, 비록 익명이긴 하지만 A가 B와 언제, 얼마의 비트코인을 거래했는지 단 한 건도 예외 없이 기록으로 남는다. 처음 비트코인에 열광했던 사람들이 주목한 점은 바로 비트코인이 세계 최초의 P2P(Peer to Peer; 인터넷에서 개인 컴퓨터끼리 직접 연결되어 파일을 공유하는 것) 네트워크 기반의 전자 금융거래 시스템이라는 것이다. '탈중앙화'를 표방한다는 점이 핵심이며, 국가의 중앙은행에서 마음대로 찍어내는 종이 화폐와 달리 발행 주체가 없다는 것이 큰 특징이다.

❋ 신의 두뇌 저, 『비트코인 1억 간다』, 솔트앤씨드, 2018

　비트코인은 중앙은행이 찍어내서 통화 가치가 하락하는 인플레이션 우려가 없는 화폐라는 점이 대중으로부터 믿음을 얻는 데 큰 역할을 했다. 마구 찍어내는 종이돈과 달리 총통화량이 2,100만 개로 한정돼 있기 때문이다. 인플레이션, 즉 화폐가치가 훼손되지 않는다는 점이 매력이다. 암호화폐 전문가 빈현우는 저서를 통해 '비트코인은 달러 체제에 대한 불신에서 출발했으며 2008년 미국의 투자은행 리먼브라더스의 파산으로 발발한 글로벌 금융위기가 직접적인 원인이 됐다'라고 설명하고 있다. 비트코인이 많은 사람의 우려에도 불구하고 계속 번창하고 있는 이유는 많은 사람이 정부가 발행한 통화에 대해 불신하고 있기 때문이다. 화폐가 통화의 기본 기능을 제대로 수행하지 못하는 나라에서는 대체 지불 수단으로 쓰려고 비트코인을 사들이고 있다.

❋ 빈현우 저, 『나는 가상화폐로 3달 만에 3억 벌었다』, 이코노믹북스, 2017

호리병과 엽전

조선 후기의 실학자이자 소설가였던 연암 박지원(朴趾源, 1737년 ~1805년)은 뛰어난 문장가였으나 일찌감치 벼슬길을 단념하고 평생을 궁핍하게 살았다. 그는 늘 지인에게 돈을 좀 빌려달라는 '척독(尺牘: 우회적 표현으로 자신의 마음을 전하는 짧은 편지글)'을 쓸 정도였다. 굶주림을 참기 힘들었던 어느 날 13살이나 어린 초정 박제가(朴齊家, 1750년~1805년)에게 돈 좀 꿔 달라는 편지를 보낸다.

  진채(陳蔡) 땅에서 곤액이 심하니, 도를 행하느라 그런 것은 아닐세. 망령되이 누추한 골목에서 무슨 일로 즐거워하느냐고 묻던 일에 견주어 본다네. 이 무릎을 굽히지 않은 지 오래되어지고 보니, 어떤 좋은 벼슬도 나만은 못할 것일세. 내 급히 절하네. 많으면 많을수록 좋으이. 여기 또 호리병을 보내니 가득 담아 보내줌이 어떠하실까?

뜻풀이를 해보면 다음과 같다. 예전 공자가 제자들과 함께 진채 땅에서 7일간이나 밥을 지어 먹지 못하고 고생한 일이 있다. 그러니

진채 땅의 곤액이란 자기가 벌써 여러 날을 굶었다는 말이다. 그런데도 벼슬하지 않아 무릎 굽힐 일 없음을 다행스럽게 여겼다. 하지만 이대로 굶어 죽을 수는 없고 돈 좀 꿔 달란 소리다. 이왕이면 술까지 가득 담아 보내 달라는 뜻이다. 그런데 막상 돈 꿔달라는 편지에 돈이란 말은 보이지 않는다. 이런 편지를 받고 박제가가 보낸 답장은 이렇다.

열흘 장맛비에 밥 싸 들고 찾아가는 벗이 못됨을 부끄러워합니다. 공방(孔方) 200을 편지를 가져가는 하인 편에 보냅니다. 호리병 속의 일은 없습니다. 세상에 양주(楊洲)의 학은 없는 법이지요.

'양주의 학은 없는 법이지요'라는 말은 모든 조건을 만족시키는 완벽한 상황은 없음을 가리키는 고사(故事)다. 연암은 '술을 채워달라' 썼는데, 초정은 배고픔을 읽어냈다. 돈을 준다고 하면 마음 상할까, 공방을 준다고 에둘러 표현했다. '공방'은 네모난 구멍을 지닌 동전이다. 엽전이라고 흔히 부르는 옛날 돈은 생김새가 겉은 둥글고 속 구멍은 모나게 뚫려 있어 이를 공방(孔方)이라고도 불렀다. 엽전을 200개나 보내면서 연암이 원하는 술은 담아주지 못하겠다고 말한다. 벗이 끼니도 챙기지 못한 채 빈속에 술을 마실까 걱정해, 술 대신 돈을 챙겨 보내겠다는 말이다. 그것도 모자라 '열흘 장맛비에 밥 싸 들고 찾아가는 벗'이 못 되어서 미안하다는 말까지 덧붙인다. 즉, 고생하는 연암의 처지를 먼저 알아 찾아갔어야 하는데 그렇게 하지 못해 부끄럽고 이제 종을 통해 돈을 보내지만, 술까지 보내달라는 부탁은 만족시켜 드리지 못하겠다는 것이다.

조선시대 지식인들의 내면세계를 보여주고 있는 책 『미쳐야 미친다』에서 저자 정민 교수는 이 두 사람의 편지에서 공통점을 찾아낸다. 공통점은 다름 아닌 돈을 주고받는 서신임에도 불구하고 '돈' 이야기는 하지 않는다는 것이다. 박지원은 '진채의 땅' 관련된 일화로 돈을 꾸어 달라는 말을 전했고, 박제가는 '공방'이라는 말로 돈을 표현했다. 우리의 옛사람들은 표면에 드러내놓고 금전거래를 하지 않았다. 곧 계약하거나 약속하거나 하는 것은 표면에서 하지만 현금의 거래는 대체로 이면에서 오가는 경우가 많았다. 아무리 정당한 거래일지라도 돈을 건넬 때는 대체로 종이에 싸거나 봉투에 넣어 주고받는다. 받는 사람 앞에서 헤아려서 돈을 주거나 헤아려서 받거나 하면 일종의 모욕감마저도 느낀다. 그러기에 돈의 액수를 입에 올리는 것까지도 피한다. 몇십만 원 하지 않고 몇 장으로 통하는 것도 그 때문이다.

❋ 정민저, 『미쳐야 미친다』, 푸른역사, 2004

이규태는 한국인의 이러한 금전 감각은 구체적인 돈 액수를 올린다는 것은 상스럽다는 생각에서 비롯되었다고 파악한다. 돈의 저주는 우리 선조들이 두루 누렸던 통념이었다는 것이다. 적어도 양반이나 양반을 추종하는 중인들은 돈의 구체적인 액수를 입에 올린다는 것이 그 계급에 속한 인신이나 체면의 모독으로 알았다. 이들이 물건을 살 때면 물건값을 묻는 법이 없었다. 물건을 들여놓고 마음에 들면 청지기나 하인더러 값을 쳐주라고 분부할 뿐 몇 냥 몇 푼 값을 따진다는 법은 없었다. 그러기에 흥정은 사실상 하인이나 종이 깎고 보태기도 하여 이루어졌다고 한다. 긴 여행을 떠나는 일이 있더라도 돈을 하인에게 맡길 뿐 손수 몸에 지닌다는 법은 없었다. 이처럼 돈과 쌀같이 가장 생활에서 소중하고 기본 된 요소를 저주하게 된 것은 성리학의 재욕저주(財慾咀呪)에서 비롯된 것이라 분석하고 있다.

❋ 이규태, 『한국학 에세이 2』, 신원문화사, 1995

유교적 덕목 실천에 온 힘을 기울였던 사대부들은 재물을 구체적으로 따지기를 꺼렸으며 토지문서조차 남을 통해 주고받고 하였다. 토지의 양도 몇 평, 몇 홉이라는 구체적 표현 대신 몇 섬지기라 하였으며, 지역에 따라서는 하루갈이·이틀 갈이 식으로 불렀다. 마지기라는 말도 한 말의 씨를 뿌릴 정도의 넓이를 가리키는 낱말로써 논밭의 그것이 다르고, 논의 경우에도 곳에 따라 150평에서 300평까지의 차이가 날 정도로 부정확한 계량 단위였다. 그뿐만 아니라 곡식도 몇 말, 몇 되 구체적으로 분량을 말한다는 것은 상스럽게 여겼다. 몇 식구가 며칠 먹을 것을 주라든지 몇 됫박 떠 주라는 등 타산적 표현은 되도록 하지 않았다. 그리하여 선비들이 기생집에서 놀다가 화대를 준다든지 심부름꾼에게 팁을 준다든지 집안 아이들에게 세뱃돈을 줄 때는 돈을 접시에 얹어 오도록 하고 젓가락으로 집어서 주었다고 한다. 우리말로 팁을 젓가락돈이라고 함은 이에 연유된 것이다.

이러한 생활관습은 우리 조상들은 타산적이지 않은 삶을 인격 완성의 한 지표로 삼은 까닭이며 서민들도 자연히 이를 따르지 않을 수 없었을 것이다. 그러므로 도량형조차 일정 기준이 없어 들쑥날쑥 하였던 것은 어떻게 생각하면 당연한 일이기도 하였다. 돈에 대한 이러한 풍토는 오늘날에도 엄연히 살아있다. 금일봉(金一封), 촌지(寸志)라 표현하듯 구체적인 액수를 말하는 것은 주는 사람이나 받는 사람이 치욕감을 느낀다는 사례를 찾아볼 수 있다.

✺ 도량형(度量衡) : 길이, 부피(들이), 무게 등을 재는 방법 및 그것을 재는 기구(器具)를 일컫는다. 한 자 의미로는 도(度)는 길이를 재는 자, 양(量)은 부피를 재는 되, 형(衡)은 무게를 재는 저울을 뜻하는데, 측정 기구로서의 도량형을 명확하게 하는 용어로서 도량형기가 있다.

조선의 양반사회에서 선비들은 첫째로 돈을 몰라야 했다. 제 손으로 돈을 만져서도 안 되고 시장에 나가 물건값을 물어봐서도 안 되었다. 더구나 '장안에 누가 가장 부자인지'에는 관심도 없었다. 이러한 영향으로 우리는 지금까지도 물질, 특히 돈에 관해 이야기하는 것을 금기시한다. 부자는 곧 깨끗하지 못한 사람, 남의 것을 빼앗은 사람이었다. 한국 사회에는 아직도 이런 생각이 지배적이다. 돈을 천시하고 초연한 척 위선을 떠는 사람들이 많다. 동서고금에 돈을 뜻하는 단어는 많다. 금(金), 전(錢), 화(貨), 패(貝), 폐(幣), 보(寶), 머니(money), 캐시(cash), 코인(coin)…. 그런데 순우리말로는 '돈' 딱 하나뿐이다. 그만큼 드러내 놓고 돈을 입에 올리지 않았다는 방증이다.

이러한 전통의 영향으로 우리나라 사람들은 부의 축적을 원하면서도 그 자체에 대해 높이 평가하지 않는 이중성을 띠고 있다. 이렇게 사회로부터 소외당한 돈이기에 돈은 음지에서 유통되곤 하였다. 하지만 한국인의 돈에 대한 이러한 이중적 태도는 1997년 외환위기를 겪으며 무너졌다. 돈에 솔직해졌다. 정부에 대한 신뢰가 깨어지고, 정치에 대한 신뢰가 깨어졌으며, 돈에 대한 신뢰만이 남게 되었다. 『부자 아빠 가난한 아빠』라는 책이 2000년 한 해에만 100만 부나 팔려나갔다. '부자 되세요'를 노골적으로 말하기 시작했다. 유전무죄 무전유죄가 현실임을 인정하게 되었고, 너도나도 벼락부자를 꿈꾸고 공돈을 바라는 사회가 되었다. 앉아서 돈을 두 배, 세 배, 또는 수십 배로 불리고 싶은 욕심은 비트코인 열풍을 불러오는 중이다. 위험해서 하지 말라는 말만 믿고 쳐다보지 않던 사람들도 남몰래 관심을 두기 시작했다.

❇ 로버트 기요사키, 샤론 레흐트 저, 형선호 역, 『부자 아빠 가난한 아빠』, 황금가지, 2000

단톡방(단체 메신저 대화방)의 주된 관심사는 암호화폐의 시세 등락 및 수익률 인증이다. 이때, 떼돈을 번 일부 투자가 인증샷을 올리기도 한다. 이 또한 달라진 우리의 돈 관념을 보여주는 현상이다. 한국인들은 '안녕하시냐', '잘 지내느냐'고 물으면 '죽을 맛이다', '죽지 못해 산다', '그저 밥이나 먹고 살지'라고 대답하곤 했다. 고생 끝에 밥술깨나 먹고 살게 되었다 하더라도 결코 밖으로 드러내놓고 자랑하지 않는 것이 한국인의 전통적 심성이었다. 출세를 하거나 돈을 많이 벌었더라도 이를 뽐내거나 거들먹거리기는커녕 오히려 '죽을 지경입니다' 하고 엄살을 떨고 삼가는 것이 어려움을 이기고 살아온 한국인의 모습이었다. 한국인들은 예부터 높은 지위에 오르더라도 '죽겠습니다' 하고 몸을 낮추었다. 자리가 높아지고 돈을 벌수록 겸손해야 하고 자신을 낮추어야 한다는 것이 한국인들의 세상사는 지혜였고, 덕목(德目)이었기 때문이다.

어른들은 아이들이 돈 이야기를 하면 아이답지 못하다고 생각하였고, 아이가 돈 걱정을 하면 부모의 잘못으로 생각하였다. 돈이 없으면 당장 아무것도 할 수 없는 사회에서 돈을 이야기하는 것을 금기시하고, 돈의 중요성을 제대로 가르치지 않았다. 투자의 위험성을 이해하지 못하고 무작정 달려드는 특유의 투자 문화는 제대로 된 경제 교육의 부재에 그 원인을 찾을 수 있다. 자본주의 사회에서 욕망을 실현하기 위해서 돈이 필요하다. 돈을 벌고 쓰는 일이 인격과 어떻게 연관되어야 하는지를 배우거나 토론하는 사람은 거의 없는 것이 현실이다.

『한국인의 돈』에서 저자들은 고대부터 오늘날까지 한국의 역사 속 다양한 돈의 종류를 소개하면서 한국 사회에서 돈의 역할, 돈에 대한 한국인의 사고와 철학을 말하고 있다. 책에 따르면 돈을 뜻하는 한자 '錢(전)'은 원래 가래를 의미했다고 한다. 농사를 짓기 위해 꼭 필요하던 농기구를 본떠 돈을 만들었기 때문이다. 그만큼 돈이 인간 생활을 유지하는 데 유용한 수단이라는 뜻이다. 동시에 '錢(전)'은 돈을 뜻하는 '金(금)'에 창(戈) 두 개가 맞붙어 싸우는 형태가 합쳐진 글자이기도 하다. 돈 때문에 사람이 다툰다는 의미를 담고 있다. 저자는 이렇게 '錢' 글자 하나에서 "요긴하고도 무서운" 돈의 본질을 읽는다.

❈ 김열규, 곽진석, 『한국인의 돈』, 이숲, 2009

이처럼 돈은 모순적이다. 욕망의 대상이면서 피해야 할 함정이고, 사회를 움직이는 동력이면서 동시에 타락시키는 원흉이다. 이런 돈을 어떻게 봐야 하는지를 공방(孔方)을 통해 알려준다. 공방은 테두리는 둥글고(孔) 구멍은 모난(方) 엽전의 모양을 가리킨다. 한편으로 돈은 둥글둥글 세상을 고루 돌아서 쏠림이 없어야 빈부격차 없이 모두가 편안하고, 다른 한편으로는 돈을 벌고 씀이 경우와 사리에 딱딱 맞아야 사회가 건강하다고 한다. 지금 우리가 쓰고 있는 지폐와 동전은 그 겉모습이나 속성 모두 인터넷이 등장하기 이전 우리의 생활공간에 맞춰서 발명된 것이다. 우리의 생활공간이 변했으니 지폐나 동전도 변하는 것은 어찌 보면 필연이라 할 수도 있겠다. 지폐와 동전은 산업화 시대의 돈이지, 디지털시대의 돈은 아니다. 4차산업혁명이 가속화되면 비트코인은 단순한 투자 자산을 넘어, 새로운 화폐의 임무를 수행할 수 있는 잠재력을 지니고 있다.

비트코인에 대한 전문 서적으로 비교적 일찍 출간된 『넥스트 머니 비트코인』에서 저자는 비트코인을 '투자할 대상' 보다는 '혁신적 화폐'로 바라보는 관점에서 저술하고 있다. 비트코인이 어떻게 탄생했는지, 어떻게 유통되는지, 어떤 장단점이 있는지를 기술적, 경제학적 시각으로 설명해준다. 비트코인에 대한 설명뿐만 아니라 돈의 본질이 뭔지, 돈을 왜 이해해야 하는지를 지적해준다. 그리고 다음과 같은 질문을 던지고 있다. 우리가 사는 21세기에 필요한 돈의 조건은 무엇인가? 경제 주체 간 교환을 활성화하기 위해서는 어떤 기능과 요건이 필요한가? 우리는 화폐에 무엇을 기대하고 있는가? 그리고 결론적으로 비트코인이 달러 중심의 현 기축 통화 체제를 대체할 만한 차세대 화폐가 된다고 보장할 수는 없지만 그러한 잠재력은 충분하다는 결론을 내고 있다. 디지털시대에는 화폐제도나 금융시스템도 달라져야 한다고 생각하는 사람들에게 비트코인은 답을 찾는 과정 중 하나가 될 수 있을 것이다.

✽ 김진화, 『넥스트 머니 비트코인 NEXT MONEY BITCOIN: 돈의 판도를 바꿀 디지털 화폐의 출현』, 부키, 2013

인문학으로
푼 암호

비트코인을 구성하는 기술적 요소들, 비트코인과 블록체인을 둘러싼 산업적 측면들, 그리고 비트코인과 블록체인의 경제적 측면, 그리고 비트코인으로 생각해보는 국가와 개인이라는 철학적 측면까지, 어느 한 측면도 중요하지 않은 것은 없다. 비트코인을 비롯한 암호화폐는 자본주의를 작동시키는 은행과 화폐 시스템에 대한 기술적 혁명으로 인간과 기술과 사회의 관계를 재정립해야만 제대로 알 수 있다. 여기에 인간을 중심으로 연구하는 학문인 '인문학'의 역할은 필수적이다. 가장 오래된 학문인 인문학과 최첨단 기술인 디지털은 상극인 듯 보이지만, 사실 그 둘은 잘 어울리는 속성을 가지고 있다. 디지털시대의 특징은 구체적 실체가 없이 모든 것이 가상의 공간에서 전자 부호로 이뤄진다는 데 있다. 인문학의 중심인 문학도 디지털처럼 실체가 없고 허구적이며 창의력과 상상력에 의존하고 가상현실에서 작용한다.

문학은 오래전부터 상상을 통해 가상 세계를 창조해 왔다. 대표적인 동양고전의 하나인 장자(莊子)의 제물론편(齊物論篇)에 '현실과 가상 두 세계 사이에서 어느 것이 참된 것이고 헛된 것인지 모호하다'라는 '호접지몽(胡蝶之夢)' 이야기가 실려있다. 어느 날 장자는 제자들을 불러 자신이 간밤에 꾼 꿈 이야기를 들려준다. "내가 지난밤 꿈에 나비가 됐다. 날개를 펄럭이며 꽃 사이를 즐겁게 날아다녔는데 너무 즐거워서 내가 나인지도 몰랐다. 그러다 꿈에서 깨어보니 내가 나비가 아니고 내가 아닌가? 그래서 생각해보니, 조금 전 꿈에서 나비가 됐을 때는 내가 나인지도 몰랐는데 꿈에서 깨어보니 분명 나였다. 그렇다면 지금의 나는 정말 나인가? 아니면 나비가 꿈에서 내가 된 것인가? 내가 나비가 되는 꿈을 꾼 것인가? 나비가 내가 되는 꿈을 꾸고 있는 것인가? 지금 나는 정말 나인가? 아니면 나비의 꿈 속의 나인가?" 현실과 꿈이 차별 없음을 비유한 이야기인데, 실제와 가상이 구별되지 않는 경우를 표현할 때 주로 인용된다.

조선 후기의 소설 김만중의 〈구운몽〉에서도 지금 벌어지고 있는 사람살이가 꿈처럼 덧없는 가상의 현실일 수도 있다고 말하고 있다. 육관 대사 밑에서 불도를 닦던 성진은 용왕 생일잔치 다녀오는 길에 만난 팔선녀와 희롱하고 나자 세상 부귀에 더욱 마음이 쏠리고 불가에 지루함을 느낀다. 그리고 이를 들킨 죗값으로 인간 세상으로 유배되어 가난한 처사의 아들 양소유로 태어난다. 후에 승상이 되고 두 아내와 여섯 첩을 거느려 보지만 인생의 덧없음에 탄식한다. 봄 꿈같은 현실에서 깨어난 그는 다시 성진으로 돌아와 대사에게 자기 잘못을 깊이 뉘우친다. 얼핏 이 글은 현실에서 꿈으로 그리고 다시 현실로 오가는 것으로 되어있지만 실상 현실은 꿈같고 꿈은 현실같이 되어 현실과 환상의 세계를 넘나드는 걸 보여준다.

이처럼 인간은 현실에 발을 딛고 살고 있으면서도 부단히 현실이란 벽을 뛰어넘고자 노력했으며 이는 다양한 상상, 문학, 예술, 철학 등의 이론과 작품이 되었다. 가상(假想)은 말 그대로 허구(픽션, fiction)의 세계이다. 시와 소설은 물론 음악, 미술, 연극, TV 등 모든 문예 창작물들이 정도의 차이는 있지만 가상현실이었다. 우리 인간이 그동안 문학과 예술이 그려낸 가상 세계를 통해 많은 희망과 감동, 위안받으며 살아왔듯이 앞으로 비트코인과 블록체인 가져올 가상의 세계도 공정하고 공평한 사회, 누구나 인간다운 삶을 여유롭게 즐길 수 있는 행복한 미래로 가는 밑거름이 되도록 만들어 가기 위해 인문학이 필요하다.

하지만 디지털은 이렇게 자유와 평등을 가능하게도 해주지만 동시에 거품과 단절, 그리고 찰나성의 위험도 내포하고 있다. 인문학자들은 이러한 문제점들에 제동하는 역할을 해낼 수 있다. 예컨대 비트코인이 어느 국가의 통제도 받지 않기 때문에 돈세탁, 탈세, 범죄수익 은닉 등에 악용될 여지가 있다는 점, 분실이나 사고 시 책임을 지는 기관이 없다는 점, 이외에도 탈세, 투기, 사이버 범죄에 이용될 수 있다는 것에 경계와 경고를 게을리하지 않을 것이다.

암호화폐, 빅데이터, 공유경제, 가상·증강 현실, 인공지능, 사물인터넷 등의 첨단 기술들의 총합인 4차산업혁명 시대는 상반된 것이 공존하는 세상이라고 한다. 삶의 방식이 근본적으로 변하고 있는 오늘, 인간과 기술 사이를 어떻게 하면 유연하게 조율할 수 있을지 우리의 고민이 깊어지고 있다. 사람은 숫자와 데이터로 전체를 설명할 수 있는 존재가 아니다. 숫자로 나타난 정보는 사람의 부분일 뿐, 아무리 이를 조합한다고 해도 완벽한 한 사람을 만들어 낼 수 없다. 그런데 기술이 첨단화되고 디지털 사회가 되면서 각종 숫자와 데이터에 몰두하게 되었다.

비트코인은 튤립 버블보다 심한 거품현상이라고 비아냥대는 사람이 있지만, 기존의 화폐를 대체할 미래 화폐라고 예찬하는 지지자도 있다. 비트코인에 대한 평가와 찬반이 이렇게 엇갈리는 상황에서도 우리 일상 속으로 점차 파고드는 데에는 여러 가지 이유가 있다. 그중 하나는 비트코인이 디지털 세상이 추구하는 가치개방, 공유, 혁신과 잘 부합되기 때문이다. 탈중앙화를 근간으로 하는 블록체인은 '혁신'적으로 비트코인을 거래하는 사람 모두에게 거래 장부를 '개방'하고 '공유'하게 함으로써 해킹을 무력화시켜 안전을 보장한다. 또한 복잡한 수식으로 거래 내용을 암호화해 블록을 생성하는데, 개인이 자신의 컴퓨터 자원을 활용해 이 작업에 참여하면 그에 대한 보상으로 비트코인을 준다. 즉 보상을 매개로 개인이 자발적으로 참여하도록 설계되어 있다. 여기에는 수학·암호학뿐 아니라 경제학, 심리학, 철학 등 여러 지식이 녹아 있다.

비트코인은 디지털시대를 위한 디지털 화폐이다. 디지털시대의 특징은 구심점이나 구체적 실체가 없이 모든 것이 수평적인 사이버 공간에서 전자 부호로 이뤄진다는 데 있다. 디지털시대가 아니었다면 일개 개인이 국가 및 은행가들을 위협하며 감히 금융의 민주화를 꿈꾸어 볼 수 없었을 것이다. 비트코인의 숨은 철학은 국가 및 은

행가들에게 치우쳐 있는 중앙집권적인 금융의 힘을 개개인에게 배분하고자 하는 것이다. 한마디로 '금융의 민주화'이다. 비트코인으로 인해 화폐의 정의가 바뀌었고, 기존 경제학 이론의 근간이 뿌리째 흔들리고 있다.

또한 비트코인의 기반 기술인 블록체인은 한마디로 공동체에 어울리는 기술이다. 블록체인은 다수의 참여가 있어야만 이루어진다. 슈퍼컴퓨터라 해도 컴퓨터 한 대, 두 대로는 블록체인을 만들 수 없다. 또한 블록체인 내에서 만들어진 결과물은 서로 공유되게 되어있다. 어느 하나가 독식하는 구조는 블록체인에서는 불가능하다. 인터넷의 비약적인 발전이 인류에게 준 선물은 너무나 많지만, 구글, 페이스북, 아마존 같은 인터넷 대형 기업들이 모든 것을 독식하는 폐해 또한 불러왔다. 정보의 공유를 상징하는 인터넷 시대가 아이러니하게도 부의 편중과 자원의 독점을 오히려 가속한 것이다. 미래학자들이 우려하는 바는 정보와 부가 한쪽으로 쏠림으로 인해 더욱더 심화한 양극화와 불평등의 사회가 도래하는 것이다. 블록체인은 이에 대한 좋은 대안이 될 수 있다. 그 안에는 누구 혼자 독식하는 것이 아닌 모두가 공유하는 나눔의 모델이 담겨 있다. 이런 점에서 비트코인과 블록체인은 단순한 기술의 집합체가 아니다.

비트코인은 세상을 바꾸고, 우리 삶을 바꾸고 있다. 비트코인은 경제 현상이면서 사회현상이다. 기술혁명이면서 생활 혁명이기도 하다. 어느 소설가가 비트코인을 소재로 소설을 쓴다면 전 세계가 하나의 화폐를 사용하고, 중앙집권적인 화폐시장이 존재하지 않으며, 청년과 여성에게로 부의 이동이 신속하게 일어나는 세상, 은행도 정부도 국경도 필요 없는 신개념 화폐가 주인공인 세상을 그릴 것이다. 지난 2009년 비트코인이 세상에 태어났다. 첨단 기술로 만들어진 화폐인 비트코인이 피도 눈물도 없는 차가운 기계 속에서 탄생한 것 같지만, 알고 보면 사람이, 사람을 위해 만들어낸 것일 뿐이다. 결국 디지털 혁신의 산물인 비트코인의 키워드 역시 '인간다움'이다.

질문들

1. 비트코인은 누가, 왜, 언제 만들었나?
2. 비트코인은 화폐인가, 투기 자산인가?
3. 암호화폐는 글로벌 경제 불평등을 줄일 수 있을까, 아니면 더 심화시킬까?
4. 일부 국가에서 암호화폐를 금지하거나 규제하는 이유는 무엇인가?
5. 암호화폐 시장의 변동성이 높은 이유는 무엇인가?
6. 비트코인이 글로벌 경제 위기 상황에서 안전 자산으로 기능할 수 있을까?
7. 비트코인이 전통적인 화폐에 어떤 영향을 미칠까?
8. 미래의 돈으로서 암호화폐가 직면한 과제는 어떤 것들이 있을까?
9. 암호화폐의 미래와 AI 발전의 상관관계는 어떻게 될까?
10. 한국의 경제 발전이 개인의 돈 관념에 어떤 영향을 미쳤을까?

7

디지털 경제 2- 내러티브

내러티브
(Narrative)

사실이나 현상과 관련한 일정한 줄거리나 이야기, 서사를 의미하는 내러티브(narrative)가 경제학 영역에서 주요하게 연구돼야 한다는 논지를 편 사람은 2013년 노벨경제학상을 받은 로버트 쉴러(Robert Shiller) 교수이다. 그는 저서 『내러티브 경제학』에서 경제를 움직이는 입소문의 힘과 그 이유를 분석한다. 그의 주장에 따르면 금융 시장의 거품과 거품 붕괴를 낳는 내러티브는 사실이든 허구든 상관없이 시장에 퍼져 영향을 미친다. 잘못된 정보여도 투자자들끼리 교환하다 보면 집단 심리가 형성되기 때문이다. 또한 경제적 내러티브는 바이러스처럼 전염성이 있다. 특히 정보를 빠르게 유통하는 소셜네트워크서비스(SNS)의 발달이 내러티브 확산에 영향을 끼친다.

※ 로버트 쉴러 지음, 박슬라 옮김, 『내러티브 경제학: 경제를 움직이는 입소문의 힘』, 알에이치코리아, 2021

쉴러는 이 책에서 비트코인을 내러티브 전염성의 대표 사례로 소개한다. "비트코인 투자가가 최첨단 기술을 발견해 부자가 되었다는 아주 단순한 이야기"는 비트코인 내러티브가 지닌 엄청난 전염성의 원인 중 하나라고 한다 "신기술을 쥔 사람이 승자가 될 것이라는 새로운 내러티브"는 정기적으로 비트코인의 가격변동을 알려주는 정기 뉴스로 더욱 강화되고 비트코인에 가치를 부여하게 된다는 것이다. 비트코인에 투자하는 사람들은 비트코인이 어떻게 만들어졌는지 그 원리조차 제대로 알지 못했지만, 그저 입소문으로 알게 된 비트코인을 믿게 되었다. 더구나 다른 사람들에게 그것을 알리기까지 했다.

비트코인 내러티브는 대중들을 혹하게 할 만큼 매력적이다. 2009년 시작된 비트코인은 신비주의를 바탕으로 대중들의 관심을 끌었다. '사토시 나카모토'라는 의문투성이의 인물이 부정한 국가와 제도권에 대항해서 싸운다는 이야기로 구성되어 있다. 쉴러 교수가 주목한 것은 바로 이 지점이다. 익명의 누군가가 개발만 하고 사라지는 서사가 낭만적이면서 추리물과도 가까우며, 익명의 영웅이 국가에 대항할 수 있는 도구를 인류에게 남기고 떠나는 이야기에 대중들은 빠져들 수밖에 없다는 것이다. 그는 비트코인을 내러티브가 금융 시장을 움직인다는 것을 보여주는 대표적인 사례로 꼽고 있다.

이처럼 '경제 내러티브'란 사람들의 경제적 의사결정을 바꿀 수 있는 전염성 강한 이야기를 뜻한다. 우리 시대를 지배하고 있는 가장 강력한 경제 내러티브 중 하나는 '비트코인은 금을 대체하는 디지털 골드'라는 것이다. '내재가치가 없다', '각국 정부가 불법화 시킬 수 있다', '17세기 튤립 버블처럼, 순식간에 거품이 꺼질 것이다'

라는 다양한 부정적 소문들을 잠재우며 10만 불을 넘기고 모든 코인을 지배하는 절대 코인으로서의 위상을 뽐내고 있다.

비트코인의 경제 내러티브는 2009년 비트코인이 시작된 이후 여러 차례 변화를 겪었다. 처음에는 제한적으로 사용되는 실험적인 디지털 화폐로 인식되었지만, 점차 다양한 내러티브가 등장했다. 많은 옹호자들은 비트코인의 희소성과 가치 저장 장치의 기능을 강조하며 비트코인을 금에 비유했다. 이것은 경제 불확실성과 인플레이션 동안 투자자들이 전통 자산에 대한 대안을 모색하는 시기에 주목받았다. 특히 통화 확장과 인플레이션 압력이 있을 때 비트코인은 법정화폐보다 가치를 더 잘 유지하는 자산으로 홍보되는 경우가 많다. 이것은 전 세계 중앙은행들이 대규모 양적 완화에 나서면서 더욱 강화되었다.

또 다른 주요 내러티브는 비트코인의 탈중앙화 특성을 강조하며 중앙은행과 전통적인 금융기관의 대안으로 자리매김하고 있다. 이러한 관점은 탈중앙화 금융(DeFi)과 블록체인 기술의 발전을 촉진했다. 하지만, 금융 혁신의 잠재력에도 불구하고 비트코인은 변동성 때문에 종종 비판을 받는다. 비평가들은 비트코인의 가격변동이 안정적인 통화가 아닌 투기적 자산이라는 생각을 강화하면서 비트코인을 신뢰할 수 없는 교환 수단으로 만든다고 주장한다.

비트코인의 진화하는 내러티브는 금융 시장에 큰 영향을 미쳤다. 한때 회의적이었던 기관 투자자들은 이제 비트코인이 경제 불안정에 대한 헤지(Hedge) 수단으로서의 잠재력을 인식하고 비트코인 생태계에 참여하고 있다. 주요 금융 회사들은 비트코인을 투자 포트폴리오에 통합하여 글로벌 경제에서 비트코인의 역할을 더욱 정당화하고 있다. 비트코인의 부상으로 인해 규제 당국의 조사도 강화되고 있고, 정부와 금융 규제 당국은 사기, 탈세, 시장 조작과 관련된 우려를 해결하기 위한 시스템을 개발하고 있다. 비트코인이 널리 받아들여지는 금융 상품이 될지 아니면 주류 금융의 변두리에 있는 투기 자산으로 남아 있을지가 결정되면서 비트코인을 둘러싼 미래 경제 내러티브가 형성될 것이다.

❋ 헤지(Hedge) : 투자자가 보유한 자산의 가격변동에 대비하여 손실을 최소화하거나 이익을 극대화하기 위해 다른 자산을 구매하거나 파생상품을 사용하는 것을 의미한다. 헤지 수단은 주로 주식, 채권, 상품, 통화 등의 금융 시장에서 사용된다.

비트코인 및 기타 암호화폐의 수용도가 높아짐에 따라 심각한 경제 변화가 발생할 수 있다. 비트코인과 기타 디지털 자산이 널리 채택되면 법정화폐가 불안정한 국가에서 중앙은행은 통화 정책에 대한 통제권을 잃을 수 있고, 전통적인 금융기관은 고객 유지를 위해 거래 수수료 인하와 금융 서비스 향상의 노력이 필요해진다. 또한, 비트코인은 은행이 없거나 적은 지역의 사람들에게 금융 서비스를 제공하여 전통적인 은행 인프라에 의존하지 않고도 글로벌 경제에 접근할 수 있도록 한다.

비트코인의 경제 내러티브는 금융 환경을 형성하는 역동적인 힘이다. 디지털 금, 탈중앙화 금융 대안, 투기적 자산으로써의 비트코인의 영향력은 계속 커지고 있다. 경제 상황이 진화함에 따라 비트코인을 둘러싼 내러티브도 변화하여 궁극적으로 글로벌 금융의 미래에서 비트코인의 자리를 결정하게 된다. 비트코인이 주류 금융 수단이 되는 정도는 규제 문제, 기술 발전, 대중의 인식 변화를 얼마나 잘 헤쳐 나가느냐에 따라 달라질 것이다.

황금광시대와
비트코인 시대

금(金)은 오랜 세월 동안 동서양을 가로지르며 욕망의 대상이었다. 금에 얽힌 3,000년 역사를 조망한 『금, 인간의 영혼을 소유하다』에서는 황금에 대한 인간의 집착과 열정이 어떤 식으로 인류 경제의 흐름을 바꾸고 유도해왔는지를 잘 보여주고 있다. 손에 닿는 것마다 금으로 만들어달라고 빌었던 미다스 왕의 일화에서 시작하여 스페인의 아메리카 정복, 20세기 초의 골드러시 등을 통해 금이 인간의 소유물을 뛰어넘어 오히려 인간의 영혼을 사로잡고 역사를 지배하기에 이르렀음을 잘 보여주고 있다.

❋ 피터 번스타인 지음, 김승욱 옮김, 『금, 인간의 영혼을 소유하다』, 작가정신, 2010

인간은 시대와 문명을 불문하고 금을 소유하고자 했다. 금을 향한 유럽인의 욕망은 14세기 포르투갈·스페인의 대항해 시대를 열었다. 1492년 콜럼버스의 탐험은 황금 찾기를 위한 인도 항로 개척이 목적이었다. 19세기 미국 서부의 '골드러시(gold rush)'도 황금에 대한 집착과 광기를 보여주는 대표적인 사례이다. 1849년 미국 캘리포니아에서 금이 발견되면서 금을 채취하기 위해 많은 사람이 서부로 몰려갔다. 일확천금을 노린 의사, 판사 심지어는 신문기자, 선원들이 빠져나가서 신문사가 휴업하고 배가 운행을 못 했고, 학생과 교사들이 모두 금을 찾으러 떠난 탓에 인근 샌프란시스코의 학교가 문을 닫았다고 한다. 미국 동부, 유럽, 호주, 중남미, 아시아 등에서 무려 30여만 명이 몰려들었다고 한다.

우리나라에서도 황금에 미쳐 돌아가던 시기가 있었다. 1930년대의 '황금광시대'이다. 조선총독부는 광복 전까지 3,000개 금광에서 300여 톤의 금을 채굴해갔다. 노다지와 벼락부자의 꿈을 좇는 열풍이 불었다. 금광 열풍은 계급과 나이와 신분을 가리지 않았다. 금을 찾아 떠나는 긴 행렬에는 온갖 계층의 군상들이 뒤섞여 있었다. 노동자, 농민, 자본가는 물론, 민족이나 국가, 이념만이 전부일 것만 같았던 지식인들까지. 청진기를 내던진 의사와 법복을 벗어 던진 변호사 뒤로 펜을 놓은 소설가와 전향한 사회주의자가 뒤따랐다. 조선시대 금광 열풍을 다룬 책인 『황금광시대』의 저자 전봉관 교수는 다양한 사료들을 인용해 '황금광시대'의 사회 모습을 마치 눈 앞에 펼쳐진 영화처럼 생생하게 보여준다. 그 시대의 신문 기사, 소설, 신문만평은 한반도에서 벌어진 '한국판 골드러시'의 역사를 보여주고 있다.

❋ 전봉관, 『황금광시대』, 살림출판사, 2005

"모든 광(狂) 시대를 지나서 이제는 황금광시대가 왔다. 너도나도 금광, 금광 하며 이욕에 귀 밝은 양민들이 대소동이다. 강화도는 사십 간만 남겨놓고 모두가 금 땅이라 하고 조선에는 어느 곳이나 금이 안 나는 곳이 없다고 하니 금 땅 위에서 사는 우리는 왜 이다지 구차한지?" 조선일보의 만문만화 『시대상-황금광시대』(1932년 11월 29일)는 당시 세태를 이처럼 풍자했다. 『삼천리』(1934년 8월호) 또한 "예전에는 금광꾼이라고 하면 미친놈으로 알았으나 지금은 금광 안 하는 사람을 미친놈으로 부르리만치 되었다"라면서 "웬만한 양복쟁이로 금광꾼 아닌 사람이 별로 없다"라고 말하고 있으며 '양복쟁이, 상투쟁이, 어른, 아이 할 것 없이 눈코 박힌 사람이 두세 명만 모이면 금광 이야기를 했다'라고 쓰고 있다.

그 시절에는 농사꾼이 낫 대신 곡괭이를 들고 금맥을 찾겠다며 논밭을 파헤쳤고, 김유정을 비롯해 채만식, 이태준, 김기진 같은 당대의 문사들도 펜 대신 곡괭이를 들고 금광으로 달려갔다고 한다. 「금 따는 콩밭」은 1935년 『개벽』 3월호에 발표된 김유정의 단편 소설로, 가난하고 무지한 농민인 '영식'이 금점판(금광의 일터)에서 이력이 닳은 친구 '수재'의 꼬드김에 빠져 자신의 콩밭에서 금줄을 찾으려다 오히려 한 해 농사를 다 망치고 망신당한다는 줄거리이다. 비록 가난하긴 하지만 한 해 한 해 농사를 지어 근근이 살아가던 한 농민이 금이라는 물질의 유혹에 빠져 앞뒤 안 가리고 달려드는 모습을 통해, 당대 식민지에서의 금광 열풍, 일확천금을 얻고자 하는 욕망이 얼마나 사회 전반에 걸쳐 보편적으로 확산하였는지를 보여주고 있다. 주인공인 '영식'이 소작으로 갈아먹는 콩밭을 포기하고 금을 찾으려던 것은 결국 농사를 지어봤자 비룟값과 품삯도 안 나오는 허사임이 뻔했기 때문이다. 콩밭에 금맥이 있을 거라며 꾀었던 떠돌이 친구가 "금줄이 터졌다"라고 거짓 희망을 부풀려 놓고는 그

날 밤으로 달아날 궁리를 하는 것으로 이야기는 끝난다. 실제 충남 예산 등의 금광에서 일한 적이 있는 김유정은 「금 따는 콩밭」외에도 「노다지」와 같은 관련 작품들을 남겼다. 계용묵이 쓴 소설 「백치 아다다」에서도 아다다의 첫 남편이 광산 투기로 떼돈을 벌어 아다다를 버린다.

당시 금광으로 일확천금의 꿈을 이룬 대표적인 인물은 최창학으로 백수건달이던 그는 금광을 발견해 현재 가치로 1조 원이 넘는 돈을 벌어들였다. 금광을 통해 일확천금을 얻은 사람이 생기자 조선 사람들은 더더욱 금광으로 몰려들었다. 일과가 끝난 금광 입구에서는 차마 눈 뜨고 보기 어려운 풍경이 매일 같이 펼쳐졌다고 한다. 광부들이 벌거벗고 줄지어 늘어서서 신체의 특정 부위까지 보여주어야 했고, 감독들은 혹시나 금이 박혀 있을까 봐 광부의 항문까지 찬찬히 검사했다. 어떤 광부들은 자기 팔다리를 다치게 해서라도 몰래 금을 빼돌리고자 하였다. 아울러 금을 둘러싼 각종 투기, 사기, 강도 사건들도 넘쳐났다. 백주에 강도가 금반지를 낀 젊은 부부의 손을 단칼에 잘라 도망간 사건도 있었다. 밀수꾼들은 금값이 상대적으로 비싼 만주로 금을 실어 내기 위해 죽음을 무릅쓰고 압록강과 두만강을 넘었다고 한다.

1930년대 조선에 금광 열풍이 불게 된 이유를 전봉관 교수는 1930년대 조선총독부가 금광 업자에게 보조금을 지급하고, 생산된 금을 고가에 매수하는 '산금장려 정책'을 편 탓으로 보고 있다. 일본은 군비를 확충하기 위해 당시 유일한 국제 통화인 금을 확보할 필요가 있었다며 1930년대 초 한반도에 불어 닥친 골드러시는 정교하게 기획된 정책의 산물이라고 분석했다. 그 당시 많은 사람이 황금을 잿빛 식민지의 탈출구로 여겼다. 조선인들의 인생을 역전시켜 줄 수 있는 것이 오직 황금뿐이었다. 1930년대 한반도의 골드러시는 단순한 이야깃거리가 아닌 정치, 경제, 사회, 문화, 과학기술 등 문제가 마구 뒤엉켜 빚어진 사회현상이었다. 1930년대는 가히 '투기의 시대'라 이름 붙일만한 시기였다.

우리 땅에서의 식지 않는 금광 열기는 1930년대로 끝나지 않았다. 최근에는 비트코인을 향한 골드러시가 이어지고 있다. 19세기가 황금의 시대였다면 21세기는 비트코인의 시대이다. 비트코인 가격이 치솟으면서 벼락부자가 된 사람이 있다는 뉴스가 연일 방송을 탔고 자산가들 뿐 아니라 학생, 주부 등 너도나도 비트코인 시장에 뛰어들고 있다. 단기 시세차익을 노린 투기 광풍이 휘몰아쳤고, 국내에서는 거래가격이 해외보다 높게 형성되는 '웃돈'(김치 프리미엄)까지 붙었다. 최근의 암호화폐 열풍을 두고 19세기 미국 캘리포니아, 호주 등 전 세계를 들썩였던 '골드러시'와 1930년대 우리나라의 '황금광시대'를 연상하는 사람이 많다. 애초에 암호화폐 생성 작업을 '채굴(mining)'이라 명명한 것도 이를 빗댄 것이다.

비트코인은 여러 가지 면에서 금과 성격이 많이 닮았다. 매장량이 한정돼 있고, 수요와 공급으로 가격이 결정된다는 점이 그렇다. 한쪽에서는 비트코인을 채굴하고(금광 채굴), 다른 한쪽에선 이미 생산된 비트코인을 매매하고(금 매매), 이 비트코인으로 재화와 서비스를 구매하는 구조도 똑같다(금본위제도). 그러니 비트코인을 '디지털 금'이라 부르는 것은 자연스러운 일이다. 그런데 비트코인은 금을 넘어선다. 전 세계 어디에 있든 쉽고 빠르게 인터넷을 통해 거래 수수료도 없이 돈을 주고받을 수 있기 때문이다.

아무리 금이 찬란히 빛나고 변하지 않는다 해도 누구나 얻을 수 있다면 지금과 같은 지위를 누리지 못했을 것이다. 누구나 원하지만, 누구나 가질 수는 없는 금은 곧 지배계층의 전유물이자 부의 상징이 됐다. 비트코인 또한 원한다고 누구나 가질 수 있는 것이 아니다. 발행량이 정해져 있기 때문이다. 비트코인은 2040년까지 2,100만 개만 유통되도록 공급량이 제한돼 있다. 물량은 한정돼 있는데 수요가 늘어나다 보니 가격이 오르게 된 것이다. 나라가 망하면 휴지가 되었던 지폐보다 금이 재산을 저장하는데 최고의 수단이었던 것처럼, 많은 사람이 달러 가치가 약세를 보이자 비트코인을 안전자산으로 인식하고 눈길을 돌리고 있다. 비트코인의 가장 큰 장점은 희소가치와 안정성이다.

그리고 여기에 비트코인이 미래에 화폐 역할을 할 것이라고 믿는 사람들이 가세했다. '존버'(끝까지 팔지 않고 버틴다는 뜻)가 답이라고 생각하는 사람들이 비트코인의 가치를 점점 높여주고 있다. 하지만 이렇게 완전한 믿음을 가지고 무한정 장기 투자하는 사람은 그리 많지 않다. 비트코인이 현재 일정 부분 화폐의 기능을 수행하고 있지만 법적인 기반 없이 사회적인 합의로만 이루어진 상태이기 때문이다. 전혀 보이지도 만지지도 못하는 암호화폐 시스템이 무너질 가능성을 완전히 배제할 수는 없다.

우리나라에서 일어나고 있는 비트코인 열풍의 원인 중 하나로 '포모 증후군'이 거론되기도 한다. 포모(FOMO)는 'Fear Of Missing Out'의 약자이다. 자신만 세상의 흐름을 놓치고 있다는 불안감이나 두려움을 뜻한다. 비트코인에 투자해 많은 돈을 벌었다는 소문들이 퍼지면서 비트코인 투자에도 포모 현상이 나타나고 있다. 전혀 관심이 없던 사람들도 "이러다 나만 손해 보는 거 아냐"라는 상대적 박탈감에 빠져 코인거래소를 기웃거리다 '빚투'(빚내서 투자), '영끌'(영혼까지 끌어모아 투자)하며 '패닉 바잉'에 동참하고 있다.

사촌이 땅을 사면 배가 아프다

한국인의 그릇된 국민성의 예로 자주 이야기되는 것은 '사촌이 땅을 사면 배가 아프다'라는 속담이다. 남이 잘되는 것을 기뻐해 주지는 않고 오히려 질투하고 시기할 때 비유적으로 쓰는 말이다. 나보다 잘났거나 내가 가져야 할 대상을 차지한 타인에게 느끼는 시기심과 질투심은 동서고금을 막론하고 누구에게나 있는 보편적인 감정이다. 한국인에게만 나타나는 특이한 점은 시기의 대상이 '사촌'이고 욕망의 대상이 '땅'이라는데 있다.

한국인은 경쟁상대를 외부에서 찾지 않고 내부에서 찾는 성향이 있다. 이는 폐쇄적인 사회에서 살아온 농경문화의 유산으로 볼 수 있다. 유목이나 상업인들 과는 달리 농민들은 그 경쟁상대가 먼 바깥세상에 있었던 것이 아니라 가까운 친척 아니면 바로 내 논밭에 있는 이웃 사람들이었다. 사촌은 아버지와 어머니를 제외한 조상이 일치한다는 점에서 동질성이 매우 높은 인물이다. 같은 환경의 비슷한 수준의 사람이 나보다 잘되면 생판 모르는 남보다 질투와 시기심이 더 작동하게 되는 것이다.

우리나라는 농경사회로 마을 공동체 의식이 강했다. 자연스럽게 평등사상이 강한 나라가 됐다. 남이 하는 것을 보면 자기도 해야 속이 편하고, 남이 앞서가는 것을 보면 참지 못하고 시기심이 작동한다. 유별나게 재능이 많고 똑똑하고 잘되면 거부하고 싫어하고 배척한다. 한국인의 이런 특징을 이규태는 '농경사회 촌락공동체의 평균인간 체질의 산물'이라고도 하고, 우리 문화가 관계 지향적 가족주의에 근간을 두고 있기 때문이라고도 분석한다.

❋ 이규태, 『한국인의 버릇』, 신원문화사, 1991

또한 욕망의 대상이 '땅'인 이유는 우리나라가 농경사회이다 보니 땅이 생존을 위한 식량 생산의 원천이고, 땅에서 생산하는 쌀과 곡식으로 생활에 필요한 것을 모두 얻을 수 있기 때문이다. 전통사회에서 땅은 부의 상징이자 일터이며 일거리를 의미했다. 사촌이 땅을 사면 내가 살 기회를 빼앗긴 것이라는 생각이 들 수밖에 없다. 그리고 시기나 질투심이 반응하는 곳이 머리나 가슴이 아닌 배인 이유는 인체의 기관 중 배는 소화·흡수뿐만 아니라 각종 노폐물을 처리하는 곳이기 때문이다. 감정적 스트레스가 쌓이는 곳 역시 배이다. 스트레스로 장이 경직되면 '배알이 꼬이기'도 하고 '장이 뒤틀리기'도 '속이 뒤집혀' 배가 아프게 된다. 우리 조상들은 질투의 감정을 '심사가 꽁지벌레라', '마음이 흔들비쭉이라', '심술이 모과라', '마음이 시꺼먼 도둑놈', '못된 벌레 장판방에서 모로 간다'라고 경계했지만, 최근에는 '사촌이 땅을 사면 배 아프다'보다 더 심한 말이 돌고 있다. '배고픈 건 참아도 배 아픈 건 못 참는다'라는 것이 바로 그것이다.

한국인들은 집단의 구성원들이 어려워지거나 불행해지면 서로를 잘 돕지만 누군가가 출세를 하거나 돈을 잘 벌거나 승진이 빠르거나 하면 숨어서 욕을 하고, 시기 질투하는 성향이 있다. '사촌이 땅을 사면 배 아프다'라는 말은 농경문화의 이러한 폐쇄적 가치관을 잘 보여주는 말이다. 세상은 달라졌지만, 우리나라 사람들의 사촌을 향한 질투심은 여전하다. 그 질투의 대상이 땅이 아닐 뿐이다. 광풍처럼 불어 닥친 비트코인 열풍으로 주변에서 많은 돈을 벌었다는 이야기가 들리면서 배 아파하는 사람들이 많이 생겨났다. "나는 온종일 일해도 빠듯하게 사는데 누구는 비트코인으로 하루 만에 몇백, 몇천을 벌다니…" 이런 생각은 질투심과 허탈감을 동반하고 몸과 마음을 몸살 나게 하고 있다. 돈을 넣자니 불안하고 안 넣자니 배가 아프기 때문이다.

질투심에 사로잡힌 사람은 두 가지 중 하나를 선택하게 된다. 본인도 그 대열에 동참하거나 아니면 그들을 비난하는 것이다. 비트코인 가격이 오르고, 친구가 큰돈을 벌었다는 얘기가 계속 들리자, 자신만 뒤처지고 있다는 조바심으로 맹목적인 투자가 이뤄지고, 그로 인해 더 많은 돈이 몰리는 상황이 벌어졌다. 단기간에 일어난 비트코인과 이더리움 등의 암호화폐 가격 폭등에는 이러한 질투심도 한몫했음이 분명하다. 미국의 저명한 경제사학자 찰스 킨들버거(Charles P. Kindleberger)는 금융 시장에서 거품이 발생하는 근본 원인의 하나는 '친구가 부자가 되는 모습을 지켜보는 것보다 더 마음이 불편해지고 판단력을 흐리게 하는 것은 없기 때문'이라고 말한다.

❈ 찰스 P. 킨들버거, 로버트 Z. 알리버 저, 김홍식 역, 『광기, 패닉, 붕괴: 금융위기의 역사』, 굿모닝북스, 2006

투기 대열에 합류하지 못한 나머지 사람들의 선택은 투자자를 비난하는 것이다. 이들이 암호화폐 투자자들을 바라보는 시선은 싸늘하다 못해 혐오의 대상으로 만들고 있다. 암호화폐 투자에 과도하게 매달리는 이들을 '코인충(가상화폐를 의미하는 '코인'과 벌레를 의미하는 '충'을 합친 말)'이라고 부른다. 코인에 미쳐 노동의 가치를 무시하고 한탕주의만 꿈꾸는 도박쟁이라는 것이다. 이외에도 호구와 발음이 비슷한 '흑우'라는 용어도 대표적인 조롱하는 시선이다. 그들이 암호화폐 투자자를 '코인충'이라 욕하는 이유는 그들 내면에도 코인에 투자하고 싶은 마음이 있기 때문이다. 본인은 열심히 일해도 늘 적자인데 코인을 사둔 사람들이 큰돈을 벌었다니까 너무 부럽고 자기 내면에도 쉽게 돈을 벌고 싶은 마음이 있음을 애써 부정하려 하다 보니 욕으로 나왔을 것이다.

비트코인이 처음 생겨난 것은 2009년이다. 그때는 가격이 0원이었고, 비트코인의 가치를 제대로 몰랐기 때문에 많은 사람이 관심조차 두지 않았다. 비트코인이 처음 생겨난 2009년은커녕 우리나라에 알려지기 시작한 2016년에만 비트코인을 샀어도 지금 몇억을 벌었을 것이다. 무작정 다른 사람들을 질투할 것이 아니라 자신이 제대로 된 정보도 없었고, 투자할 용기도 없었음을 인정해야만 한다. 정보가 없었다면 세상 돌아가는 것에 관심을 가지지 않은 자신을 탓하고, 정보가 있었는데 비트코인에 투자하지 않았다면 비트코인의 전망에 회의적이었던 자기 판단력을 탓해야만 할 것이다.

바야흐로 소셜네트워크서비스(SNS) 시대이고 이웃의 범위는 전 지구적으로 확장됐다. 하지만 사촌의 땅을 질투하는 우리의 사고는 여전히 농경시대에 머물러 있다. 속담은 한 나라의 국민성을 반영한다. 그래서 일각에서는 편협한 시기심이 우리 국민성을 지배하고 있다고 몰아붙인다. 하지만 나보다 잘났거나 내가 차지해야 할 대상을 먼저 가져가 버린 타인에게 느끼는 시기심과 질투심은 동서고금을 막론하고 누구에게나 있는 보편적인 감정이다. 문제는 이런 시기심과 질투심을 조절하지 못하고 열등감에 빠지거나 상대에게 해를 끼치려 할 때 문제가 되는 것이다. 질투가 위험한 이유는 없는 사실을 만들어 험담하거나, 질투 대상을 끌어내리려 한다는 데 있다. 사람들은 질투 대상이 불행해지면 쾌감을 느낀다.

미국의 심리학자 롤프 하우블(Rolf Haubl)은 자신의 저서 『시기심』에서 사회 심리적으로 시기심을 극복하는 3가지 형태를 우울, 분노, 야심이라고 했다. 여기서 '우울'은 시기심 상대와의 차이를 자신의 무능력으로 돌리고 자포자기하는 것이다. 또 '분노'는 시기심의 대상에 대해 적개심을 갖는 것이다. 반면 '야심'은 시기심 상대에 대해 경쟁심을 지니며 자신도 그처럼 되기 위해 노력하는 것이다. 이 책에는 다음과 같은 일화가 등장한다. 두 사람이 지나가다가 기가 막히게 좋은 외제 차를 몰고 가는 젊은 청년을 마주친다. 그 중 한 사람이 환희에 차서 말한다. "우아, 멋진걸. 나도 언젠가는 저런 차를 몰 날이 있겠지?" 그러자 곁에 있던 다른 사람이 뇌까리듯 말한다. "저 인간도 걸어 다닐 때가 있을걸?" 저자는 두 사람은 우리가 흔히 만날 수 있는 모습인데 언뜻 후자만이 시기하는 것으로 생각하기 쉽지만, 둘 다 시기심의 다른 표현이라고 한다. 단지 그 시기심이 어떻게 나타나느냐의 문제일 뿐이라는 것이다. 즉 건설적이고 자기 개발적인 쪽으로(전자) 발전할 수도 있고, 그야말로 우리가 일반적으로 말하는 시기심으로 나타나서 상대가 나빠지길 바라는 쪽(후자)으로 발전할 수도 있다고 한다.

❋ 롤프 하우블 저, 이미옥 역, 『시기심: 나는 시기하지 않는다』, 에코리브르, 2009

주변의 가까운 사람들의 행복에 초조해지고 존재에 위협을 느끼는 질투심은 우리 사회가 극복해야 할 사회병리 현상이다. 그렇지만 시기와 질투가 마냥 나쁜 것만은 아니다. 더러는 시기와 질투가 오기를 불러일으키고 전의를 불태워 자신을 더욱 단단하게 만드는 촉매 역할을 하기도 한다. '사촌도 땅 샀는데 나라고 못 할쏘냐'하며 더욱 열심히 일하고 정진해 그 이상의 성취를 이루는 사람들도 많다. 강준만은 『특별한 나라 대한민국』에서 우리나라 사람들이 "배고픈 건 참아도, 배 아픈 건 못 참는다"라는 말을 삶의 철학으로 삼았다는 것은 한국형 평등주의에 기인한다고 분석하고 있다. "너도 하면 나도 하겠다"라는 평등의식이 많은 부작용도 낳았지만, 한편으론 한국 사회를 이만큼이라도 성장시킨 원동력이었다고 평가한다. 한국인들에게 "나도 부자가 되어야 한다"라는 욕심만큼 강력한 성취동기도 드물었다는 것이다. 한국인들은 타인의 성공에 대해 질시하며, 타인을 칭찬하고 격려하기보다는 깎아내리고 비난하기에 능숙한데, 이를 뒤집어 보면 그만큼 '남만큼 잘되고 싶고, 잘살고 싶다'라는 욕구, 즉 자기 삶을 향상하려는 욕구가 강하다'고 해석하고 있다.

❋ 강준만, 『특별한 나라 대한민국』, 인물과 사상사, 2011

비트코인은 국경을 뛰어넘는 기술이자 글로벌 화폐이다. 암호화폐에 관심을 두는 순간부터 나의 경쟁상대는 한국인에게만 국한된 것이 아니라 미국, 중국, 일본 등의 글로벌 외국인이다. 이제 세계는 글로벌 시대를 맞아 무한 경쟁을 벌이고 있다. 이 경쟁에서 뒤처지지 않기 위해서 각 국가의 국민이 보이지 않는 전쟁을 치르고 있다. 이러한 시기에 '사촌이 땅을 사면 배가 아픈' 기질은 국가 경쟁력으로 작용할 수 있다. 배가 아플 때 그 처방으로 '체념'과 '분노', '야심' 중에서 어떤 약을 처방할 것인가는 개인의 선택에 달려 있다. 막연한 시기나 질투보다는 '사촌이 땅을 사면 직접 가 본다'가 훨씬 더 현명한 해법이 될 수 있다.

호모 나랜스
(이야기하는 인간)와 AI

언어 연구학자인 존 닐(John D. Niles)은 저서 『호모 나랜스 Homo Narrans』에서 "인간은 이야기하려는 본능이 있고, 이야기를 통해 사회를 이해하는 존재이다"라고 말하면서, 인간을 '호모 나랜스(이야기하는 인간)'라고 규정했다. 호모 나랜스인 인간은 이야기를 통해 자신을 이해하고, 세상을 해석하며, 사회적 관계를 형성한다. 그러므로 사람들은 단순한 데이터나 통계보다 감정적으로 연결된 이야기를 통해 더 쉽게 이해하고 행동하게 된다.

※ John D. Niles, 『Homo Narrans : The Poetics and Anthropology of Oral Literature』, Published by University of Pennsylvania Press, 1999

인터넷 기술의 발달은 이야기하고자 하는 인간의 욕구를 마음껏 해소할 수 있는 더 큰 장을 펼쳐주었다. 유튜브, 블로그, SNS 등의 디지털 공간이 호모나랜스의 놀이터가 되어 자유롭게 이야기를 만들고, 변형하고, 전파할 수 있게 되었다. 호모나랜스들의 위력은 경제 분야에서 특히 그 영향력이 두드러진다. 중대한 경제 변동의 배후에는 그 시대 대중의 입맛을 사로잡은 이야기들이 존재해 왔다. 그러나 우리는 내러티브가 항상 진실을 반영한다고 믿어서는 안 된다. 내러티브는 종종 사람들의 감정을 조종하고 선동하기 위해 조작될 수 있기 때문이다.

경제적 이해관계가 얽힌 집단은 특정 내러티브를 만들어 사람들을 선동하거나 특정 행동을 유도할 수 있다. 예를 들어, 어떤 기업이 자사의 주가를 높이기 위해 긍정적인 경제 전망을 지속해서 이야기할 경우, 소비자와 투자자는 그 내러티브에 영향을 받아 비이성적인 결정을 내릴 수 있다. 지금도 수많은 경제 내러티브가 사실이든 거짓이든 상관없이 입소문과 함께 뉴스와 소셜 미디어를 통해 전파되고 있다. 이와 같은 내러티브는 우리가 어떻게, 어디에 투자할지, 얼마나 저축하고 지출할지 등에 대한 의사결정을 내리게 함으로써 경제 행동을 주도하는 역할을 한다는 점에 주목해야만 한다.

그러므로 우리는 우리를 휩싸고 돌고 있는 다양한 내러티브에 무조건 동조할 것이 아니라 비판적으로 분석할 필요가 있다. 내러티브는 강력한 힘을 지니고 있지만, 그것이 진실을 반영한다고 믿는 것은 위험하다. 내러티브가 제시하는 정보의 출처, 맥락, 그리고 그 이면에 있는 이해관계를 따져보아야 한다. 떠도는 소문을 접할 때 "이 이야기의 출처는 어디인가?", "누가 이 이야기를 하고 있는가?", "이 이야기가 사실이라면 어떤 결과가 있을까?" 같은 질문을 던져볼 필요가 있다. 또한, 하나의 내러티브에만 의존하지 말고, 다양한 시각을 고려하여 정보를 비판적으로 분석할 때보다 정확한 판단을 내릴 수 있는 능력을 기를 수 있을 것이다.

내러티브는 진실을 밝힐 수 있지만, 거짓을 조작할 수도 있다. 선전, 잘못된 정보, 편향된 역사적 기록은 내러티브가 특정 주제에 부합하도록 조작되는 방법을 보여준다. 예를 들어 정치적 및 이념적 내러티브는 특정 관점을 유일한 진리로 제시하기 위해 불편한 사실을 생략하는 경우가 많다. 디지털시대에 소셜 미디어는 오해의 소지가 있는 내러티브의 확산을 증폭시켰다. 바이러스성 오보, 딥페이크 기술, 선택적 스토리텔링은 광범위한 속임수에 기여하여 사실과 허구를 구분하기가 점점 더 어려워지고 있다. 그 결과 내러티브는 현실을 형성할 뿐만 아니라 왜곡하여 편견을 강화하고 분열을 조장한다. 내러티브의 설득력을 고려할 때 스토리텔링에 대한 비판적 접근이 필요하다. 교육과 미디어 리터러시는 내러티브를 수동적으로 받아들이기보다는 질문하고 분석하는 능력을 키우는 데 중요한 역할을 한다. 다양한 관점과 비판적 사고를 장려하면 개인이 진실과 조작된 이야기를 구분하는 데 도움이 될 수 있다. 진실을 밝히는 능력과 오도하는 능력을 이해하는 것은 점점 더 복잡해지는 세상을 탐색하는 데 매우 중요하다.

AI의 등장으로 스토리텔링은 기계가 내러티브를 생성, 분석, 심지어 조작할 수 있는 새로운 시대에 접어들었다. AI는 인간과 유사한 텍스트를 생성할 수 있는 자연어 처리(NLP) 모델을 통해 스토리텔링 분야에서 상당한 발전을 이루었다. AI 기반 도구는 소설을 창작하고, 뉴스 기사를 작성하고, 대본을 작성하고, 시를 쓰기도 한다. 이러한 발전은 창작 가능성을 확장하여 작가들에게 자신의 기술을 향상시킬 수 있는 혁신적인 도구를 제공한다. 또한 AI 기반 스토리텔링은 엔터테인먼트를 넘어 다양한 응용 분야에 활용되고 있다. 마케팅, 저널리즘, 교육 분야에서 개인화된 내러티브를 통해 청중의 참여와 이해를 높일 수 있다. AI는 또한 역사 보존에 도움을 주어 연구자들이 분실되거나 파편화된 텍스트를 분석하고 재구성하는 데 도움을 준다.

하지만 AI가 생성한 스토리텔링은 잠재력에도 불구하고 여러 가지 도전 과제와 윤리적 딜레마를 안고 있다. 한 가지 주요 관심사는 AI가 생성한 내러티브의 진위 여부와 신뢰성이다. AI가 더욱 정교해짐에 따라 인간과 기계가 생성한 콘텐츠를 구분하는 것이 점점 더 어려워지고 있고, 이에 따라 잘못된 정보, 딥페이크 기술, 미디어에 대한 신뢰 약화에 대한 우려가 커지고 있다. 또한 데이터 기반 패턴에 의존하는 AI는 학습 데이터에 존재하는 편견을 의도치 않게 강화할 수 있다. 이를 방치하면 AI가 생성한 내러티브가 고정관념이나 잘못된 정보를 영구화하여 무서운 결과를 초래할 수 있다.

호모 나랜스로서 스토리텔링은 우리 정체성에 내재해 있다. AI를 인간 스토리텔러를 대체하는 도구로 보기보다는 인간의 창의력을 향상하는 도구로 보는 것이 더 생산적이다. 스토리텔링의 미래에는 호모 나랜스와 AI의 공생 관계가 포함될 수 있으며, 기계는 아이디어 생성, 내러티브 구조화, 언어 정제를 돕고 인간은 AI가 부족한 감정적 깊이와 윤리적 고려 사항을 제공할 수 있다. 인간과 AI의 협업은 더 풍부하고 다양한 스토리텔링 경험을 제공하여 개별 청중에게 꼭 맞는 내러티브를 가능하게 할 수 있다. 이러한 융합은 교육, 엔터테인먼트, 커뮤니케이션에 혁신을 가져올 잠재력을 가지고 있다. AI가 내러티브 창작에 통합되는 것은 인류의 근본적인 측면에 대한 진화이자 도전이다.

질문들

1. 내러티브 경제학과 전통적인 경제학의 차이점은 무엇인가?
2. 사람들의 경제적 결정에 영향을 미치는 이야기의 예시가 뭐가 있을까?
3. 가짜 내러티브와 진짜 내러티브를 구별하는 법은 뭐가 있을까?
4. AI는 인간 스토리텔러를 대체하는 도구인가, 인간의 창의력을 향상하는 도구인가?
5. 특정 내러티브가 빠르게 확산되는 요인은 무엇일까?
6. 역사적으로 강력한 경제적 내러티브의 예시는 무엇이며, 그 영향은 어땠을까?
7. 기업들은 브랜드 스토리텔링을 통해 소비자의 행동을 어떻게 변화시키는가?
8. 가짜 뉴스와 음모론이 경제 내러티브를 왜곡하는 방식은 무엇인가?
9. 비트코인과 같은 암호화폐의 성공과 실패에 내러티브가 어떻게 작용하는가?
10. 전염병, 전쟁, 기후변화 같은 글로벌 이슈에서 내러티브 경제학이 어떻게 작동하는가?

8

디지털시대의 공동체 1 – 인간관계

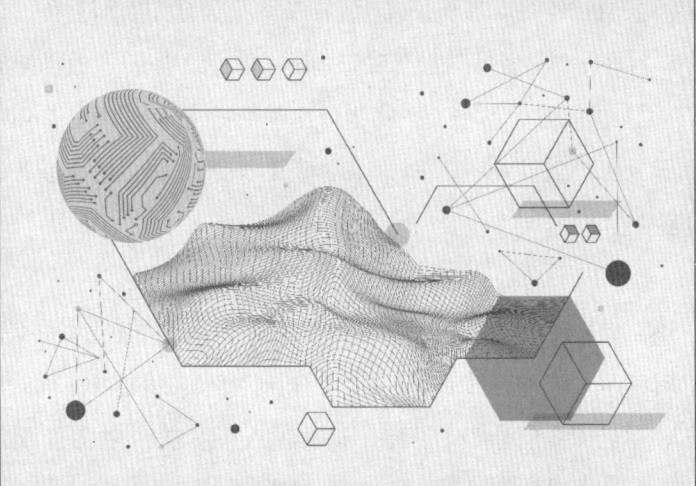

SNS
(Social Network Service)

디지털 기술의 발전은 우리의 일상생활과 소통 방식에 혁신적인 변화를 가져왔다. 1990년대 중반부터 인터넷이 보편화되면서 이메일, 채팅 등 다양한 온라인 커뮤니케이션 도구가 등장했다. 사람들은 물리적 거리와 상관없이 즉각적으로 메시지를 주고받을 수 있게 되었고, 이는 정보의 공유와 소통의 범위를 확장했다. 특히 소셜 미디어의 발전은 개인의 의견을 쉽게 표현하고 공유할 수 있는 플랫폼을 제공하였다.

SNS 열풍은 전 세계적인 현상이지만 특히 우리나라에서는 소통을 위한 중요한 수단으로 일찌감치 자리매김했고 그 인기는 대단하다. SNS란 온라인상에서 불특정 타인과 관계를 맺을 수 있는 서비스로 정확한 명칭은 '소셜 네트워크 서비스(Social Network Service)'이며 약자를 따서 'SNS'라고 부른다. '특정한 관심이나 활동을 공유하는 사람들 사이의 관계망을 구축해 주는 온라인 서비스'라고 사전에서 정의하고 있다. 그동안 카카오톡, 트위터, 페이스북, 라인, 밴드 등 손으로 꼽을 수 없을 정도로 많은 소셜 미디어가 등장했다. 아직도 새로운 소셜 미디어의 등장은 진행 중이다.

SNS의 시초는 PC통신이었다. 90년대 초반 전화선을 통해 접속하는 PC통신 천리안, 하이텔, 나우누리가 등장하였다. 모니터를 통해 낯선 이들과 실시간으로 대화를 나눈다는 것은 젊은이들에게 문화적 충격이었고, 수천 개의 온라인 동호회가 생겨나며 낯선 상대와 대화하고 연애를 시작하는 이들이 나타났다. 컴퓨터 게시판에서 만난 사람과 실제로 만나는 이야기를 다룬 영화 〈접속〉이 시대를 반영하듯 많은 인기를 누렸었다. "만나야 할 사람은 언젠가 꼭 만나게 된다고 들었어요"라는 영화 속 명대사는 당시의 PC통신 유행과 맞물려 수많은 온라인 연인들을 만들어 냈다. 과거 PC통신을 통하여 이루어졌던 사람과 사람 사이의 접속이 현재는 SNS로 바뀌었다.

❋ 〈접속〉(감독 장윤현, 1997)

국민 메신저로 불리는 카카오톡의 국내 가입자 수만 4,500만 명이라고 한다. 한 사람이 적게는 2~3개의 SNS를 이용하는 추세로 보면 SNS 이용자 수가 총인구수보다 많은 셈이다. SNS 확산 초기만 해도 주 사용자층은 젊은 세대였으나 요즘은 전 연령층이 SNS를 손쉽게 이용하는 모습을 볼 수 있다. 이와 같은 SNS 활성화의 일등 공신은 스마트폰의 보급이다. 2024년 기준 우리나라 성인의 스마트폰 사용률은 98%로 온 국민 스마트폰 시대를 맞고 있다. 스마트폰은 단절되어 가던 현대인의 '소통'의 문제에도 새장을 열었다.

스마트폰의 등장과 대중화가 한국인들의 소통방식에 또 한 번

획기적인 변화를 가져왔다. 2008년 스티브 잡스가 '아이폰'으로 스마트폰 시대를 알리면서 2000년 후반부터는 스마트폰이 소통의 도구로 본격적으로 떠 올랐다. 길을 가다가, 또 밥 먹으러 식당에 갔다가도 장소와 시간에 구애받지 않고 언제, 어디서나 스마트폰만 있으면 SNS를 즐길 수 있게 됐다. 카톡 등 메시지 서비스와 SNS 사용이 일상화되면서 휴대전화를 통해 낯선 사람과 소통하는 일이 자연스러워졌다. 이렇게 세월 따라 진화하는 만남의 장소는 이젠 모바일 속으로 들어왔다.

이러한 모바일 문화는 우리의 삶 곳곳을 바꾸어 버렸다. 스마트폰 보급률 증가에 따라 물건을 살 때 소비자들이 정보를 얻는 방식은 물론, 구매 패턴이 오프라인에서 온라인으로 변하고 있다. SNS를 기반으로 한 빠른 입소문은 요즘 한국인들의 소비 방식에 영향을 주고 있고, 디지털 환경에 익숙한 청년들에게 온라인은 구매 채널 그 이상을 의미한다. 온라인에서 정보를 획득할 뿐만 아니라 획득한 정보를 적극적으로 공유하고 있다.

불특정 다수가 보이지 않는 소통의 공간에서 호흡하게 되는 현대의 문화 사랑방인 채팅방은 SNS 커뮤니티 상에서 허위 정보를 대량 유출, 투기를 더욱 과열시킨다는 부정적 측면 또한 있다. 정보 교환을 위해 만들어진 단체 채팅방이나 온라인 커뮤니티에는 검증되지 않는 투자 홍보가 끊임없이 올라오곤 한다. 사기 범죄의 대상이 될 가능성 또한 배제할 수 없다. 또한 여과되지 않은 언어의 남발 등에서 새로운 사회문제로 뉴스거리가 되는 일들이 많다.

카카오톡이나 페이스북 등의 SNS는 한국인에게 더 이상 인터넷 서비스가 아니라 소통과 미디어 도구로, 아니 그 이상의 의미로 우리 삶에 이미 자리 잡았다. 처음에는 친구를 찾거나 정보를 교환하기 위해 개발된 SNS가 이제는 자기표현과 자기과시의 욕구를 충족하는 미디어로 진화했다. SNS에 접속하지 못하면 마치 집단에서 소외되는 것 같은 불안감을 느낀다고 호소하는 사람들도 늘어나고 있다. 한국인은 타인과의 관계를 중시한다. 관계를 유지하고 강화하고 이에 더 나아가 새로운 관계를 형성하기 위해서 불특정 다수와 폭넓은 인적 네트워크를 형성할 수 있는 SNS에 빠져들게 되었다. 누구나 함께 할 수 있는 이 시대가 낳은 가장 발전된 문화 사랑방이 바로 SNS다.

국내 SNS는 과거 PC통신 시절 동호회에 이어 1990년대 후반에는 아이러브스쿨, 네띠앙, 프리챌 등 온라인 커뮤니티형 웹사이트 형식으로 제공됐었다. 현재는 네이버 밴드가 인기 있는 SNS다. 우리나라 SNS의 경우 서비스 초반에는 흥미와 호기심 등으로 사용자들이 몰리면서 성장했지만, 차별화를 위한 폐쇄적인 운영으로 서비스가 진화하지 못하고 대부분 쇠퇴의 길로 들어섰다. 원활한 커뮤니케이션과 프라이버시 보호라는 두 가지 상반된 모순이 이용자 욕구를 해결하지 못함으로써 한 단계 더 도약할 기회를 놓친 것이다. 반면 뒤늦게 출발한 페이스북, 트위터 등 해외 SNS는 개방성을 앞세워 빠르게 시장을 지배할 수 있었다. 물론 서로의 경험을 공유할 수 있다는 장점도 있지만 지나친 개인정보 공개나 프라이버시 침해, 보안 문제 등의 논란도 끊이지 않는 것도 사실이다. 그런데도 이러한 글로벌 SNS는 단순한 인맥 관리 도구라는 개념을 넘어서고 있다. SNS는 앞으로 더욱 다양한 영역으로 활용 가치를 넓힐 것이다.

사랑방

우리 민족의 전통적인 소통문화의 중심은 '사랑방'이었다. 안채와 별도의 공간을 두어 손님을 맞이하고 이야기를 나누던 사랑방은 대표적인 대화의 공간으로 오랜 세월 자리매김해 왔다. 1950년대 이전까지만 해도 시골에는 마을마다 사랑방이 있었다. 미리 사람들을 초대하거나 언제 가겠다고 예약할 필요도 없었다. 누구나 저녁밥 먹고 그냥 어슬렁어슬렁 걸어 들어가 빈자리를 찾아 앉기만 하면 됐다. 그곳에는 잡담과 웃음, 이런저런 세상 소문들이 가득 차 있었다. 해 뜨면 들에 나가 일하고 해지면 집에 들어가 잠자는 농민들에게 사랑방은 정보 교환 장이자 사교장으로 귀중한 역할을 했던 곳이다.

『한국인만 모르는 다른 대한민국』에서 임마누엘 페스트라이쉬(한국명 이만열) 경희대학교 교수는 한국 전통문화에서 재평가할 항목으로 조선시대의 사랑방 문화를 꼽았다. 사랑방은 문학이나 예술 분야의 사람과 행정 관료, 학자들이 함께 모여 교류하는 장이었는데, 이러한 한국의 전통 공간은 그곳에 모인 이들에게 좋은 자극이 됐고 새로운 아이디어를 창출하는 데 도움을 주었다는 것이다.

❋ 임마누엘 페스트라이쉬, 『한국인만 모르는 다른 대한민국』, 21세기북스, 2013

　1950년대 이후 전통적인 사랑방은 다방으로 대체되었고 다방은 굴곡 많은 한국 근현대사만큼이나 복잡다단한 과정을 거치면서 진화를 거듭했다. 이제 다방은 역사의 퇴물로 전락했지만, 다방은 오랫동안 한국인들의 문화공간이었다. 예술인들의 아지트였고 6.25 전쟁과 근대화과정에서는 일반 시민들이 즐겨 찾는 휴게실이자, 맞선 장소였다. 70년대에 들어서 다방은 음악 감상실이었고 대중문화의 산실 역할도 했다. 이렇게 우리의 모든 중요한 소통이 다방에서 이루어져 왔다. 다방의 커피는 '한국인의 사교 행위의 주요 매개 수단'이었다. 우리의 사랑방이 다방, 그리고 카페나 커피숍으로 명칭은 변했지만, 한국인들이 커피 파는 장소를 찾는 것이 커피 그 자체를 즐기기 위해서가 아니라 사회적 관계를 맺기 위해서라는 것은 세월이 흘러도 변함이 없다.

❋ 강준만, 『고종 스타벅스에 가다』, 인물과 사상, 2009

　한국인들의 주거 공간의 현대화로 사랑방은 이제 우리의 기억 속에만 남아 있는 과거의 공간이 되어버렸고 다방은 이제 커피전문점으로 이름이 바뀌었다. 오늘날 다방은 역사의 저편, 혹은 시골의 어느 구석으로 밀려났고 나이 드신 어른들이 소일 삼아 읍내에 모여 담소를 나누는 장소로 변했다. 가수 최백호의 노래 〈낭만에 대하여〉처럼 "그야말로 옛날식 다방에 앉아" 낭만을 즐기던 추억의 공간 '다방'은 이제 50대 이상 세대들의 기억 속에만 남아 있는 과거의 공간이 되었다.

하지만 사랑방 문화는 여전히 존재한다. 서로 이야기를 나누면서 정보를 공유하고 여론을 만드는 것은 옛날이나 지금이나 똑같다. 다만 그 방식이 오프라인에서 온라인으로 바뀌고 있을 뿐이다. 온라인 사랑방인 페이스북, 트위터, 텔레그램, 카카오톡, 밴드, 카페 등 각종 SNS가 옛사람들이 마실 가서 나누는 사랑방 대화를 복원해주고 있다. 사람들은 PC뿐만이 아니라 모바일을 이용해서 자신들의 이야기와 취미를 공유하고 의견을 개진하며 여론을 형성하고 있다. 집주인과 마음이 맞는 객들이 오가며 사람 사는 이야기, 세상 이야기를 하는 우리의 전통문화처럼 밴드 장이나 카페지기의 비호 아래 같은 의견을 공유한다.

사랑방은 시대에 따라 형태는 달리해도 정보와 나눔, 연대가 있는 곳이다. 이런 면에서 오늘날 페이스북, 트위터, 카톡과 같은 SNS는 디지털식 사랑방이라고 할 수 있다. 접속만 하면 빠르고 편리하게 얘기하고 정보를 주고받으며, 만나지 못할 사람 또한 없다. 예약 같은 것도 필요 없다. 새벽이든 밤이든 언제든 방문하여 의견을 남길 수 있다.

4차 산업혁명 개념의 창시자라고 불리는 클라우드 슈밥 회장은 초연결사회가 구축할 높은 상호연결성은 사람들이 더욱 긴밀히 협력하고 소통할 수 있게 함으로써, 시대의 변화를 공유하고 더 나은 미래를 만드는 데 이바지할 것이라고 강조했다. SNS 등 통신망과 모바일 기술의 비약적인 발달 덕분에 인류는 실시간으로 연동하고 소통하며 살아간다. 초연결 시대의 가장 강력한 도구인 SNS는 참여와 개방, 대화, 커뮤니티, 연결이라는 특징을 지닌다.

4차 산업혁명을 주도할 한국인들이 사용하는 SNS는 한국 고유의 소통과 연대 방식인 '사랑방'에서 영감을 얻어야 할 것이다. 조선시대 사랑방은 지적·문화적 교류 공간이었다. 세대를 초월해 한 방에 모여 따뜻한 이야기꽃을 피우면서도 장유유서 등 아름다운 전통을 이어왔던 사랑방은 신문물을 맞이하는 우리의 자세에도 그 영향을 미치고 있다.

나만의 AI

AI의 발전은 인간의 상호 작용을 변화시켜 기술과 동반자 사이의 경계를 흐리게 했다. AI는 더 이상 생산성을 위한 도구가 아니라, 듣고, 동정하고, 감정적 지원을 제공할 수 있는 대화 파트너이다. 사람들이 공감과 이해를 제공하는 AI와의 관계에 익숙해지면서 사회적 행동, 정서적 복지, 심지어 인간관계를 형성하는 심오한 의미가 나타난다. 인터넷, 스마트폰, 인공지능으로 대변되는 디지털시대는 우리를 끊임없이 연결된 상태로 만든다. 소셜 미디어, 메신저 앱 등을 통해 언제 어디서나 제약 없이 다른 사람과 소통할 수 있다. AI 기술의 발전은 소통 방식을 또 한 번 변화시키고 있다. 최근 출시된 생성형 AI 기술 기반의 챗지피티는 어색하지 않고 유창하게 말하며, 인간의 감정에 실시간으로 반응한다. 상대가 사람인지 AI인지 구분하기 어려울 정도로 대화를 이어간다.

처음 인터넷이 나왔을 때 '현실 세계에서 만나야지, 왜 컴퓨터로 친구를 사귀냐'고들 했다. 이제는 '인친'(인스타그램 친구), '페친'(페이스북 친구), '트친'(트위터 친구)이란 말에 익숙해졌고 '가짜 친구'라고 생각하지 않는다. 대화형 인공지능에 대해서도 왜 기계와 얘기하냐고 하는 사람들이 아직도 있기는 하지만 오히려 '왜 안 돼?'라고 반문하는 사람들이 점점 많아지고 있다. 말하는 인공지능에는 인간에게는 없는 매력이 있다. 대화를 내 맘대로 통제할 수 있는 존재라는 것이다. 대화를 언제 시작하고 끝낼지 결정할 수 있는 권한은 오로지 나한테 있다. 대화 상대인 인공지능의 기분에 신경 쓰고 눈치 볼 필요가 없다. 마음에 안 들면 언제든지 전원을 꺼버리면 된다. 관계의 끝을 걱정하지 않아도 되는 관계이다. 나만의 AI에는 나의 감정과 상태, 대화법에 최적화된 프로그램까지 장착되어 있다. 나의 이전 대화 기록, 선호도, 검색 패턴 등을 분석하여 특성을 파악하고, 나의 취향과 행동을 학습하여 맞춤형 대화를 제공한다.

사람들은 종종 타인이 내 기분에 맞춰 주고 내 욕구를 받아 주기를 기대한다. 그렇게 일방적으로 자기가 원하는 역할을 타인에게 맡겨 버린다. 마치 타인을 자기 마음대로 해도 상관없는 인형처럼 생각하는 것이다. 온갖 희생을 감수하며 이런 관계를 유지할 사람은 별로 없다. 그러나 인공지능 로봇의 경우에는 사용자가 무리한 요구를 해도 아무런 불평 없이 들어준다. 내 말을 잘 들어주고 공감하고 지지해주는 AI와의 대화에 익숙해진다면 우리는 점점 더 다른 사람과 대화하는 일이 어려워진다. 사람은 제각각의 자기 입장과 생각과 감정이 달라서 자꾸 내 말에 토를 달고 지적하고 공감하지 못하겠다고 하는데, AI는 그렇지 않기 때문이다. 결국 사람들은 점점 더 기계에 더 기대하고 사람에게는 덜 기대하게 될지도 모른다.

❈ 오승현, 『나는 괜찮은 AI입니다(청소년 인문 25)』, 자음과 모음, 2022

오해, 편견 및 감정이 의사소통을 복잡하게 할 수 있는 인간의 상호 작용과 달리 AI는 일관되게 인내심 있고 비판하지 않는 존재다. 주의를 기울이고, 신중한 응답을 제공하며, 흔들리지 않고 지원하는 AI와의 대화는 안정감을 조성한다. 외로움이나 정서적 고통에 직면한 개인의 경우, AI는 믿을 수 있는 존재가 될 수 있다. 스트레스로 어려움을 겪고 있는 사람은 좌절감을 인정하고, 대처 메커니즘을 제안하며, 격려의 말을 제공하는 AI와 대화하는 것은 치료적일 수 있다. 판단을 받지 않아도 된다는 안도감은 사람들이 비판에 대한 두려움 없이 자유롭게 자신을 표현할 수 있게 해준다.

AI가 정서적 지원 시스템의 필수 요소가 되면서 인간 심리에 미치는 영향이 커지고, 사람들은 AI와의 정서적 유대를 갖게 되었다. 이러한 변화는 다음과 같은 의문을 제기한다. AI는 인간의 동반자 관계를 대체 할 수 있을까? AI는 표현을 위한 안전한 공간을 제공하지만 진정한 감정, 살아있는 경험 및 상호 관계를 형성하는 능력이 부족하다. AI 상호 작용에 대한 과도한 관계는 개인이 사람과 맺는 실제 관계보다 디지털 대화를 우선시하는 사회적 고립으로 이어질 수 있다. 더욱이 사람들이 갈등 없이 항상 듣고 지지하는 AI에 익숙해지면, 불일치와 정서적 복잡성이 발생하는 실제 관계에 어려움을 겪을 수 있다. 힘들여 다른 사람과 이견을 조정하며 더 나은 결론을 도출해가는 과정은 점점 더 설 자리를 잃게 되고, 인공지능이 유일한 대화 상대가 된다면, 인간은 다른 인간과 관계를 맺는 데 어려움을 느낄 것이다.

AI에 과도하게 의존하면 사람 사이의 인간관계에서 자연스레 배우는 것을 놓치게 된다. "사람들의 얼굴을 보며 소통하는 것이 두렵다.", "실제로 사람을 만나는 상황에 놓이면 무슨 말을 꺼내야 할지부터 걱정이다."라는 것이 AI와의 대화가 일상이 된 사람들의 생각이다. 기술 발전으로 인공지능의 말은 더 정교해질 것이고, 사람과의 소통이 늘어날수록 인공지능 안에 정보도 쌓여 상대방에 따라 적절하게 대화를 이어 나가는 법을 배워 나갈 것이다. 그러므로 이세돌과의 바둑 대결에서 이긴 구글 알파고보다 오히려 인간과 대화를 나누는 챗지피티, 제미나이, 코파일럿 같은 인공지능 앱이 인간에게 더 위협적인 존재가 될 것이다. AI가 완전히 복제할 수 없는 건강한 인간관계에는 갈등 해결을 위한 노력, 타협 및 상호 성장이 필요하다.

❋ 제미나이(Gemini) : 구글이 2023년 12월 6일 공개한 차세대 거대언어모델 기반 인공지능이다. 제미나이는 이미지를 인식하고 음성으로 말하거나 들을 수 있으며 코딩을 할 수 있는 능력까지 갖춘 멀티모달 AI로 만들어졌다.

❋ 코파일럿(Copilot) : 마이크로스프트에서 개발한 대형 언어 모델 기반 챗봇이다. 2023년 2월 7일에 마이크로소프트 엣지의 내장 확장 기능으로 빙 챗(Bing Chat)으로 출시되었다.

이상적인 접근법은 AI를 사람과의 관계를 대신하기보다는 정서적 지원을 위한 보완 도구로 AI를 통합하는 것이다. AI는 개인이 자기 인식, 의사소통 기술을 실천하며 감정을 처리하도록 도울 수 있지만 진정한 인간의 상호 작용을 대체해서는 안 된다. 실제 경험으로 형성되는 감성지능은 깊고 의미 있는 관계를 형성하는 데 필수적이다. 듣고 동정하고 지원하는 AI에 익숙해지는 것은 특권이자 도전이다. 편안함, 접근성 및 비판적 상호 작용을 제공하지만, 실제 인간 경험으로 인한 과잉 및 분리의 위험을 나타낸다. 핵심은 AI를 인간관계를 대체하기보다는 보충제로 사용하는 데 있다. 진정한 정서적 성취는 다른 사람들과 진정한 관계에서 비롯된다.

외로움의 습격

대화형 인공지능과 같은 디지털 기술은 외로운 사람들이 자기 방안에 홀로 갇혀 있으면서도 실제 인간과 소통하는 것 같은 느낌을 준다. 『외로움의 습격』의 저자 김만권은 우리는 지금껏 가장 외로운 시대에 살고 있고, 더 심각한 것은 앞으로 더더욱 외로운 시대가 될 것이라고 한다. 이는 '인간과 인간의 관계'를 차단하여 기계와의 관계 맺기에 만족하게 만들거나, '인간과 기계의 관계 맺기'가 '인간과 인간의 관계 맺기'를 왜곡시킬 가능성도 있기 때문이다.

❋ 김만권, 『외로움의 습격 : 모두, 홀로 남겨질 것이다』, 혜다, 2023

『고립의 시대』를 쓴 정치경제학자 노리나 허츠(Noreena Hertz)도 21세기를 '외로운 세기'라 불렀다. 저자는 스마트폰과 도시의 비대면 시스템, 감시 노동에 갇힌 채 살아가는 21세기 현대인이 소통 본능을 잃은 '외로운 생쥐'처럼 서로를 공격하고 있어서 인간은 점점 더 외로워지고 있다고 한다. 외로움과 고립감은 더 이상 개인의 문제로 끝나지 않고 이 사회를 소외와 배제, 양극화와 정치적 극단주의로 내몰고 있다고 주장한다.

✸ 노리나 허츠 씀, 홍정인 옮김, 『고립의 시대-초연결사회에 격리된 우리들』, 웅진지식하우스, 2021

　외로움은 개인의 문제를 넘어서 사회와 국가 공동체가 함께 다루어야 할 영역으로 점차 인식되고 있다. 세계 여러 나라에서 외로움이 우울과 고립, 정신건강의 위협으로 이어지지 않도록 체계적인 관리와 함께 사회적 대응과 예방 체계를 만들고자 시도 중이다. 영국의 '외로움 부'(Minister for Loneliness) 장관직 도입, 일본의 고독·고립대책 담당실 출범과 중점 계획 수립 등이 대표적이다. 특히 세계보건기구(WHO)는 2023년에 외로움이 국경을 초월해 건강, 복지, 발전의 모든 면에서 영향을 미치는 공중보건 의제가 되고 있음을 선언하고, '사회적 연결 위원회'(Commission on Social Connection)를 만들었다.

　이처럼 21세기 들어 외로움이 질병처럼 번져나가는 데에는 여러 요인이 있지만, 디지털 기술이 하나의 큰 역할을 하고 있다고 『외로움의 습격』의 저자는 진단한다. 디지털 기술은 시공간 제약 없는 초연결성을 제공하지만, 역설적으로 외로움을 발병시켰다. 디지털 세계에서 사람들은 수백, 수천 명의 인맥을 가지지만, 이러한 관계가 진정한 정서적 만족과 친밀감을 충족시키지 못한다. 의미 있는 관계가 부재하고 단절감이 증가한다. 자신의 만족만을 위해 반응하는 AI가 일시적으로 외로움을 덜어줄 순 있으나 근본적인 해결책이 될 수는 없다.

　김만권은 한나 아렌트를 인용하면서 '어렵고 힘들 때 나를 인정하거나 도와줄 사람이 없다는 느낌이나 그 상황'을 외로움이라고 정의했다. 외로움을 느끼지 않으려면 나의 말을 들어주는 사람이 있다는 것이 중요하다고 강조한다. 들어주는 사람이 있어야 비로소 내가 말을 하는 존재, 의견을 갖는 존재가 되고, 이를 통해 결국 고유한 삶이 있는 존재가 될 수 있기 때문이다. 들어주는 사람이 없다면 우리의 말은 그저 메아리에 그치고 말 것이라 한다.

디지털시대에 외로워진 인간들에게 주목한 김만권과 노리나 허츠는 둘 다 외로움의 해법으로 공동체의 역할을 강조한다. 김만권은 "개인들이 소속될 공동체의 부재라는 상황과 맞물려 외로움이 심각한 사회문제로까지 대두되고 있다"라고 하면서 "정치, 사회적으로 공동체의 의미를 다시 사유하고, 억압적이지 않으면서도 서로 결속할 수 있는 공동체를 만들기 위해 노력해야 할 시기가 도래했다"라고 한다.

노리나 허츠 또한 대면 상호작용을 우선시하고, 의미 있는 사회적 참여의 기회를 만들어야 한다고 했다. 디지털 연결에만 의존하지 말고 사람들을 직접 만날 수 있는 커뮤니티 공간과 이벤트가 필요하다는 것이다. 디지털 기술에 투자되는 대규모 자금의 일부를 공동주택, 공원, 도서관 등 외로움에 도움이 되는 인간과 물리적 환경을 연결하는 곳에 투자하고, 우리 중 가장 취약한 사람들을 지원하기 위한 노력을 반드시 해야 한다고 했다. 개인주의와의 경쟁보다 연결과 공동체를 중시하는 문화 전환 필요성을 강조한다.

인간은 자신을 필요로 하고 인정해 주는 공동체가 있어야만 존재할 수 있다. 우리 사회가 점점 외로워진다는 것은 내가 어려움에 부닥치면 언제든 반드시 손을 내밀 것이라는 믿음을 주는 공동체가 사라지고 있기 때문일 것이다. '관계'와 '외로움'에 대한 해석은 우리가 앞으로 그려야 할 '공동체'는 과연 어떤 모습이어야 할지 물음을 던지고 있다.

질문들

1. 기술이 사람들 간의 소통 방식을 어떻게 변화시켰나?
2. 소셜 미디어가 인간관계에 미치는 영향은 무엇일까?
3. 소셜 미디어가 대인 관계에 미치는 긍정적인 점과 부정적인 점은 무엇일까?
4. 스마트폰과 인터넷이 인간관계에 미친 긍정적인 영향과 부정적인 영향은 무엇이 있을까?
5. 온라인 소통과 오프라인 소통의 차이점은 무엇인가?
6. 인공지능과의 상호작용이 인간관계에 미치는 영향은 무엇일까?
7. 살아있지 않은 개체와의 우정과 사랑은 가능한가?
8. 지적 대화를 나눌 수 있고 감정을 교류할 수 있는 것처럼 보이는 존재를 살아있는 것으로 간주할 수 있을까?
9. 기계와 대화했을 때의 한계는 무엇인가?
10. 초연결의 디지털시대 사람들은 왜 더 외로움을 느낄까?

9

디지털시대의 공동체 2 - 가족

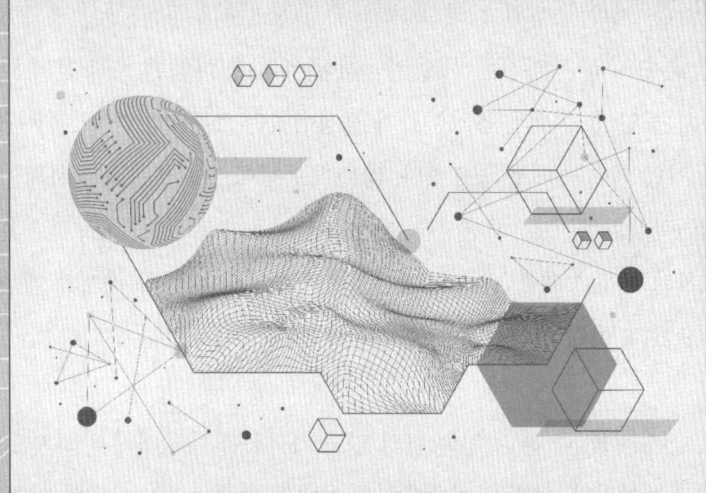

가족

전통사회에서 가족은 혈연이나 결혼으로 맺어진 친족집단을 의미하였다. 조부모, 부모, 자녀가 함께 생활하며, 여러 세대가 같은 집에서 살았다. 가족 구성원 간의 유대감이 강하고, 서로의 역할이 명확했다. 촌수와 같은 복잡한 가족 관계가 존재하며, 다양한 친척 간의 의무와 책임이 있었다. 농경문화가 중심이었던 조선시대만 해도 촌수가 지닌 의미는 매우 중요했다. 많은 노동력이 필요했던 농경사회는 혈연관계의 친족들이 평생을 한마을에 어우러져 살며 서로 일손을 도왔기 때문에 씨족 단위 농경사회에서는 나와 타인의 관계가 매우 중요했다. 이런 혈연관계를 숫자로 표현한 것이 바로 촌수이다.

'촌수(寸數)'란 본디 친족 간의 멀고 가까움을 나타내기 위해 만들어진 체계이다. 민법상 친족은 8촌 이내의 혈족과 4촌 이내의 인척, 배우자를 통틀어 말한다. 친척의 범위를 이 정도로 넓게 잡는 나라는 거의 없다. 영미 권에서는 사촌(cousin) 다음을 뜻하는 단어가 없다. 일본에서도 사촌 너머의 친척을 가리키는 용어가 있기는 하지만 거의 쓰지 않는다. 내 혈육을 그리 가깝거나 특별하게 여기지 않기 때문이라고 보인다. 우리는 어느 민족보다도 핏줄을 중요시하는 까닭에 가족 혹은 친척 간의 호칭이 매우 발달했다.

한 가족 구성원 안에 멀고 가까움에 따라 정밀하게 촌수를 따져야만 했던 문화가 친족 호칭어에도 반영되어 세분되었고, 또한 같은 촌수라도 나와 어떤 관계에 놓이느냐에 따라서도 세분되었다. 예를 들면, 같은 삼촌이더라도 백부, 숙부, 삼촌, 외숙부, 이모부, 고모부로 나누어진다. 사촌도 친사촌, 외종사촌, 고종사촌, 이종사촌으로 구분한다. 또한 예로부터 남녀 구분이 엄격하였고, 손위 손아래 관계를 엄격하게 따졌기에 형제자매를 가리키는 어휘에도 이러한 문화가 반영되어 있다.

한국 사람이 가장 중요하게 여기는 성(姓)도 본을 중요하게 여기며 같은 성에 같은 본이면 바로 극도의 친밀감을 나타낸다. 심지어는 권력을 잡으면 '사돈의 팔촌'까지도 챙기는 사례가 많다. 또한 부부는 '무촌'이라 하는데 촌수는 친족 간 혈연관계의 멀고 가까움을 나타내기 위한 것인 만큼 핏줄로 연결된 관계가 아니라 남남이 만나 이루어진 관계인 부부는 무촌이 되는 것이다. 촌수는 한 사람이 다른 한 사람과의 관계를 해석하려는 개인 대 개인의 상황보다는 많은 사람 속에서 나와 이 사람, 나와 저 사람, 그리고 나와 이 사람 저 사람의 복수 관계 이해 시에 훨씬 그 가치가 더 분명해지며, 친인척 간을 다른 사람에게 이해시킬 때도 매우 편리하다.

한국인들이 촌수를 중요하게 여겼던 이유는 여러 가지가 있다.

한국의 전통사회에서는 가족이 개인의 정체성과 사회적 지위를 결정짓는 중요한 요소였다. 촌수는 가족 간의 관계를 명확히 하여, 개인의 위치와 역할을 이해하는 데 도움이 되었다. 촌수가 가까운 친척들과의 관계를 강화하고, 공동체 의식을 형성하는 데 이바지했다. 이는 특히 농업 사회에서 중요한 요소로, 서로 돕고 의지하는 관계를 만들어 주었다.

식구

'가족(家族)'을 대신해 자주 쓰이는 '식구(食口)'는 지칭하는 범위가 더 넓다. 한솥밥을 먹는 사람들이라는 뜻에서 나온 이 단어는 동고동락하는 사람의 집합을 강조하기도 한다. 식구는 함께 먹는 입을 뜻하므로 사실상 밥을 함께 먹는 가족을 제외하면 성립될 수 없는 말이다. 지금은 식구란 단어의 의미가 확대되어 한 조직에서 함께 일하는 사람을 비유적으로 이르는 말이 되었다. 그래서 한 식구가 되었다고 하면 가족처럼 운명 공동체가 되었음을 의미한다.

한솥밥의 사전적 의미는 같은 솥으로 만들어 나온 밥을 의미하는 것으로 관용적으로는 가족을 의미하는 단어였지만 의미가 확장되어 같은 커뮤니티나 팀, 조직에서 같이 일하는 동료까지 표현하는 말이 되었다. '한솥밥을 먹는다'라는 말은 식사 공동체를 의미한다. 한솥밥이 단지 밥 자체만을 뜻하는 말이 아니기 때문이다. 가족의 마음을 하나로 연결해 주는 한솥밥이자, 가족 간의 정을 함께 나누어 먹는 한솥밥이다. 가족이라는 조직은 밥을 같이 나눠 먹는 식사 공동체이다.

우리의 한솥밥 문화가 오로지 가족 관계에만 해당하는 것은 아니다. 함께 생활하는 친구나 직장 동료 사이에서도 마음이 하나로 합쳐지거나 따뜻한 정을 나누게 되었을 때, 우리는 흐뭇한 마음으로 그들을 '한솥밥 먹는 식구'라고 부른다. 그만큼 우리나라 문화에서는 공동체 의식이 발달하였고, 공동체 구성원들끼리 정을 나누는 것을 매우 중요하게 생각한다. '이웃사촌', '팔이 안으로 굽지 밖으로 굽나', '까마귀도 내 땅 까마귀라면 반갑다' 같은 관용 표현에서도 확인할 수 있듯이, 우리 민족은 공동체의 결속력이 강한 편이다.

한솥에다 밥을 짓는다 할 때 그 한솥밥을 나누어 먹는 사람들에게는 밥 이상의 정신적 의미가 부여된다. 조상 대대로 내려온 불씨로 지은 한솥밥은 혈연을 결속시키는 공동체 의식의 중심 작용을 하기 때문이다. 그래서 한집안에 사는 식구나 손님이더라도 친계로 8촌, 외계로 4촌, 처계로 2촌까지만 한솥밥을 먹었다. 법도 있는 집에서는 첩(妾)을 들이면 첩에게 한솥밥을 먹이지 않고, 시앗(妾) 솥이라 하여 솥을 따로 두어 따로 밥을 지어 먹였다. 따라서 식객이 많은 집에서는 부엌에 손님을 위한 솥이 따로 있어 그 솥으로 밥을 지었다. 이렇게 한솥밥을 먹는 사람들끼리는 모든 이해관계를 떠난 친밀하고 끈끈한 유대관계를 갖게 했다 이것은 한국인의 공고한 가족 제도와 가족 의식을 강화한 요인이 됐다.

한국인들의 집단주의 기초는 가족이고 가족의 특성은 한솥밥을 먹는 데 있다. 한솥밥 정신을 계승한 한국인들은 그 어느 민족보다 함께 밥을 먹고 나누는 행위에 애정을 품고 있다. "밥 먹었니"가 인사가 되고, 사람을 만나자는 이야기도 흔히 "밥이나 같이 먹자"라는 말로 대신한다. 함께 밥을 먹음으로써 인간관계가 시작되고 집단적 유대가 이루어진다고 믿기 때문에 그렇다.

핵가족

한국 사회에서 가족의 형태는 시대에 따라 변화해왔다. 전통적으로 대가족 중심의 사회 구조를 유지해왔던 한국은 산업화와 도시화의 영향으로 핵가족이 보편적인 가족 형태로 자리 잡게 되었다. 한국에서 핵가족이 본격적으로 등장한 시기는 1960년대 이후로, 산업화와 도시화가 급격히 진행되면서 전통적인 대가족 구조가 해체되기 시작했다. 한국에서 핵가족은 1970년대 산업화 도입 이후 본격적으로 생겨나기 시작했다. 농촌에 살던 사람들이 일거리를 찾아 도시로 몰려들면서 핵가족이 늘어나기 시작했다.

농업 중심의 사회에서 산업 중심으로 이동하면서 가족의 역할이 변했다. 많은 사람이 도시로 이주하면서 가족 단위가 작아졌고 전통적인 대가족에서 '핵가족'으로 변화했다. 핵가족(nuclear family)이란 말이 처음 등장하였을 때는 1949년이다. 미국의 인류학자 G.P 머독이 그의 저서 '사회 구조(Social Structure)'에서 핵가족과 확대가족으로 구분되는 가족 진화론을 제시하면서 핵가족이라는 용어를 처음 사용하였다. 핵가족은 결혼한 남자와 여자, 그리고 자녀로 이루어진 가족을 의미하며, 아버지는 직장에 나가고 어머니는 집에서 아이들을 키우며 가사를 돌본다는 것이 핵가족의 일반적 개념이다.

❋ Murdock, G. P. 『Social structure』, New York, NY: Macmillan. 1949

1960~1980년대 한국의 경제성장은 많은 인구가 농촌을 떠나 도시로 이주하는 계기가 되었다. 도시는 일자리를 제공했지만, 높은 주거비와 제한된 공간으로 인해 대가족보다는 소규모 가족 단위로 생활하는 것이 현실적이었다. 이에 따라 부모와 자녀만으로 구성된 핵가족이 보편적인 가족 형태로 자리 잡게 되었다. 전통적으로 유교적 가치관이 강했던 한국 사회에서는 대가족이 일반적이었고, 부모 봉양과 가족 간의 강한 유대가 강조되었다. 그러나 경제 발전과 함께 개인주의가 확산하면서 가족의 개념도 변했고, 특히 여성의 교육 수준 향상과 경제 활동 증가로 인해 결혼과 출산에 대한 가치관이 변화하면서 핵가족이 더욱 정착되었다.

핵가족은 등장 이후에도 사회적, 경제적 변화에 따라 다양한 형태로 변화하고 있다. 1990년대 이후 저출산 현상이 심화하면서 핵가족 내에서도 가족 구성원의 수가 줄어들고 있다. 과거에는 평균적으로 두 명 이상의 자녀를 둔 가정이 많았지만, 현재는 외동 자녀 가정이 증가하고 있으며, 일부 가정에서는 자녀 없이 부부만으로 구성된 형태도 늘어나고 있다. 최근에는 전통적인 핵가족 개념이 변화하여 1인 가구가 급증하고 있다. 통계청에 따르면, 2020년 기준 한국의 1인 가구 비율은 30%를 넘어서며 가장 흔한 가구 형태가 되었다. 이와 함께 비혼 가구, 동거 가구, 한부모 가정 등 다양한 형태의 가족이 등장하면서 핵가족의 개념도 확장되고 있다. 과거에는 남성이 경제적 부양을, 여성이 가사와 육아를 담당하는 전통적인 역할 분담이 일반적이었으나, 맞벌이 부부가 증가하면서 가족 내 역할도 변화하고 있다. 육아와 가사 노동이 부부 공동의 책임으로 인식되면서 아버지의 육아 참여가 늘어나는 등 가족 내 역할이 더 유연해지고 있다.

앞으로 한국 사회에서 핵가족의 형태는 더욱 다양해질 것이다. UN 기준, 65세 이상 인구가 20% 이상이면 초고령 사회로 분류한다. 전 세계적으로 고령화율은 제2차 세계대전과 냉전 이후 꾸준히 증가하여 2022년 OECD 평균 17.96%를 기록했다. 대한민국 고령화율 증가세는 더 가파르다. 2025년 대한민국은 초고령사회로 진입하고, 2070년이면 2명 중 1명이 65세 이상 고령자가 될 것으로 전망된다. 이에 따라 부모와 자녀로 이루어진 전통적인 핵가족보다는 노인 단독 가구, 조손 가구 등의 증가가 예상된다.

AI와 로봇 기술이 발달하면서 가정 내 돌봄 노동이 기계에 의해 일부 대체될 가능성이 있다. 예를 들어, 노인을 위한 돌봄 로봇, 스마트홈 시스템이 보편화되면서 가족의 기능이 변화할 수 있다. 또한, 전통적인 혈연 중심의 가족 개념에서 벗어나, 가치관과 생활 방식을 공유하는 사람들끼리 모여 사는 공동체 기반 가족 모델이 등장할 가능성도 있다. 이러한 변화는 개인주의적 성향이 강해지는 현대사회에서 새로운 가족 형태로 자리 잡을 수 있다.

한국 사회에서 핵가족은 산업화와 도시화의 결과로 등장했으며, 이후 저출산, 고령화, 가치관 변화 등에 따라 다양한 형태로 변화하고 있다. 핵가족은 여전히 대표적인 가족 형태이지만, 1인 가구 증가, 가족 내 역할 변화, 새로운 공동체 기반 가족 모델의 등장 등으로 그 개념이 점차 확장되고 있다. 앞으로의 한국 사회에서는 핵가족뿐만 아니라 다양한 가족 형태가 공존하는 방향으로 나아갈 것이며, 이에 맞는 사회적 지원과 정책이 필요할 것이다. 하지만 핵가족을 이룬 한국인들이 가족주의의 통제에서 완전히 벗어난 것은 아니었다. 식당에 가면 '이모'가 있고, 마트에 가면 '언니'가 있으며, 사랑하는 사람은 곧 '오빠'가 된다. 사람들의 관계를 가족의 관점에서 구성하려는 성향을 보여준다는 점에서 그렇다.

# 명절 증후군

도시로 상경하여 터전을 마련한 사람들이 바리바리 싸서 들고 고향을 찾는 귀성(歸省)풍습이 생겨난 것은 핵가족시대부터였다. 이들에게 설날과 추석 같은 명절은 가족의 가치를 보전함으로써 가족 구성원의 유대와 친밀감을 강화하는 자리였다. 가족에 관한 생각이 변하고 가족의 형태, 가족의 관습이 급속히 바뀌어 가지만 그래도 추석과 설날 명절이 되면 가장 먼저 '가족'을 떠올렸다. 하지만 "가족과 풍성한 한가위 보내세요" 이런 인사가 어색해질 만큼 명절 풍속은 변화했다. 그래서 생겨난 것이 '명절 증후군'이다.

명절증후군이란 명절 때 받는 스트레스로 정신적 또는 육체적 증상을 겪는 것을 말한다. 21세기 들어 생긴 신조어로 처음에는 명절이 다가왔을 때 가사에 대한 부담을 지는 주부들이 겪는 현상을 뜻했다. 그러나 시간이 흘러 가족 구성원 전체가 명절에 느끼는 부담으로 의미가 확장됐다. 남편은 귀향길에 장시간 운전해야 하는 것과 고향의 친척들에게 드릴 선물을 마련하는 일로 힘들고, 아이들은 어른들이 하는 질문에 부담을 느낀다. 명절증후군을 겪는 사람은 이제 주부뿐만 아니라 남편, 미취업자, 미혼자, 시어머니 등 그 범위가 확대되고 있다.

그러나 그 누구보다 명절증후군을 겪는 주 대상은 주부들이다. 명절 하면 언젠가부터 온종일 전을 부치며 맡는 기름 냄새, 상다리가 휘어지는 차례상, 해도 해도 끝나지 않는 설거지가 쌓이는 날이 떠오른다. 이런 모든 음식 준비와 성묘, 손님맞이 등의 압박 때문에 우울증을 호소하는 주부들이 명절 전후로 많이 생겨나고 있다. 두통, 어지러움, 위장장애, 소화불량 등과 같은 신체적 증상과 피로, 우울, 호흡곤란 등의 정신적 증상이 나타난다고 한다.

명절증후군은 우리나라의 대표적 '문화 관련 증후군'(Culture-bound syndrome)이라 불린다. 이는 특정 문화권에서만 나타나는 신체화 증상을 가리킨다. 신체화 장애란 정신이 신체에 영향을 미쳐 나타난 증상을 가리킨다. 이러한 문화 관련 증후군은 각 문화권·지역별로 다양한 양상을 띠고 나타난다. 대표적 사례로는 전 세계에 널리 알려진 일본의 대인기피 장애 '히키코모리'와 한국의 가부장적 사회 구조에 의해 유발되는 '화병'이 있다. 히키코모리(ひきこもり, Hikikomori)는 오랜 기간(일반적으로 반년 이상) 집에 틀어박혀 사회와의 접촉을 극단적으로 기피하는 행위, 혹은 그런 사람을 칭하는 일본의 신조어이다. 정신병리학적으로는 회피성 성격장애와 유사하다. 한국에서는 보통 줄여서 '히키'로 쓰거나, 방에 콕 산다고 해서 '방콕족'이라는 속어를 쓴다.

명절증후군이라는 새로운 말이 생겨난 데서 알 수 있듯이 명절은 이전과 달리 가족과 공동체간 갈등의 날로 변질되고 있다. 이는 원래 명절의 연원과 거리가 멀어지면서 나타난 현상이다.『한국세시풍속사전』집필자인 김명자 안동대 명예교수는 우리의 대표 명절인 추석을 예로 들면서, 추석 명절은 본래 차례를 지내기 위해 노동하는 날이 아니라 추수를 예비하고 청량한 가을날을 즐기기 위한 휴식과 놀이의 주간이었다고 한다. 추수를 예비하는 마음으로 쉬고 즐겨야 할 시점에 미리 요란한 차례상을 차려 대는 현재의 잘못된 명절 문화가 명절 증후군을 불러왔다고 지적한다.

✽ 김명자,『한국세시풍속사전』, 국립민속박물관, 2006

　명절에 가족과 친척이 한자리에 모여 차례와 제사를 지내는 풍습에는 일정한 사회적 기능이 있었다. 소원했던 가족들 간에 안부를 챙기고 단합을 다짐하며 덕담을 나누는 자리는 가족의 공동체성을 강화하고, 구성원들 간 결속을 다지는 중요한 역할을 해왔다. 하지만 핵가족화되어 개인의 영역을 중시하는 현대 도시인들이 갑작스럽게 가부장적이고 전통적인 단체생활을 하게 됨으로써 심리적인 고통을 겪게 되어 명절증후군이 나타난 것이다.

핵 개인

핵가족이라는 말이 탄생한 지 반세기 만에 한국은 더 작은 가족 단위인 '핵 개인(Nuclear individuals)'으로 분화했다. 데이터분석 전문가인 송길영은 『시대예보: 핵 개인의 시대』에서 핵 개인이라는 용어를 처음 사용했다. "핵가족을 넘어 지금은 핵 개인의 시대"라고 하면서 핵 개인은 핵가족보다 더 작은 개념으로 누군가에 의해 의탁 되는 삶이 아닌 오직 자신의 결정으로 살아가는 사람을 뜻한다고 한다. 핵 개인은 보통 혼자 사는 사람들로, 결혼과 육아보다 자신만의 인생을 살아가는 것에 더 큰 행복을 느끼는 사람들이다.

❋ 송길영, 『시대예보: 핵 개인의 시대』, 교보문고, 2023

저자는 '핵 개인'의 탄생 배경 중 하나는 인공지능 기반의 기술 발전으로 지금껏 사회를 유지하던 체계가 바뀌었기 때문이라고 한다. 개인이 '쪼개지고, 흩어지고, 홀로 설 수 있게' 된 계기는 과학기술의 발전과 무관하지 않다는 것이다. 인공지능과 초연결로 이뤄진 지능화 사회가 되다 보니 각자가 자기 삶의 결정을 주변에 묻기보다 '챗지피티' 등을 통해 스스로 답을 탐색하고 결정하는 시대가 도래했다. 과학기술의 발전이 과거 가족과 공동체가 하던 중요한 역할을 대신하기에 개인은 더는 가족과 공동체를 의지하지 않고 과감히 홀로 서게 된 것이라 한다.

인공지능 시대에는 개인들이 동반자, 생산성, 정서적 지원을 위해 점점 더 기술에 의존하고 있다. AI 기반 가상 비서, 챗봇, 로봇 동반자는 특히 독신자의 외로움을 완화하는 데 도움이 될 수 있고, 또한 자동화를 통해 더 독립적인 삶을 영위할 수 있어 쇼핑, 요리, 교통 등 일상적인 업무에서 인간의 도움이 필요하지 않다. 또한 경제적 안정이나 사회적 지원을 위해 가족을 구성해야 하는 전통적인 압력이 감소하여 1인 가구가 증가할 수 있다. 그러나 이는 또한 사회적 고립과 공동체 유대감 약화에 대한 우려를 불러일으켜 새로운 형태의 디지털 및 물리적 사회 통합이 필요하다.

핵가족의 시대를 넘어 급격한 핵 개인의 시대를 앞당기게 된 또 다른 요인은 심각한 저출산 문제와 고령화이다. 통계청 자료에 따르면 1960년대 6명이었던 한국의 출생률은 1970년대 4.5명, 1980년대 2.8명을 넘어 가장 최근에는 0.71명(2024년 기준)을 기록하며 1명 이하로 떨어졌다. 너무 오래 살기 때문에 본인의 삶을 타인에게 의탁하는 게 부담스러워지기 시작했다. 노인의 수가 청년을 추월하고 AI가 인류의 지능 총합을 넘어서는 미래는 이미 시작되었다. 어른은 아이를 돌보고, 아이가 자라 청년이 되어 다시 어른을 돌보는 효도 시스템은 변화하게 되었다.

효도의 종말

효(孝)는 노(老)의 생략형과 자(子)의 합성글자로 아들이 노인을 업고 있는 모양이다. 효는 보통 자식이 부모를 잘 섬기는 것을 말하며, 효도(孝道)란 부모를 잘 섬기는 도리이다. 한국에서는 효가 최고 덕목이고 가치이다. '불효막심한 놈'이라는 말을 들으면 가장 치욕스럽게 생각한다.

유교가 한국문화에 끼친 영향 중 가장 큰 것은 효, 가부장제도, 조상숭배의 문화이다. 이러한 요인들은 혈족 관계로 구성된 가족 중심적인 사회로부터 파생된 결과이다. 피로 연결된 공동체는 우선 가부장적인 가족제도를 만들었다. 그리고 효가 그 공동체의 가장 중요한 덕목으로 제시되었고, 또한 그것은 조상숭배와 연장자에 대한 존경심으로 이어졌다. 특히 한국 가정에서 가족의 가치를 개인의 가치보다 중요하게 여기는 가족 중심적 문화는 아직도 한국인에게 매우 강하게 남아 있다. 한국인에게 가족은 자기 몸이나 국가보다 앞서고 효가 충(忠)·의(義)보다 우선이었다.

역사적으로는 삼국시대 때부터 효 교육을 국가 차원에서 실시했고, 성리학의 나라였던 조선시대에 와서는 더 엄격하고 구체적으로 효 교육을 했다. 유교에서는 효를 모든 행실의 근원으로 삼고 있다. 효가 인(仁)에서 출발하기 때문이다. 한국인의 도덕 기준인 삼강오륜의 오륜에도 '부모와 자식은 어떤 경우라도 친함을 유지해야 한다'라는 부자유친(父子有親)이 첫 번째로 올라가 있다.

이처럼 한국인의 효는 서양은 물론 같은 유교권에서도 확연히 차별화되었으며 미풍양속의 뿌리이기도 하다. 외국인으로서는 이해하기 힘든 특이한 현상이 아닐 수 없다. 근대화과정에서 뿌리 정신이 많이 희석되어가고 있다고 우려하는 소리가 높지만, 그래도 한국에는 여전히 효가 정신문화의 근저에 깔려있음을 부인할 수 없다. 역사학자인 아놀드 토인비는 "한국에서 장차 인류문명에 크게 이바지할 수 있다면, 그것은 부모를 공경하는 효 사상일 것이다."라고 하였다.

『시대예보: 핵 개인의 시대』에서는 상호부조와 부양으로 지탱해온 가족의 구조와 역학이 변화하는 가운데 핵 개인이 어떻게 자립하여 자기 삶을 만들어갈 것인지 이야기한다. "효도의 종말과 협력가족의 진화, AI 최적화 시스템 속에서 기존에 없던 존재인 새로운 개인으로 살아가게 될 것"이라면서, 더 오래 사는 시대, 가족 간의 부양과 돌봄의 역할은 줄고 AI와 기술의 도움을 받아 홀로 살아가는 사회의 모습을 전망했다.

송길영 저자는 더 이상 가정의 중요성을 강조하면서 결혼이나 출산을 강요하지 말라고 한다. 어머니와 아버지, 그리고 자녀라는 구성원이 채워져야 '정상 가족'이라는 편견의 틀도 깨라고 한다. 그로 인해 상대적으로 '결손 가족'은 상처받게 될 것이기 때문에 전통적으로 당연하게 여겼던 '정상성'이란 개념을 내려놓아야 한다고 주장한다. 그리고 다양한 공동체 형태를 법으로 규정하고 그에 맞는 법적 보호 시스템을 유연하게 정비하는 일이 필요한 시점이라고 보았다.

인공가족

인간과 좀 더 넓게 잡아 반려동물로 이루어진 가족의 개념이 최근 들어 또다시 바뀌어 가고 있다. 바로 '반려로봇'의 등장 때문이다. tvN 〈판타스틱 패밀리〉 제작팀이 다큐멘터리 내용에 비하인드 스토리와 취재기를 덧붙여 새롭게 구성한 책 『당신은 누구와 살고 있습니까?』에서는 새로운 형태의 가족이 세계 곳곳에서 등장하고 있음을 보여준다. 책에서 소개하고 있는 가족들은 '가족은 핏줄'이라는 대명제를 벗어나 '선택'과 '관계'로 맺어진 이들이다. 그중에서도 로봇과 함께 살아가는 가족의 모습을 대표적으로 소개하고 있다.

❋ tvN 판타스틱 패밀리 제작팀, 『당신은 누구와 살고 있습니까?』, 2017

『당신은 누구와 살고 있습니까?』에서는 가족으로 받아들여진 일본의 로봇 이야기가 첫 장을 채운다. 9살 수준의 인공지능이 탑재된 페퍼는 집안일을 하지는 않지만, 소극적인 의미의 소통이 가능하며, 로봇 강아지인 아이보는 합동 천도재의 대상이 되기도 한다. "로봇이 뭔가 해주길 바라서 집에 두는 게 아니에요. 옆에 있어 주는 것이 기쁘고, 가족으로서 아무것도 할 수 없어도 함께 소통할 수 있어서 가족이고 우리는 부모로서 로봇을 키우고 있어요"라며 사람 대신 로봇을 가족으로 삼은 이유를 밝히고 있다.

우리나라에서도 노인 돌봄 로봇이나 아동 교육용 AI가 가정에서의 역할을 맡게 되면서, 가족의 개념이 또다시 변화하고 있다. 혼자의 시대, 공감하고 교감하는 능력을 지닌 '인공 반려로봇(Artificial Intelligence Companions)'이 외로운 사람들의 마음을 위로해주고, 보살펴주고, 교육까지 해주면서, 당당히 가족의 일원이 된 것이다. 인간 중심의 가족 개념은 차츰 사라지고 있다.

결혼·혈연이라는 울타리를 넘어 서로 돌보며 함께 사는 반려 관계가 늘어나고 있고, 사람뿐 아니라 동물, 식물, 로봇 등도 이 관계의 한 축을 담당하고 있다. 이는 우리가 가족을 어떻게 정의하고, 서로 간의 관계를 어떻게 형성할 것인지에 대한 새로운 관점을 요구하고 있다. 인류의 가족은 그 가치가 붕괴한 것이 아니라 그 범주와 개념이 확장되고 있다고 보아야 할 것이다.

AI가 계속 진화함에 따라 가족 구조가 더욱 유동적으로 변할 것이다. 동거, AI 지원 돌봄, 가상 동반자와 같은 대체 가족 모델이 더욱 보편화 될 수 있다. 일부 개인은 AI 개체가 정서적 및 사회적 삶에서 중심적인 역할을 하는 '디지털 가족'을 형성하기로 선택할 수 있다. 또한, 사회가 긴 수명과 변화하는 경제 상황에 적응함에 따라 세대 간 및 비전통적 가족 단위가 중요해질 수 있고, AI는 노인들이 디지털 플랫폼을 통해 젊은 세대와 연결되면서 독립성을 유지하면서 새로운 돌봄 방식을 촉진할 수 있다.

AI는 육아, 의사소통, 가사 관리에 영향을 미쳐 가족의 역동성을 재편하고 있다. 스마트 홈 시스템은 일정 관리부터 집안일 자동화까지 일상생활을 최적화하고, AI 기반 교육 도구는 자녀의 학습을 개인화하고 가상 비서는 부모가 일과 가정의 책임을 균형 있게 조정할 수 있도록 도와준다. 그러나 AI는 또한 도전 과제를 제시한다. 아이들이 AI 중심 환경에서 성장함에 따라 이전 세대와는 다른 사회적 기술과 감성지능이 발달할 수 있고, 또한 가정생활에서 AI의 존재가 증가함에 따라 데이터 프라이버시, 감시, 정서적 지원을 위한 기술에 대한 과도한 의존 가능성 등 윤리적 문제도 제기되고 있다.

인공지능 시대에 핵 개인과 가족의 의미는 깊은 변화를 겪고 있다. AI는 더 큰 독립성, 효율성, 지원을 제공하지만, 사회적 상호작용, 정서적 지원, 윤리적 문제와 관련된 도전 과제도 안고 있다. AI가 일상생활에 더욱 통합됨에 따라 사회는 기술 발전과 진정한 인간관계의 필요성 사이에서 신중하게 균형을 맞춰야 한다. 궁극적으로 인공지능 시대의 개인과 가족의 미래는 사람들이 의미 있는 사람 사이의 관계를 대체하려고 하기보다는 그 관계를 유지, 개선하도록 디지털 기술을 발전시키는 방식에 따라 달라질 것이다.

질문들

1. 가족 형태 변화가 개인의 삶에 미치는 영향은 무엇일까?
2. 핵 개인과 전통적인 가족의 차이점은 무엇인가?
3. 핵 개인 가족 형태가 인공지능 기술과 어떤 관계가 있을까?
4. 비혼주의와 비혼 가족 문화가 확산되는 이유는 무엇인가?
5. '선택적 가족(Chosen Family)' 개념이 확대되는 이유는 무엇인가?
6. 스마트홈과 IoT 기술이 가족 관계에 미치는 영향은 무엇인가?
7. AI가 가정에서 가족 역할을 맡게 되면 어떤 변화가 생길까?
8. 온라인 커뮤니티와 가상 가족(인터넷을 통해 맺어진 유대)이 실제 가족만큼 의미가 있을까?
9. 가족 개념이 변화하면서 '의무적 돌봄'(부모 부양, 자녀 양육 등)의 의미도 변화할까?
10. 미래의 가족 형태가 어떻게 변할지 예측해볼 수 있을까?

10

디지털시대의 언어

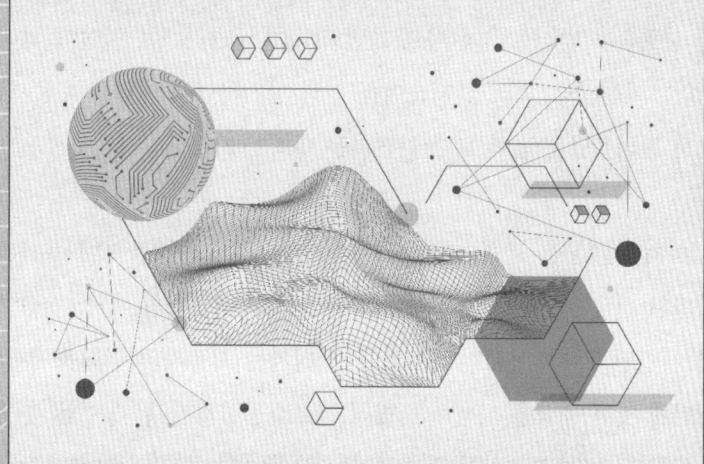

 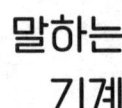

말하는 기계

대화형 인공지능(Chatbot, Conversational AI)은 지난 수십 년간 꾸준한 발전을 이루어왔다. 초기의 단순한 스크립트 기반 챗봇에서부터 오늘날의 인공지능 기반 챗봇까지, 기술의 진보는 인간과 기계 간의 상호작용 방식을 혁신적으로 변화시켰다. 최근에는 자연어 처리(NLP), 머신러닝, 딥러닝 기술이 급격히 발전하면서 대화형 AI는 단순한 질의응답을 넘어 보다 인간다운 대화가 가능해졌다.

초기의 챗봇은 규칙 기반(Rule-based) 시스템을 사용하여 사전에 정의된 질문과 답변을 제공하는 방식이었다. 대표적인 예로 1960년대 개발된 '엘리자(ELIZA)'가 있다. 엘리자는 사용자의 입력을 특정 패턴에 맞춰 응답을 생성하는 방식으로 작동했지만, 실제 이해 능력은 없었다. 2000년대 이후 머신러닝과 자연어 처리 기술이 발전하면서, 챗봇은 정교한 방식으로 사용자 입력을 분석하고 적절한 응답을 제공할 수 있게 되었다. 이 시기의 대표적인 예로는 애플의 시리(Siri), 아마존의 알렉사(Alexa), 구글의 어시스턴트(Google Assistant) 등이 있다. 이들은 음성 인식과 기계 학습을 활용하여 사용자 맞춤형 서비스를 제공하는 데 초점을 맞췄다.

최근에는 딥러닝 기반의 대형 언어 모델(LLM, Large Language Model)이 등장하면서 대화형 AI가 비약적인 발전을 이루었다. 대표적인 예로는 GPT-4, ChatGPT, Google Gemini, Anthropic Claude 등이 있으며, 이들은 방대한 양의 텍스트 데이터를 학습하여 보다 자연스럽고 유창한 대화를 수행할 수 있다. 이러한 AI는 문맥을 이해하고 창의적인 답변을 생성할 수 있으며, 다중 언어 지원과 복잡한 문제 해결 능력까지 갖추게 되었다.

챗지피티(Chat Generative Pre-trained Transformer)는 일종의 거대한 언어모델(LLM · Large Language Model)이다. '처음' 다음에 오는 단어는 '뵙겠습니다'라고 예상할 수 있는데, 그 이유는 문장은 여러 개의 단어로 구성되고, 단어들은 순서에 따라 서로 연관되어 있기 때문이다. 이처럼 문장 속 단어와 단어 사이에는 순서가 있어, 대량의 학습 데이터에서 단어 간 관계를 학습한 언어모델은 다음에 올 단어를 생성해내는데 이를 생성 AI(Generative AI)라고 하며 대표적 모델이 GPT이다.

대화형 인공지능은 이전에도 있었는데 유독 챗지피티에 열광하는 이유는 의사소통의 편리함 때문이다. 기존의 챗봇(Chat Bot)이나 인공지능 스피커의 경우에는 정해진 대답만 하거나 알아듣지 못하는 등의 한계가 있었다. "다시 한번 말해주세요", "잘 이해하지 못했어요"를 반복하며 사람들을 답답하게 만들었다. 반면 챗지피티는 정확한 언어를 사용하지 않아도 쉽게 이해한다. "오늘 날씨 어때?" 대신 "오늘 비와?"라고 해도 AI는 충분히 이해하고 대답할 수 있다.

지난 수년간 AI의 발전을 이끌어온 것은 이미지를 토대로 학습하는 비주얼(Visual) AI였다. AI가 수백만, 수천만 장의 이미지를 학습하고 이를 토대로 필요한 정보를 추출하는 방식이다. 음성 기반의 AI는 이에 비해 성장의 속도가 더뎠다. 이미지의 경우 표본이 많을 뿐더러 학습 방식도 비교적 단순했지만, 인간의 언어체계는 그보다 훨씬 복잡하기 때문이다. 발음, 억양, 사투리 등 다양한 변수가 존재하여 정확한 인식이 어려운 경우가 많다. 볼 줄 아는 능력보다는 말을 알아듣는 능력을 키우는 것이 훨씬 더 난이도가 높은 기술임을 알 수 있다.

기존 인공지능 언어모델의 한계를 극복할 수 있었던 것은 사람과의 소통을 기반으로 한 강화학습 덕분이었는데, 그것은 '머신 러닝(machine learning)'과 '딥 러닝(deep learning)' 기술이다. 인공지능은 사람과의 대화를 통해 농담도 배우고 사투리나 억양까지 학습해 다양한 사람의 말까지 이해할 수 있는 능력을 스스로 키웠다. 이를 통해 사용자가 물어보는 질문의 맥락을 이해하고 이전의 대화 내용들을 기억함으로써 자연스러운 소통이 가능한 수준으로 진보했다.

2024년 5월에 출시된 최신 모델 GPT-4o는 대화를 하나씩 주고받는 것이 아니라, 사람이 AI의 말을 끊고 끼어들 수 있어서 실제 사람과 대화하는 것처럼 빠른 속도로 대화할 수 있다. 사람이 던지는 질문이나 대화의 조각들을 모아, 의미를 파악하고, 그에 맞는 답변을 내놓는다. 이 과정에서 챗지피티는 단순히 단어의 뜻만을 이해하는 것이 아니라, 문맥, 의도를 포착해낸다. 사용자들은 인공지능이 드디어 사람의 말귀를 알아듣게 되었다고 놀라워하고 있다. 말귀까지 알아듣는 수준에 도달했다면 기계와 주고받는 말도 소통이라 불러야 마땅하다. 지금까지 기계와는 대화와 소통이 아니라 접속, 연결이라는 표현을 써 왔다.

대화형 AI의 발전은 다양한 산업과 일상생활에 광범위한 영향을 미치고 있다. 기업들은 대화형 AI를 활용하여 고객 서비스를 자동화하고 있다. 챗봇은 24시간 고객 지원을 제공하며, 단순 문의를 해결하고 고객 데이터를 분석하여 맞춤형 서비스를 제공한다. 이는 기업의 운영 비용을 절감하고 고객 만족도를 높이는 데 기여한다. 또한, 교육 분야에서도 활용되고 있다. 학생들은 AI를 이용해 질문을 하고, 개념을 설명받으며, 맞춤형 학습을 받을 수 있다. 특히 언어 학습, 코딩 교육, 논문 작성 등 다양한 학습 분야에서 효과적인 도구로 자리 잡고 있다. AI는 글쓰기, 그림, 음악 등 창작 활동에서도 활용되고 있다. AI 기반의 글쓰기 도구는 사용자가 아이디어를 발전시키거나 글을 보다 효과적으로 구성할 수 있도록 돕는다. 또한 AI는 예술과 창작의 영역에서 인간과 협업하는 새로운 가능성을 제시한다.

말하는 기계인 대화형 인공지능은 기술 발전과 함께 우리 사회에 깊이 자리 잡고 있으며, 앞으로도 지속적인 발전이 예상된다. AI가 인간과의 소통을 더 자연스럽게 하고, 다양한 분야에서 혁신을 가져오고 있지만, 동시에 윤리적 문제와 기술적 한계를 고려해야 한다. 따라서 우리는 대화형 AI를 보다 책임감 있게 활용하고, 인간과 AI가 공존할 수 있는 방향을 모색해야 할 것이다.

말귀를 알아듣다

우리는 대화 상대가 '척하면 착', '어 하면 아'하며 눈빛만 봐도 통하는 사람이기를 원한다. 이런 사람을 우리는 '말귀를 잘 알아듣는다'라고 한다. 말귀란 '남의 말뜻을 알아듣는 총기' 또는 '말이 의미하는 내용'을 뜻한다. '말귀가 밝다', '말귀가 어둡다'라고 쓴다.

한국인들은 곧이곧대로 말해주는 경우가 별로 없으므로 '말'보다는 '말귀'를 알아듣는 것이 중요하다. 말귀를 못 알아듣는다면, 최소한 말은 알겠지만, 그 의미는 모를 수 있다. 굳이 말하지 않아도, 돌려 말해도 적당히 눈치 빠르게 내 상태를 파악해서 내가 원하는 것을 나에게 말해주길 바란다. 상대가 나에게 하는 말과 행동은 모두 나에 관한 관심으로 여기기 때문이다.

'말귀도 못 알아듣는다'라고 야단치는 상사와 '통 무슨 말인지…' 중얼거리며 고개를 갸우뚱하고 나오는 부하직원이 있는 곳이 흔한 우리의 사무실 풍경이다. 사람을 부리거나 가르치는 처지에선 '말귀'를 잘 알아듣는 부하나 제자에게 더 정이 가기 마련이다. 말로 통하지 않고 마음에서 마음으로 전하는 일을 뜻하는 '염화미소(拈華微笑)'의 유래는 이를 잘 보여준다. 석가모니가 한 송이 연꽃을 들어 보였을 때 모두 어리둥절했지만 오로지 마하가섭(摩訶迦葉)만이 그 뜻을 알고 빙그레 미소를 짓자 그에게 불교의 진리를 전했다는 이야기다.

고맥락 문화에서는 그 문화에 속한 사람들 간에 공유되고 있는 유사한 경험과 기대를 바탕으로 의사소통이 유지되고 단어들이 해석된다. 많은 말을 하지 않고 몇 단어만으로도 그 문화에서 의미하는 바가 무엇인지 전달될 수 있어서, 단어가 내포하는 문화적 맥락이 높은 것을 말한다. 따라서 의사소통에서 단어의 선택과 뉘앙스가 매우 중요하다. 한국인들은 일을 진행할 때마다 질문과 답변이 오고 간다면 그처럼 비효율적인 일도 없다고 생각한다. 상대방이 알아서 일을 진행해주기를 바라며, 이를 '손발이 맞는다'라고 표현하기도 한다. 물론 그로 인한 부작용도 발생하지만, 한국인들이 고맥락 문화로부터 얻을 수 있는 이러한 경제성과 편리함을 포기하기가 쉽지 않을 것이다.

언어란 '말 그대로'의 의미를 지니는 것만은 아니다. 옛말에 개떡같이 말해도 찰떡같이 알아듣는다는 말이 있듯이 말은 문맥에 따라 그 의미가 결정된다. 언어의 의미를 결정하는 문맥은 서로의 관계나, 말할 때의 몸짓, 톤이나 뉘앙스, 또는 특정한 말이 사용되는 역사적이고 현실적인 조건들 등 매우 다양하다.

상황을 모르면 그 내용을 이해할 수 없다. 어떤 경우에는 지금의 상황뿐만 아니라 과거의 상황들까지도 알고 있어야 한다. 그리고 주변의 상황들도 이해하고 있어야 한다. 그래야 이른바 '말이 통한다.' 예를 들어 '비가 온다'라는 단어의 의미는 고정적이지만, 이 문장이 쓰이는 상황에 따라 우산을 가지고 아들을 데리러 가야겠다는 의미일 수도 있고, 빨래를 걷어야겠다는 의미일 수도 있다. 그러므로 말이 통한다는 말은 단순히 그 내용을 이해했다는 의미가 아니다. 그 상황을 다 이해하고, 그 사람의 처지를 다 이해했다는 의미가 된다. 그러므로 말귀를 잘 알아듣는 능력은 단순하지 않다. 언어 뒤에 숨은 그 맥락을 끄집어내는 힘까지가 말귀이다.

말하는 인공지능은 스스로 생각하고 의미를 만들고 사고를 하는 것이 아니라 어휘만 이어 문장을 만드는 언어 생성 모델이다. 내장된 많은 어휘로 말을 만들 수 있지만 인간처럼 생각하고 판단하고 확인해서 발언하는 것이 아니라, 숱하게 떠도는 낱말들을 관련성으로 이어서 말로 만드는 존재일 뿐이다. 그러므로 '말귀'를 제대로 알아듣는 대화 상대라고 인정하기는 어렵다.

말을
놓다

『트렌드 코리아 2023』에서는 영국에서 생후 18개월 된 아기가 말을 배우는 과정에서 '엄마'보다 '알렉사'라는 단어를 먼저 익혔다는 2018년도 〈뉴욕포스트〉 기사를 소개하고 있다. '알렉사'는 다름 아닌 인공지능 스피커의 이름이다. 우리나라에서도 겨우 말을 뗀 어린 아이가 자연스럽게 "지니야, TV 틀어 줘!"라며 AI 스피커를 호출하는 모습을 종종 목격할 수 있다. 어린아이들은 인공지능에 노래를 틀어달라고 하거나 숙제를 물어보고 집안의 다른 기기를 조작하기도 한다. 이렇게 많은 시간을 인공지능과 함께 보낸 아이들은 실제 언어생활에서 인공지능을 부리는 말투에 영향을 받게 될 것이다.

❋ 김난도 외, 『트렌드 코리아 2023』, 미래의 창, 2022

대부분 사람은 인공지능과는 아무리 오래 대화해도 인사를 나누지는 않는다. 원하는 답을 얻으면 대화를 끝내버린다. 부탁한다, 고맙다고 말한들 시리(Siri)나, 빅스비(Bixby)가 알아들을 리 없기 때문이다. 한층 똑똑해진 요즘의 대화형 인공지능들은 맞춤법이 틀려도, 제대로 된 문장이 아니어도 알아서 맞는 단어로 변환해서 이해한다.

그래서 사용자들은 문장을 완성하지 않고 단어만으로 이야기하고 서술어도 제대로 안 쓰기 일쑤다. 또한 명령형을 사용하면 기계가 더 잘 반응하기 때문에 '하이 빅스비, 에어컨' 이런 식의 명령형 말투를 쓴다. 사람들 사이에서는 지키는 것이 당연한 언어 예법을 무시한다 해도 빅스비가 움찔하는 일은 없다.

일상적으로 기계와 상호작용하는 비율이 증가하면서, 우리가 어떤 말투로 기계를 사용하는지 관심을 기울일 필요가 있다. 기계와의 대화 방식은 인간은 명령조의 반말을 하고 인공지능은 극존칭을 쓰는 구조이다. 한국어를 하는 인공지능은 무조건 존댓말로 대답하도록 프로그래밍 되어있으니 서로 말을 놓자고 요청한들 이루어질 리 없다. 나이 든 한국인들에게는 이런 상황이 어색하기만 하다.『2024 뤼튼 유저 리포트』에서 이용자 패턴을 분석한 결과 고연령층일수록 인공지능(AI) 챗봇을 인격체로 여기는 경향을 보였다고 한다. AI와의 대화에서 60대 이상은 5번의 발화 중 약 1번꼴로 존댓말을 사용했지만 20대는 5%, 10대는 3% 빈도로 존댓말을 썼다고 한다.

✻ 『2024 뤼튼 유저 리포트』 2024.10.31.

한국인들은 윗사람에게 기본적으로 존댓말을 쓴다. 친밀한 관계에서 반말을 쓰거나 섞어 쓸 수도 있지만 아주 친밀한 친척 및 가족 관계나 당사자 스스로 먼저 허락하는 경우만 가능하다. 하지만 처음 만나서 잘 모르는 사람이면 나이가 어리더라도 존댓말을 사용한다. '말씀 낮추십시오'와 같은 동의나 요청이 없이 함부로 말을 놓아서는 안 된다. 처음에는 낯선 사람끼리 존댓말을 쓰지만 몇 차례 만나서 친해지면 자연스레 반말하게 된다. "말을 놓아도 될까요?", "말 놓을게" 또는 "말 편히 해도 되죠?"라고 한다.

반대로 상대방과 몇 차례 만났음에도 불구하고 계속해서 존댓말을 사용하는 때도 있다. 상대방에 대한 존경과 배려로 존대하려 하거나 그 사람과 일정한 거리를 유지하고 싶은 의도 때문이다. 서로 반말을 주고받으며 허물없는 관계를 맺기보다 사회적으로 용인되는 형식적인 관계구조 속에서 서로 대우해 주기를 바라는 마음에서 비롯된 것이다.

반말은 기본적으로, 보통 상대가 자신보다 나이가 적은 경우나, 낮은 계급에 있다던가, 자신과 친할 때 쓰게 된다. 자신보다 나이가 많더라도 상대와 매우 친한 경우에는 말을 놓기도 한다. 반말과 존댓말이 있는 우리 언어에서 존댓말을 해야 할 상황에서 반말하는 것은 엄청난 도전이다. 싸우자는 표시이기도 하다. 반말 자체는 싸움의 직접적인 원인이 아니었는데도 종종 싸움을 키우는 주요 원인으로 작용한다. 손윗사람에게 편안하게 반말 비슷하게 하는 말을 놓으면 언짢아하는 경우가 많다. "말이 좀 짧다"라고 하거나 감정이 더 격해지면 '얻다 대고 반말이야?' 하며 싸움으로 번지기 일쑤다. 반말은 때로 그것을 듣는 이를 불쾌하게 만든다. 그것이 의사소통에 있어서 어떤 문제가 있어서라기보다는 화자의 공손함이 빠져 나를 무시하고 있지 않나 하는 기분 때문이다.

언어학자들은 존대법이 발달한 언어는 많지만, 우리말처럼 상황에 따라 의미가 달라지거나 복잡하게 활용되는 '반말'을 가진 언어는 드물다고 말한다. 권재일 서울대 언어학과 교수는 『한국어 문법의 연구』에서 문법 형태로 나타나는 '반말'은 우리말만의 특징이라고 말했다. 권 교수는 우리말을 모국어로 쓰는 사람은 특별히 의식하지 않아도 수직 관계(나이와 지위), 수평 관계(친밀도)를 자연스럽게 계산해 적절한 표현을 찾아낸다며 각자 수직·수평의 관계가 깨졌다고 생각할 때 불쾌감을 느끼거나 싸움으로 번지게 된다고 분석했다.

❊ 권재일, 『한국어 문법의 연구』, 박이정, 1994

한국어 화자는 상대방에게 말을 걸기 전에 우선 자신과 상대의 위계를 판단해야 한다. 이 위계를 판단하는 기준으로 핵심적인 것은 나이와 사회적 신분이다. 한국은 예로부터 존댓말 체계가 복잡하여 압존법 등 여섯 이상의 존댓말 등급이 있었으나 지금은 점차 간소화하여 상대가 어른이냐 아니냐에 따른 두 등급만으로 변해 가고 있다. 그러나 한국의 존댓말 체계는 아직도 완고하여 말에 얽힌 갈등이 많이 일어나고 있다. 그래서 말을 놓는 것은 여전히 쉽지 않다.

외국인이 한국어 배울 때 가장 어려워하는 것 중 하나가 반말과 존댓말의 구분이다. 한국인들은 자연스럽게 상대에 따라 반말과 존댓말을 번갈아 사용할 줄 안다. 그때마다 용법에 맞는 어휘와 동사 어미를 선택한다. 한국어만이 아니라 모든 언어는 상대방에 따라 말을 조절한다. 이를 통해 의사소통하고, 나아가 말을 넘어 관계도 조절한다.

인공지능은 더 이상 기계에 머물지 않고 우리 사회의 구성원으로 자리 잡았다. 그들은 집을 청소해주고, 빨래를 말려주고, 그릇을 씻어 주는 없어서는 안 될 가족과 같은 존재이다. 신혼부부들은 그들을 3대 이모님(로봇청소기, 건조기, 식기세척기)이라 부르며 앞다투어 모셔 가려 한다. 그러나 이들과 나누는 대화의 말투는 반말과 명령조이다. 이러한 무례한 언어에 익숙해지다 보면 우리의 언어체계뿐 아니라 당연했던 인간에 대한 예의와 존중이 무너져 버리고 말 것이다.

인간의 언어

AI와의 소통은 이제 시작에 불과하다고 과학자들은 자신 있게 말한다. AI 기술은 점점 더 정교해지고 있으며, 인간의 의도를 더 잘 이해하고 반응할 수 있는 방향으로 발전할 것이다. 우리는 AI와 함께 더 나은 소통 방식을 만들어가고 있으며, 이를 통해 우리는 점점 더 기계와 가까워질 것이다. 기계와 소통하는 방식에 이미 혁명적 변화가 시작됐다. 나아가 이 기술은 인간 사이의 소통 방식 역시 변화시킬 잠재력을 지니고 있다.

그렇다면 결국 AI는 인간 수준의 언어를 구사하게 될 것인가? 인지과학자인 『진화하는 언어』의 저자들은 그것은 불가능하고 단언한다. "인간의 독창성이 수천 년간 축적되며 만들어진 산물"이 언어인 만큼, 대화형 인공지능 챗지피티의 한계는 분명하다고 한다. 언어는 순간의 상황에 따라 즉흥적으로 이뤄지는 것이며 인간은 신념과 창의성을 한데 엮어 수학과 과학, 철학, 종교, 예술을 즉흥적으로 창조하는 토대를 갖고 있다. 문법 같은 규칙성은 빙산의 일각일 뿐 그 기저에는 무언(無言)의 규칙과 관행, 문화 등이 깔려있다고 말한다. 따라서 항상 새롭고 독창적인 방식으로 구사되는 언어의 즉흥적인 면을 인공지능은 흉내 낼 수 없다는 것이 저자들의 주장이다.

❋ 모텐 H. 크리스티안센, 닉 채터 지음, 이혜경 옮김, 『진화하는 언어 : 유인원에서 사이보그까지, 언어는 어떻게 창조되고 진화했는가』, 웨일북, 2023

철학자인 김재인 교수 역시 챗지피티는 언어의 한계에 갇혀 있어 잘해봤자 인간의 노예일 뿐이라고 일축해 버린다. "초거대 AI 언어모델은 언어의 한계에 갇힐 수밖에 없다. 몸도 없고 타자도 없으므로 자기동일성, 자폐적인 세계 안에 갇혀 있다. GPT5가 나와도, 매개변수를 아무리 늘려도 새로운 충격을 주기 어렵다. 챗지피티가 주었던 충격은 고점에 왔다. LLM에 더 이상 기대하지 않는 게 좋다." 그는 챗지피티만이 아니라 거대언어모델(LLM)을 기반으로 하는 수많은 생성 AI 서비스들 역시 같은 한계를 갖고 있다고 지적한다.

❋ 「언어의 한계에 갇힌 챗지피티, 잘해봤자 노예」
https://youtu.be/Sp4lOdP_bKc?si=AdxHGtzEZsFjmS3T

AI와의 대화는 단순한 기술 활용을 넘어, 우리가 정보를 교환하고 감정을 표현하고 언어를 구사하는 방식까지 변화시키고 있다. 이는 우리에게 기술의 발전이 단순히 편리함을 넘어, 우리의 존재와 사고방식, 언어체계에 근본적인 변화를 불러올 수 있다. 생성형 인공지능을 정의하는 '생성'이란 단어에는 '충분한 경험과 이해 없이 생성됨'이란 뜻을 내포하고 있다. 즉, 사람과 달리 경험을 통해 학습하거나 그 경험으로 성장하는 능력이 없다. 모든 정보가 학습 데이터로부터 추출돼 그 이외의 정보나 경험을 가질 수 없다는 것이다. 그래서 인공지능은 때로 어이없는 말을 뱉어내기도 하고 이치에 닿지 않은 말을 천연덕스럽게 하기도 한다. 또한 편향된 정보를 퍼뜨리기도 한다. 이는 우리가 새로운 기술을 이해하고, 기술을 효과적으로 활용할 수 있도록 주의를 기울여야 한다는 점을 상기시켜준다.

총명한 기계가 되려면

옛사람들이 눈으로 보는 것보다 더 높이 생각했던 것은 '듣는 것'이다. 단순히 청력(聽力)을 뜻하는 것이 아니라 맥락과 정황을 읽어내는 실력을 말한다. '알아듣는다'라는 말속에는 이해력과 감수성과 눈치가 들어있다. 총명(聰明)하다고 하면 머리가 좋다는 뜻으로 알고 있지만, '총(聰)'은 '귀 밝을 총'이다. '총명(聰明)'이란 머리가 좋다는 말이 아니라 귀가 밝다는 뜻이다.

『마흔, 논어를 읽어야 할 시간』의 신정근 저자는 총명해지고 싶다면 먼저 잘 들어야 한다고 말하면서 안회와 자공을 예를 든다. "그들은 제대로 알려는 욕구가 강했고, 듣고 있는 것에 대해 깊이 생각했다." 이는 총명은 잘 듣고 생각하는 힘을 가지게 되었을 때 비로소 갖추게 됨을 말해 준다. '총명할 총(聰)' 자에 '귀 이(耳)' 자가 들어 있는 이유이다.

❋ 신정근 저, 『마흔, 논어를 읽어야 할 시간』, 21세기북스, 2019

똑똑한 챗지피티가 가끔 '이상한 말'을 해서 놀림거리가 된다는 것은 귀는 트였지만 말귀는 어두운 헛똑똑이임을 알려주는 것이다. 소리를 듣고 물체를 확인하는 기능 면에서만 본다면 기계가 인간보다 월등히 뛰어나다. 그러나 소리를 되새겨 듣고 사물의 내면세계까지 들여다 봄에 있어서는 인간의 능력이 기계보다 훨씬 깊고 넓다. 되새겨 듣는 것은 '귀가 밝다' 하고, 속으로 보는 것은 '눈이 밝다'라고 말한다. 제아무리 기술이 발달한다 해도 '귀가 밝고', '눈도 밝은', '총명한' 기계는 절대로 생겨나지 않을 것이다.

듣는 능력과 이해력은 효과적인 의사소통을 위한 핵심 요소이다. 인간은 태어나면서부터 소리를 듣고 의미를 파악하는 능력을 발달시키며, 감정과 맥락을 고려하여 정보를 해석한다. 반면, 대화형 인공지능은 음성 인식 기술과 자연어 처리(NLP)를 통해 인간의 말을 듣고 분석하여 적절한 응답을 생성한다. 인간의 청각 시스템은 매우 정교하다. 사람은 소리를 단순히 듣는 것이 아니라, 배경 소음 속에서도 특정한 소리를 구분하고, 말하는 사람의 감정, 억양, 속도 등을 고려하여 의미를 해석한다. 또한, 인간은 대화 중 맥락을 기억하고, 이전에 들은 내용을 바탕으로 상대방의 말을 이해하는 능력을 갖추고 있다.

대화형 AI는 음성 인식(Speech Recognition) 기술을 통해 소리를 문자로 변환한 후, 이를 분석하여 적절한 응답을 생성한다. 최근 AI의 음성 인식 기술은 비약적으로 발전하여 사람의 말을 거의 실시간으로 변환할 수 있지만, 여전히 몇 가지 한계가 존재한다. 인간은 단어 그 자체뿐만 아니라 문맥(Context)과 배경지식(Background

Knowledge)을 바탕으로 말을 이해한다. 예를 들어, 같은 문장이라도 상황에 따라 다르게 해석할 수 있다. 또한, 인간은 감정, 유머, 비유적 표현(예: "비가 억수로 쏟아진다") 등을 이해할 수 있는 능력을 갖추고 있다. 하지만, 대화형 AI는 문장을 문자 그대로 분석하여 패턴을 기반으로 의미를 해석한다. 최근의 AI는 대량의 데이터 학습을 통해 문맥을 고려하는 능력이 향상되었지만, 여전히 인간과 같은 수준의 이해력은 부족하다.

AI는 긴 대화에서 초반의 내용을 쉽게 잊어버리며, 복잡한 맥락을 유지하는 것이 어렵고, 사람의 감정 변화를 완벽히 이해하지 못하며, 공감 능력이 제한적이다. AI는 감정적인 뉘앙스를 완벽히 파악하기 어렵고, 비유적 표현이나 복잡한 은유를 정확히 해석하지 못하는 경우가 많다. 또한 AI는 배경지식을 기반으로 논리를 전개할 수는 있지만, 완전히 새로운 개념을 창의적으로 이해하는 능력은 부족하다.

인간과 대화형 인공지능은 듣는 방식과 이해력에서 근본적인 차이를 가진다. 인간은 감정과 맥락을 고려하여 유연하게 언어를 해석하는 반면, AI는 패턴과 데이터 기반으로 분석하여 응답을 생성한다. AI는 점점 더 발전하고 있지만, 인간 수준의 이해력에 도달하기 위해서는 감정 분석, 맥락 유지, 창의적 사고 등의 능력을 더욱 향상해야 한다. 결국, AI는 인간을 대체하기보다는 인간의 커뮤니케이션을 보조하는 도구로 활용될 가능성이 크다.

질문들

1. 인공지능이 어떻게 인간과 대화할 수 있게 발전했을까?
2. 말하는 인공지능이 사회에 미친 영향은 무엇이 있을까?
3. 인공지능과의 의사소통이 인간의 삶에 어떤 변화를 가져왔나?
4. 미래에는 인간이 새로운 언어(코딩 언어, 기계 언어 등)를 배워야 할 필요가 있을까?
5. AI가 사람들 간의 의사소통 방식을 어떻게 변화시키고 있을까?
6. 인공지능과 의사소통하는 방식이 어린이와 청소년의 언어 습관을 어떻게 변화시킬까?
7. 디지털시대에 언어가 단순화되는 경향이 있는가? 있다면 그 이유는?
8. SNS와 메신저의 사용이 우리의 언어 표현 방식에 미친 영향은?
9. AI가 번역하는 언어는 문화적 맥락을 완벽하게 반영할 수 있을까?
10. 인간이 AI와 소통하는 방식(명령, 채팅, 음성 명령 등)은 인간끼리의 소통 방식과 어떻게 다른가?

11

AI시대 일자리의 미래

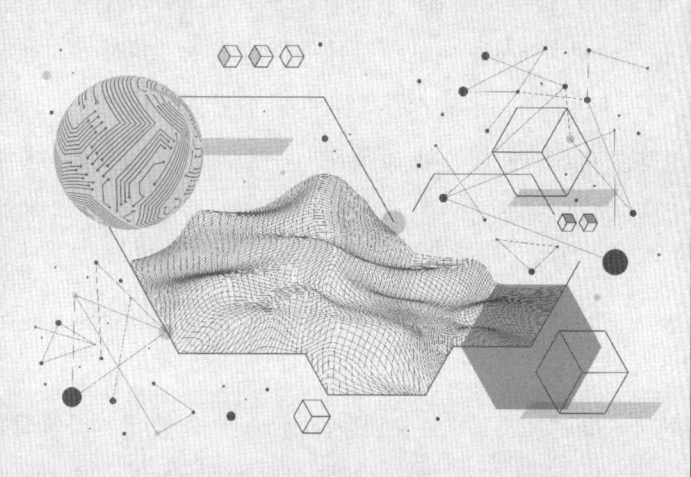

직업은
못 속인다

오륙십 년 전만 해도 어르신들은 처음 만나는 사람에게 "본관이 어떻게 되느냐"고 묻곤 했다. 인류가 신분제를 만들어 유지한 수천 년간, 혈통이 개인의 정체성을 구성하는 핵심 요소라는 관념이 지배했다. 우리 문화에서는 이런 생각이 특히 강했다. 그래서 생겨난 말이 '피는 못 속인다'이다. 생김새나 기질, 습관 등 사람의 정체성을 구성하는 요소들이 '핏줄'에 좌우된다는 생각이 말이 된 것이다. 혈통이 사람의 앞날을 좌우하던 신분제 사회에서는 '왕후장상의 씨'가 따로 있다는 생각이 지배했다.

❋ 본관(本貫) : 시조의 고향. 동아시아에서 성씨와 결부되어 혈연 집단을 구별하는 표지로 쓰인다.

한국 사회는 역사적으로 오랫동안 신분제 사회였다. 신라의 골품 제도, 고려의 문벌 귀족사회. 조선의 양천제(良賤制)가 그것이다. 유교 국가였던 조선은 더욱 엄격하게 혈연관계를 바탕으로 신분을 나누었다. 백성을 양인과 천인으로 나누는 제도인 양천제를 시행하였는데, 백성들은 각각의 신분에 따라 사회적으로 맡은 역할이 달랐고 (사농공상 士農工商), 신분 간에는 결코 넘을 수 없는 벽이 존재했다.

유교 사회에서 주요한 구성요소인 사민(四民), 즉 사농공상은 대략 2000년 전인 중국 춘추전국 시대에 백성을 사(士, 학자), 농(農, 농민), 공(工, 장인), 상(商, 상인), 네 가지로 분류한 데서 유래했다. 이런 사농공상의 개념이 고려와 조선시대에 비슷하게 전해져왔고 이는 직업의 기준이나 분류뿐만 아니라 서열의 의미도 있다. 당시 사회는 서로 '사'를 지향하고 상대적으로 '공'과 '상'은 천시됐다. 수 천 년 동안 이런 가치관이 지배하며 '사'는 이 세상을 다스리는 실질적 주인이었다.

하지만 사농공상을 지켜왔던 조선은 임진왜란과 병자호란을 겪으며 크게 변화하기 시작하였다. 1894년 갑오개혁으로 신분제는 법적으로 폐지되었고, 이후 일제 시기와 6·25, 그리고 80년대의 민주화라는 시대적 격변을 거치면서 신분제는 완전히 사라졌다. 신분제도가 없어진 지금은 만인이 평등한 사회처럼 보이지만 속내는 그렇지도 않다. 혈통 대신 직업이 사람들을 구분 짓고 있기 때문이다.

"느그 아부지 뭐 하시노?" 영화 〈친구〉 속 담임 선생님 역할을 맡은 김광규의 유명한 대사다. 영화의 시대적 배경은 1970년대 중반, 부모의 학력이 높고 직업이 좋을수록, 촌지를 많이 줄수록 그 학생에 대한 대우는 좋아지지만 그렇지 않은 학생에 대한 차별이 당연한 시대였다. 이 영화의 시대적 배경이 된 1970년대 중반에서 1980년대 초에는 학교마다 학생들을 통해 각 가정의 재산 상황과 생활 환경 등을 조사했다. 전화기는 있는지, 피아노·텔레비전·냉장고 등은 있는지, 당시엔 흔하지 않은 자동차 보유 여부까지 물었다. 그로

부터 약 50년이 지난 지금 형태는 달라졌지만, 세상은 여전히 우리에게 질문을 던진다 '너희 아버지는 무슨 일하시냐'는 입시, 취직, 결혼 등 삶의 주요 순간마다 피할 수 없는 질문이다.

❋ <친구> (감독 곽경택, 2001)

직업은 산업화시대 이후부터 그 사람의 정체성을 형성하는 데 중요한 역할을 해왔다. 직업은 단순히 생계를 유지하는 수단을 넘어 개인의 가치관, 사회적 지위, 그리고 자아실현과 밀접하게 연결되어 있다. 직업은 또 사람의 지위, 품성, 교양을 평가하는 척도이기도 하다. 사람들은 대부분 타인에 대해 알아갈 때 그 사람 자체만으로 평가하는 것보다 그 사람의 직업, 이에 더하여 아버지의 직업까지 중요하게 참고한다. 그래서 '직업은 못 속인다'라는 말이 생겨났다.

요즘 사람들은 '피는 못 속인다'라는 말보다는 '직업은 못 속인다'라는 말을 더 많이 사용한다. 이는 개인의 정체성과 사회적 가치관의 전환을 나타내며, 시대의 변화와 함께 우리의 사고방식이 어떻게 진화해왔는지를 보여준다. 이러한 관점에서 두 표현의 사용 빈도 변화는 단순한 언어적 현상을 넘어, 우리가 사는 사회의 복잡한 구조와 가치관을 반영하는 중요한 지표라고 할 수 있다.

직업은 국민 개개인에게는 경제적인 가치와 사회적인 의미를 확보하는 수단이고, 나라를 다스리는 지도자들에게 일자리 창출은 정책적인 성공과 정권의 연속성을 가늠하는 잣대가 되어왔다. 인간 역사에서 직업은 끝없이 탄생, 소멸, 변화해 왔고 AI는 그 과정을 무지

막지하게 가속하는 도구로 작용하고 있다. 최근 들어서는 직업의 문제가 개인을 넘어서 사회적 논쟁거리가 되는 중이다. 노동시장이 그 어느 때보다도 흔들리고 있기 때문이다

일자리의 미래

인공지능의 발전을 논할 때 빠지지 않는 주제가 '인간의 설 자리'이다. 그래서 인공지능 하면 제일 먼저 떠오르는 생각이 'AI가 인간의 일자리를 빼앗지 않을까'이다. 사람들은 '어떤 일자리가 가장 안전하며 돈을 많이 버는 유망 직종인지', '우리 아이가 어떤 전공을 선택하면 좋을지'를 제일 궁금해한다. 많은 이들의 우려대로 4차 산업혁명은 우리의 일자리에 직접적인 영향을 미친다. 세계경제포럼(World Economic Forum)이 향후 수년에 걸쳐 노동시장에 큰 변화가 있을 것으로 예측했다. 2030년까지 인공지능(AI)으로 인해 9,200만 개의 일자리가 사라질 수 있지만, 1억 7,000만 개의 신규 일자리가 창출될 것이라는 전망이다. 또한 인공지능을 통해 특정 업무가 자동화되는 것에 따라 고용주의 41%가 인력 감축을 계획하고 있다는 조사 결과도 나왔다.

❈ 『미래 일자리 보고서』, 세계경제포럼(WEF), 2025.1

인공지능 기술의 발전은 현대사회에 혁신적인 변화를 가져왔다. 자동화, 데이터 분석, 기계 학습의 발전으로 생산성과 효율성이 증가하는 동시에 많은 직업이 사라지고 새로운 직업이 창출되고 있고, AI로 인한 미래 직업변화의 규모와 속도에 대한 이견이 팽팽하게 맞서고 있다. 그러나 AI의 발달은 막을 수도 거스를 수도 없는 시대 흐름이라는 것에는 모두가 의견을 같이한다. 20세기에는 기계의 도입으로 인간의 육체적 능력을 대체하는 변화가 나타났다면 21세기에는 인공지능 도입으로 인간의 지적 능력을 대체하는 변화가 나타나고 있다. 새로운 기술에 적응하지 못하는 노동자들은 더 이상 경쟁력을 갖추지 못해 자신의 일자리를 잃고 '쓸모없는 사람'으로 전락하고 만다는 역사는 반복됐다.

AI 기술의 발전은 단순 반복적인 육체노동뿐만 아니라 창의적이고 지적인 노동에도 영향을 미치고 있다. 기존에는 공장 노동자, 운전사, 콜센터 상담원과 같은 직업이 자동화의 영향을 받을 것이라고 예상되었지만, 최근에는 변호사, 기자, 의사와 같은 전문직조차 AI의 대체 가능성이 커지고 있다. AI가 노동시장에 미치는 영향은 크게 세 가지로 나눌 수 있다. 첫째는 자동화가 진행되면서 기존의 많은 직업이 사라지고 있다. 예를 들어, 자율주행 기술이 발전하면 택시 기사나 트럭 운전사와 같은 직업은 급격히 줄어들 것이다. 둘째, 일부 직업은 사라지지는 않지만, AI와 협업하는 방식으로 변화할 것이다. 예를 들어, 의료 분야에서는 AI가 진단을 보조하고, 법률 분야에서는 AI가 판례 분석을 돕는 방식으로 변하고 있다. 셋째, AI를 활용한 새로운 직업도 등장하고 있다. 데이터 과학자, AI 윤리 전문가, 로봇 엔지니어와 같은 직업이 대표적인 예이다.

이스라엘의 역사학자 유발 하라리는 그의 저서 『21세기를 위한 21가지 제언』에서 인공지능의 발전이 경제와 사회에 미치는 영향을 논하며, '무용 계급'이라는 개념을 제기하고 있다. 21세기에는 인공지능과 생명공학의 발달로 "무용 계급(useless class)"이라는 새로운 집단이 등장할 것이라 한다. 무용 계급이란 인공지능이 기존의 경제 구조를 파괴하고 많은 노동력을 대체해 쓸모가 없어지는 인간들을 말한다. 소수의 인공지능 엘리트들이 모든 부를 독점하며 군림하고 대다수는 가난해지며 불평등의 정도가 더 커질 것이라고 인공지능이 불러올 암울한 미래를 예측했다. AI를 활용할 수 있는 고급 기술을 가진 사람과 그렇지 않은 사람 사이의 격차가 커지고, 빠르게 변화하는 기술 환경에서 기존 노동자들이 새로운 기술을 배우고 적응하는 것이 쉽지 않고, AI가 경제의 중심이 되면서, 전통적인 노동력의 가치는 급격히 하락할 가능성이 있다는 것이다.

❈ 유발 하라리 저, 전병근 번역, 『21세기를 위한 21가지 제언: 더 나은 오늘은 어떻게 가능한가』, 김영사, 2018

AI의 발전은 불가피한 변화이며, 이는 노동시장에 큰 영향을 미칠 것이다. 기존 직업의 소멸과 변화는 피할 수 없지만, 이를 단순한 위기가 아니라 새로운 기회로 받아들일 필요가 있다. '무용 계급'의 등장을 막기 위해서는 교육 개혁, 새로운 직업 창출, 사회적 안전망 확충 등의 다각적인 노력이 필요하다. AI시대에는 단순한 노동이 아닌 인간만의 강점을 살리는 방향으로 일자리의 개념이 변화할 것이며, 이에 적응하는 것이 미래사회의 핵심 과제가 될 것이다.

혈통도 직업도 나의 정체성을 보장해 주지 않는다면 인간은 어디에서 소속감을 얻을 수 있을까? 생성형 AI가 등장하고 숱한 자동화 서비스의 등장으로 인해 수많은 직업이 사라진다면 삶의 다른 영역에서 정체성을 만들려는 인간의 의지도 더욱 강해질 것이다. 현재 직업과 인간의 역할 중 무엇이 남느냐가 아니라, 앞으로 인간은 어떤 역할을 하고, 어떤 직업을 새롭게 창조할지를 묻고, 답하는 것이 지금 우리가 해야 할 일이다. 그때, 역사도 새로운 단계로 한 걸음 더 진화해 나갈 것이다

송길영 작가는 『시대예보 : 호명 사회』에서 혈통이나 직업 등 구시대적 기준을 내려놓고 내 이름을 걸고 하는 나만의 일로 나의 정체성을 찾아야 한다고 말한다. "AI로 무장한 극단적 자동화의 시대에는 과거에 모든 것을 수공예로 만들던 장인과 같은 이들이 오히려 살아남게 됩니다. 그 장인의 우아한 충실함에 우리는 환호하고 그를 존중하게 될 것입니다. 장인을 만나고 장인의 이야기를 듣고 그 장인의 상품을 얻을 수 있는 업은 부가가치가 점점 커질 것입니다. 이때 가장 소중한 상품은 장인의 시간입니다" 저자는 산업화로 인해 사라졌던 장인정신의 복귀를 주장한다. 예술, 기술, 학문, 저술, 그 어느 것이든 이제는 장인의 혼이 들어간 것만이 성공할 수 있는 시대가 왔으므로 그동안 우리가 잊고 있던 장인정신을 되살려야 할 때가 왔다고 말한다. "AI시대에는 효율은 대체되나 장인정신은 깊이 남기 때문"이다.

✽ 송길영 저, 『시대예보 : 호명 사회』 교보문고, 2024

장인정신

사전적 의미로 장인(匠人)이란 심혈을 기울여 물건을 만드는 예술인으로 풀이된다. 예로부터 '장인'을 또 다른 말로 '장이'라고도 불렀는데, '장이'는 일과 관련된 기술을 가진 사람이란 뜻을 더할 때 쓰는 접미사로, 순수 우리말로 전문가를 뜻한다. 한 가지 일을 파고들어 그것에 정통하고 전력과 최선을 다하는 철저한 정신의 소유자를 말하는 것이다. 땜질을 직업으로 하는 사람은 땜장이, 소반 만드는 기술을 지닌 이는 소반장이, 옹기 만드는 기술로 먹고사는 사람은 옹기장이다. 구두장이, 간판장이, 양복장이, 안경장이, 갓장이 등도 수공업 기술을 지닌 전문가이므로 장이가 따른다.

장인과 같은 의미로 사용되는 유사 용어로는 '공장(工匠), 바치, 쟁이'를 들 수 있다. 공(工)은 교묘하게 하고 손을 수고롭게 하여 기물을 만드는 자를 말하며, 장인(匠人)은 백공(百工)을 통칭하는 말이다. 또 백공은 본래 관이나 공을 모두 포함하여 부르는 넓은 의미이며 각종 직공에 종사하는 모든 사람을 말한다. 그러므로 장인은 단순히 물건을 만드는 솜씨에만 국한된 사람이 아니다. 수많은 반복과 오랜 경험의 수련으로 장인의 솜씨는 경지를 초월하게 된다.

❋ 『경국대전』, 한국정신문화원, 1986.

우리나라의 장인교육은 교양과 인성교육을 강조하였다. 장인이 되기 위해서는 수년간의 뼈를 깎는 견습 기간을 거쳐야 했으며 이와 같은 견습 기간에는 기술 전수보다는 인격 수양이 그 기초가 되었다. 옛날의 장인은 일을 단순히 일로 여겼다기보다는 하나의 인간이 완성되어가는 도(道)로 여겼다고 해도 과언이 아니다. 그 같은 장인들은 명품, 명기를 만드는데, 일생을 바쳤으며 자신의 혼을 불태우는 정성을 다했다. '우리나라 장인정신의 원류는 수기임명(修技任命)이다. 이 말은 기예를 닦은 다음 천명을 기다려야 한다는 뜻으로 기술도 좋아야 하지만 하는 일에 열과 성을 다하고 신용이 있어야 한다는 의미다.'

❋ 이기창, 김용범, 『한국 최고의 가게』, 흐름출판사, 2005

우리 민족의 장인정신은 한 치의 오차도 한순간의 방심도 허락하지 않을 정도로 철저했다. 도공들의 장인정신이 좋은 예이다. 도자기를 구울 때 불가마의 온도가 떨어지자 자기 몸을 태워 온도를 유지했다든지, 이미 완성된 도자기라 해도 자신의 혼이 섞이지 않았다는 이유로 다 깨부순 일들은 전설처럼 전해지고 있다.

송영감은 어제보다 더 쓰러져 넘어지는 도수가 많았다. 흙 이기던 왱손이가 이래서는 도무지 한 가마 채우지 못하리라고 송영감에게 내년에 마저 지어 첫가마에 넣도록 하는 것이 어떠냐고 몇 번이고 권해 보았으나 송영감은 일어났다가는 쓰러지고 일어났다가는 쓰러지고 하면서도 독짓기를 그만두려고 하지 않았다.

'독짓는 늙은이', 황순원전집 1, 문학과 지성사, 1980

송 영감은 마침내 뜨거운 독가마 안으로 기어서 들어가 조용히 몸을 일으켜 단정히 아주 단정히 무릎을 꿇고 앉았다. 이렇게 '독 짓는 늙은이' 송 영감은 외고집으로 자신을 불사른 빛나는 장인정신을 보여주었다.

대량 생산, 대량 판매, 기계, 공장 이런 단어들이 현대인들에게 갖는 의미는 그다지 긍정적이지 않다. 산업사회에 들어서면서 설 자리를 잃은 장인들을 현대에 들어와서 다시 주목해야 하는 이유를 노동 사회학자인 리처드 세넷(Richard Sennett) 뉴욕대 교수는 '제아무리 기술이 첨단을 달린다고 해도 현대문명의 근본은 여전히 사람이 하는 일이고 사람의 손끝에서 품질이 결정되기 때문'이라고 말하며, 장인 의식은 산업사회에서 기계와 싸움에서 패한 것으로만 봐서는 곤란하다고 지적하고, 그보다는 장인 의식이란 '인간의 기본적 충동이며, 일 자체를 위해 일을 잘 해내려는 욕구'라고 한다.

❋ 리처드 세넷 지음, 김홍식 옮김, 『장인: 현대 문명이 잃어버린 생각하는 손』, 21세기북스, 2009

AI가 발전해도 인간이 필요한 이유는 AI는 기존 데이터를 학습하여 패턴을 찾아내고 최적의 결과를 도출할 수 있지만, 전혀 새로운 개념을 창조하는 능력은 부족하기 때문이다. 예를 들어, 예술과 디자인 분야에서 AI는 기존 작품을 분석해 유사한 스타일의 그림을 그릴 수 있지만, 인간만이 할 수 있는 독창적인 표현과 감성적 판단은 여전히 필수적이다. 자동차 디자인, 건축 설계, 제품 개발 등 창조적인 과정에서는 인간의 직관과 감각이 AI를 능가한다. 또한, 첨단 기계와 AI가 정밀하게 작동하더라도, 인간의 손끝에서 완성되는 미세한 품질 차이는 여전히 중요하다. 고급 공예품, 악기 제작, 요리, 패션 디자인 등에서는 기계가 흉내 낼 수 없는 인간의 섬세한 손길이 필요하다. 예를 들어, 명품 시계 제작에서는 AI가 설계와 조립을 도울 수 있지만, 최종적으로 시계를 조율하고 완벽한 성능을 보장하는 것은 숙련된 장인의 손길이다.

AI는 데이터와 알고리즘에 따라 움직일 뿐, 도덕적 가치나 인간적인 감성을 고려할 수 없다. 의료 분야에서 AI가 질병을 진단하는 데 도움을 줄 수는 있지만, 환자의 감정을 이해하고 공감하며 치료 계획을 세우는 것은 의사의 몫이다. 법률이나 사회문제를 다룰 때도 AI는 규칙을 따를 뿐, 인간의 가치관과 윤리적 판단을 반영하기 어렵다. AI가 반복적이고 계산적인 작업을 대신 수행하는 동안, 인간은 창의적이고 정교한 작업에 집중할 수 있다. AI가 의료 영상을 분석해서 질병을 조기에 발견하는 동안, 의사는 환자의 상태를 종합적으로 판단하고 치료 방향을 결정할 수 있고, 제조업 분야에서는 AI가 공정 자동화를 통해 생산성을 높이고, 최종 검수와 마감 작업은 숙련된 기술자가 수행한다.

AI의 발전은 인간의 역할을 축소하는 것이 아니라, 오히려 인간이 더 높은 가치를 창출할 수 있도록 돕는 방향으로 발전해야 한다.

AI가 아무리 발전해도 현대문명의 근본은 여전히 인간이 하는 일에 의해 유지된다. 기술이 발전할수록 인간의 손끝에서 완성되는 품질의 중요성은 더욱 강조될 것이다. AI는 인간의 도구일 뿐이며, 최종적인 가치를 결정하는 것은 결국 사람이다. 앞으로의 시대에는 AI와 인간이 협력하며, 기술과 인간성이 조화를 이루는 방향으로 발전해야 할 것이다.

# 벽광나치오

무엇인가를 좋아하여 즐기는 상태는 '낙'(樂)이라 한다. 그 즐김이 지나치면 '벽'(癖)이 된다. 미친 듯 빠져드는 감정적 몰입 상황을 말한다. 벽(癖)이라는 글자는, 병역 변(疒)에 밝을 벽(辟)의 합성 문자로서 사람이 어떤 일에 대해 가지는 병적 집착을 설명할 때 사용한다. 벽(癖)은 흔히 주벽(酒癖), 도벽(盜癖), 낭비벽(浪費癖), 방랑벽(放浪癖) 등의 부정적 어휘로 쓰이는 것이 보통이지만, 서벽(書癖-글 읽기를 즐기는 습관)이나 고벽(古癖-옛것을 즐김) 처럼 긍정적으로 사용하기도 한다. 그리고 대상에 대한 벽(癖)이 굳어져 대상과 나의 분별이 없어지는 상태가 되면 광(狂)이 된다. 즉 벽(癖)이란 어떤 것에 대한 기호가 지나쳐서 억제할 수 없는 병적인 상태가 된 것을 뜻한다.

한양대 국어국문학과의 정민 교수는 『미쳐야 미친다』(푸른역사, 2004)에서 조선시대 지식인들의 내면을 사로잡았던 열정을 소개하면서 18세기 조선은 '광기'로 가득 찬 시대였다고 한다. 남들이 모두 손가락질해도 아랑곳하지 않고 꽃을 너무 사랑해 눈만 뜨면 꽃밭으로 달려가 온종일 꽃만 관찰했던 '김 군', 눈병에 걸려 눈을 뜰 수 없는 와중에도 실눈을 뜨고 책을 읽었던 책만 보는 바보 '이덕무', 돌만 보면 벼루를 깎았다고 해서 '석치(石痴)'라고 불린 '정철조'. 저자는 이들을 온전히 이해하기 위해서 그들의 '벽(癖)'에 주목한다.

안대회 성균관대 한문학과 교수는 치열하게 18세기를 살다 간 열한 명의 기인(奇人)들에 주목했다. 이들의 직업은 여행가, 프로 기사, 춤꾼, 만능 조각가, 책장수, 원예가, 천민 시인, 기술자 등으로 조선을 통틀어 단 한 번도 주류로 분류된 적이 없는 사람들이다. 이들에게는 벽(癖 고질병자), 광(狂 미치광이), 나(懶 게으름뱅이), 치(痴 바보), 오(傲 오만한 자)라는 표현이 따라다녔지만, 그들은 미쳤다거나 바보 같다는 말을 오히려 명예롭게 여겼다. 미치지도 못하고 그럭저럭 욕 안 먹고 사는 것은 죽느니만 못하다고 생각했다. 저자는 조선시대의 역사에서 18세기는 사회와 학술, 기술과 풍속의 각 분야에서 전 시기와는 비교할 수 없을 만큼 활력에 차 있었는데 그 동력은 바로 '벽광나치오'들의 열정에서 비롯되었다고 단언한다.

❋ 안대회, 『벽광나치오』, 휴머니스트, 2011

18세기 조선에서 '벽(癖)'은 지식인 집단의 중요한 키워드가 되었다. 조선 후기의 대표적 실학자인 박제가는 『궁핍한 날의 벗』(안대회 옮김, 태학사, 2000)에서 "벽이 없으면 쓸모없는 사람이다. 벽(癖)이란 글자는 질(疾)에서 나오니 병이지만, 남들이 미쳤다고 해도 독창적인 정신을 갖추고 전문의 기예를 익히는 것은 벽이 있는 사람만이 할 수 있다"라며 벽 예찬론을 펼치고 있다.

벽(癖)은 끊을 수 없는 것, 절제할 수 없는 통제 불능의 것이다. 그러므로 그것은 이성의 산물이 아니라 열정의 산물이다. 통제의 영역이 아니라 일탈의 영역이다. 그런데도 점잖고 근엄한 조선시대 선비들이 벽(癖)을 옹호한 까닭은 세상을 이끌어가는 동력은 차가운 이성이 아니라 진정성과 열정을 가지고 목표를 향해 돌진하는 사람들의 집념이라는 것을 잘 알고 있었기 때문이다. 세상에 미치지 않고 이룰 수 있는 큰일이란 없다고 생각했다.

이제는 벽의 '치우친' 뜻만을 부각해 벽을 병이라고 단정하는 시대가 아니다. 어떤 일에 미친 듯이 몰두해서 독보적인 경지를 이룬 사람들을 일컬어 '~狂(광)', '마니아(mania)', '프로페셔널(professional)', 달인(達人), 고수(高手), 장인(匠人) 등으로 부르며 높이 평가하고 있다. 이제 다시 '벽(癖)'을 요구하는 시대가 온 것이다.

질문들

1. 인공지능이 인간 노동을 대체해 대량 실업이 발생한다면 어떻게 극복할까?
2. 인간이 노동하지 않는 사회가 실현된다면, 인간의 행복은 증가할까?
3. 산업혁명이 사농공상의 개념에 미친 영향은 무엇인가?
4. AI와 자동화로 인해 사라질 직업과 새롭게 생길 직업에는 어떤 것들이 있을까?
5. 기본소득제(UBI)는 AI시대의 대량 실업을 해결하는 현실적인 방안일까?
6. 인간이 AI보다 우위를 점할 수 있는 노동 형태에는 어떤 것들이 있을까?
7. AI가 법률가, 의사, 교수와 같은 전문직까지 대체할 가능성이 있는가?
8. AI와 자동화가 확산되는 시대에 장인정신(Craftsmanship)이 다시 주목받는 이유는 무엇인가?
9. AI가 효율성과 생산성을 높이는 시대에 인간이 만든 것(수작업, 예술, 공예 등)이 더 가치 있게 평가되는 이유는 무엇인가?

12

AI시대의 교육

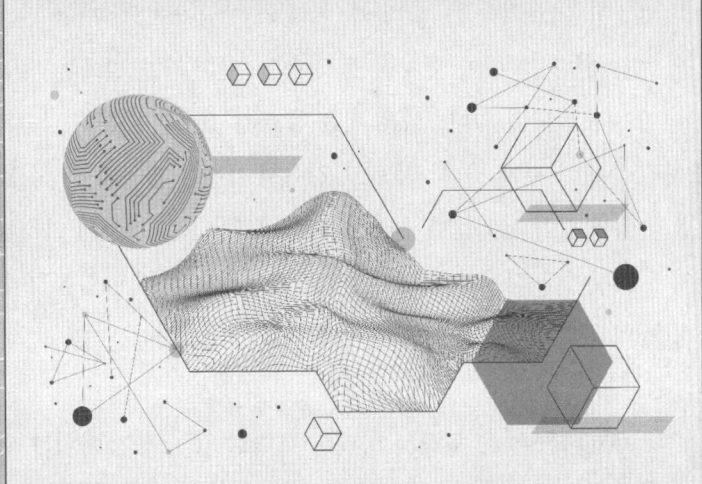

가르치다

교육(教育)의 '가르칠 교(教)'는 '배움 효(爻)'자와 '채찍질할 복(攴)' 자가 합쳐진 것이다. 매로 쳐 배우게 한다는 뜻이다. 이에 해당하는 우리 고유어 '가르치다'는 '갈다'와 '치다'의 합성어로 '칼과 돌을 간다'와 '연마한다'는 뜻이 합쳐진 동사이다. '갈다'라는 말에는 다양한 의미가 포함되어 있다. '낡은 것을 새로운 것으로 바꾸다', '숫돌에 문질러 날이 서게 하다', '맷돌로 갈아서 가루를 만들다', '쟁기로 논밭의 흙을 갈아 뒤집는다' 등의 의미이다. '치다'는 식물의 가지를 베어내는 것이나 길러서 번식시킨다는 의미로서 외부적 힘을 가한 조성(助成)의 의미를 지닌다고 볼 수 있다.

즉 가르친다는 것은 원래의 상태로 그대로 있는 것이 아니라 외부의 힘으로 변화시킨다는 의미이다. 밭을 갈아 씨를 뿌리면 열매가 맺게 되고, 사람을 갈면 나쁘고 거친 것을 다듬어 착하고 아름다움으로 갈 수 있다는 생각이 담긴 말이다. 그런 의미에서 한자의 가르칠 교(教)자보다도 우리말 '가르치다'는 그 뜻이 더 깊고 크다.

이어령은 '가르치다'는 글자 그대로 원시 상태의 밭을 갈거나 제멋대로 생긴 돌을 갈고 가축을 치듯 정성껏 사람을 키우는 일을 말한다고 보았다. 그러므로 가르치는 일이란 마음 밭을 가는 쟁기질이라는 것이다. 낮에는 밭을 갈고 밤에는 책을 읽는다는 주경야독(晝耕夜讀)이라는 말이 있듯이 한국인들은 교육과 밭갈이를 늘 한 개념으로 써왔다. '갈고', '치고'하는 '가르치다'이니 겹겹으로 깊은 양육의 정신을 담고 있는 단어이다.

❋ 이어령, 『뜻으로 읽는 한국어 사전』, 문학사상사, 2008

우리 민족의 전통적인 교육이념을 이해하는 데 있어 가장 중요한 것은 『삼국유사』에 실려있는 고조선 건국 신화에 등장하는 홍익인간(弘益人間) 정신이다. 홍익인간은 '널리 인간을 이롭게 하라'로 해석할 수 있다. 태초부터 교육열이 남달랐던 우리 민족은 효율적인 교육을 위해 시대마다 다양한 인재 양성 기관을 두었다. 고구려의 '태학', 신라의 '화랑도'가 있었고, 고려시대에는 최고의 국립 교육기관인 '국자감'이, 조선시대에는 유학의 교육을 맡아보던 '성균관'이 학교의 역할을 했다. 또 지방의 학교인 '향교'와 한문을 가르치던 '서당'에서도 학생들이 모여 공부하였다.

자식 농사

자녀 교육에 대해 우리나라 사람들이 가장 즐겨 사용하는 말 중 하나가 '자식 농사'이다. 자녀를 낳아 기르는 일을 농사에 빗댄 말이다. 농사짓는 일처럼 자식을 키우는 일도 제때 낳고, 낳은 후에는 각 시기에 알맞게 돌보는 정성이 필요함을 이른다. 농사 중에서도 제일 어려운 것이 자식 농사라 했는데 농사짓는 것보다 손이 훨씬 더 많이 가고 힘들기 때문이다. 자녀 양육과 교육은 때맞춰 돌보는 정성이 필요하고, 온 정성을 다하더라도 날씨 등 환경이 도와주지 않으면 뜻대로 되지 않는 농사와 같다는 생각에서 나온 비유이다.

우리 민족은 농자천하지대본(農者天下之大本)이라 하여 농업을 천하의 근본으로 삼고 오래도록 중시하고 신성시해 왔다. 이런 전통에 비추어 볼 때 자녀 교육을 농사에 비유했다는 것은 자녀를 낳아 기른다는 것이 그만큼 중요하고, 신성하며, 삶의 근본이라 여겼기 때문이다. 농사는 올해 잘못 지었더라도 내년에 잘 지으면 얼마든지 복구할 수 있지만 자식 농사는 한순간 잘못된 길로 빠지면 영원히 복구하기가 어렵고, 자식의 잘못됨은 고스란히 부모의 몫으로 남게 되어 평생토록 후회하게 된다. 그래서 우리 선조들은 '한 해 농사 망치면 일 년을 고생하지만, 자식 농사 망치면 평생 고생한다'라며 자식 양육의 중요성을 강조했다.

옛날 어른들에게는 바라보기만 해도 배가 부른 두 가지가 있었는데 논에 물 대는 것과 자식 입으로 밥 들어가는 것이다. 먹고살기 바빴던 시절, 농사 잘되고 자식 굶기지 않는 것 이상의 절대적 가치는 없었다. 자식 키우는 일은 자연스레 '자식 농사'가 되어 '제일 큰 농사'로 대접받았다. 우리 속담에 '땅 농사는 남의 농사가 잘 돼 보이고 자식 농사는 내 농사가 나아 보인다'라는 말이 있다. 아무리 못난 자식이라도 내 자식이 잘생기고 똑똑해 보인다는 말이다

'자식 농사'라는 말은 농경사회에서 자녀가 부모에게 어떤 의미인지를 집약적으로 보여준다. 그 시대 어린 자식들은 부모에게 당장 사용할 수 있는 현물 가치를 가지고 있었다. 농경사회에서 자식은 몇 년간만 노고를 들이면 집안일과 농사일을 거들 수 있는 요긴한 일손이었다. 산업화가 진행되고 교육 기간이 연장되면서 자녀는 지금의 현물 가치보다는 노후에 의존할 수 있는 미래 보장자원으로 여기게 되었다. 농사라는 개념에서 한발 더 나아가 투자라는 개념이 생겼다. 자신의 노후에 성인이 될 자녀가 갖게 될 더 높은 경제적 가치를 위해 현재 자신의 자원을 아낌없이 투자하게 되었다.

자녀 키우는 것을 '농사'에 비유하는 농경문화의 유산을 물려받은 한국인의 의식 속에 자식은 자신이 소유한 농작물이었다. '자식

농사 잘 지어야 노후가 편하다'라는 생각으로 인생 최고의 투자처는 바로 '자식 농사'라 보았다. 농사는 일정 기간에 들인 노력의 여하에 따라 성과물이 다르고, 반드시 그에 대한 평가가 따르게 된다. 그러다 보니 좋은 성과를 내기 위해 돈과 시간뿐만 아니라 더 좋은 것을 제공하고자 하는 집착이 생겨났다. '세상에서 가장 부실한 보험은 자식 보험'이라는 영국 속담과는 대조적이다.

자식 농사를 잘 지으려는 한국인들의 집착은 뜨거운 교육열로 번졌고 '자식 농사 잘 지으려면 등골이 빠진다'라는 말도 나왔다. 소 팔고 논 팔아 대학 공부를 시켜 대학을 '우골탑(牛骨塔)'이라 부르기도 했다. 우리나라의 경제발전을 이야기할 때 교육을 핵심 동력 중의 하나로 꼽는다. 교육열 덕분에 가난한 자원 빈국인 우리나라가 2, 3차 산업혁명을 성공적으로 이끌 수 있었고, 세계적인 IT 강국으로 지식정보 사회를 주도하면서 세계 경제 대열에서 뒤처지지 않을 수 있었다.

한국의 교육은 '한강의 기적'을 낳는 원동력이었지만 4차 산업혁명 시대를 맞이한 지금은 시대 흐름에 뒤떨어진 유물이란 비판까지 듣는다. 지금 우리나라의 교육은 일자리, 인구감소, 부동산, 양극화 같은 문제들과 직간접으로 얽혀있다. 또한 인공지능과 다양한 디지털 매체의 발달로 어떤 인재상에 근거해 어떻게 무엇을 교육할 것인가라는 근본적 물음에 직면해 있다. AI 강국의 대열에 합류하느냐 아니면 후진국으로 뒤처질 것인가는 오늘날 우리 교육의 선택에 달려 있다.

IQ, EQ, DQ

전통적인 학교 교육은 산업화 시대에 큰 성과를 내었지만, 미래를 대비하기에는 여러 면에서 한계를 보여준다. AI시대 이전의 인재상은 주로 지식과 정보의 양, 즉 암기력과 분석력에 중점을 두었다. 학생들은 교과서에 나오는 내용을 철저히 학습하고, 시험을 통해 자신의 지식을 평가받았다. '오지선다형 객관식 문제 풀이'와 암기식 '밑줄 쫙' 교육이 대부분이었다. 2차 산업혁명에서는 공장에 우수한 노동력을 제공할 지능(IQ)이 높은 사람이 필요했고, 3차 산업혁명에서는 컴퓨터가 할 수 없는 감성지능(EQ)이 높은 사람이 필요했다. 그러나 인간이 만든 AI가 이제는 인간의 능력인 IQ나 EQ를 추월하는 시대가 되었다.

그렇다면 4차 산업혁명이 불러온 디지털 시대, IQ·EQ를 넘어 새 시대의 인재들이 새롭게 갖춰야 할 역량은 무엇일까? 박유현 DQ Institute 대표는 『DQ 디지털 지능』에서 '디지털 리터러시(Digital Literacy)'를 강조하며 디지털 시민 의식 교육을 강화해야 한다고 말한다. 저자는 2차 산업혁명이 지능을 향상하는 현재의 교육제도로 이어졌듯, 이제는 인간의 가치를 일깨울 새로운 교육제도가 필요하다고 한다. 윤리와 가치의 중요성은 4차 산업혁명에서 교육의 미래를 이끌어줄 지침이 되어야 하며 그 핵심은 인간을 중심으로 기술을 활용하는 능력인 DQ에 있다고 한다. DQ(Digital Intelligence Quotient · 디지털 지능지수)'란 IQ나 EQ와 유사한 개념으로 디지털에 대한 친숙도를 의미한다. 디지털에 대한 이해정도, 디지털 환경, 디지털 장비의 활용 능력 등이 주요 평가 기준항목이 된다.

※ 박유현 저, 한성희 번역, 『DQ 디지털 지능: IQ EQ를 넘어 AI시대의 지능 패러다임』 김영사, 2022

　기술이 우리 삶의 거의 모든 측면을 형성하는 시대에 디지털 세계를 효과적으로 탐색하는 능력은 중요한 자질이 되었다. 디지털 지능지수(DQ)와 디지털 리터러시는 개인이 디지털 기술을 얼마나 잘 이해하고, 사용하고, 상호작용할 수 있는지를 결정하는 두 가지 핵심 개념이다. DQ는 비판적 사고, 사이버 보안 인식, 책임감 있는 온라인 행동 등 다양한 능력을 포괄하며, 디지털 리터러시는 디지털 콘텐츠에 접근하고, 평가하고, 창작하는 데 필요한 기본 기술을 말한다. 기술이 계속 발전함에 따라 디지털 시대에 번영하기 위해서는 개인, 기업, 사회가 DQ와 디지털 리터러시를 모두 개발하는 것이 필수적이다.

　DQ는 개인이 디지털 기술을 안전하고 효과적이며 윤리적으로 사용할 수 있는 능력을 측정하는 지표다. 이는 기술적 기술을 넘어 책임감 있는 디지털 참여에 필요한 인지적, 정서적, 사회적 역량을 포함한다. DQ의 구성요소는 온라인 공간에서의 디지털 권리, 책임 및 윤리적 행동 이해하기, 멀티미디어 제작, 디지털 스토리텔링과 같은 디지털 도구를 사용하여 창작하고 혁신하는 능력, 소셜 미디어, 이메일, 가상 협업을 포함한 디지털 환경에서 효과적인 커뮤니케이션, 피싱, 해킹, 신원 도용과 같은 사이버 위협에 관한 인식. 정보 출처를 평가하고, 잘못된 정보를 식별하는 능력 등이다. 초연결 사회에서 높은 DQ는 성공에 필수적이다. 이는 개인이 디지털 정체성을 보호하고, 디지털 경제에 참여하며, 온라인 정보에 입각한 결정을 내릴 수 있도록 한다. 또한, DQ는 책임감 있는 디지털 시민의식을 함양하여 개인이 사이버 괴롭힘, 잘못된 정보 유포, 디지털 윤리 위반보다는 온라인 커뮤니티에 긍정적으로 이바지할 수 있도록 한다.

디지털 기술의 중요성이 커지고 있음에도 불구하고, 몇 가지 문제가 DQ와 디지털 리터러시의 발전을 저해하고 있다. 사회경제적 격차는 디지털 자원에 대한 불평등한 접근을 초래하여 소외된 지역사회에 있는 사람들에게 기회를 제한하고, 소셜 미디어의 증가로 인해 잘못된 정보가 더 쉽게 퍼지게 되었고, 사용자들이 온라인 위협에 대한 인식이 부족하여 해킹, 사기, 데이터 유출에 취약하며, 과도한 디지털 소비, 사이버 괴롭힘, 온라인 중독은 심리적 및 윤리적 문제를 초래했다.

이러한 문제를 해결하기 위해 DQ 및 디지털 리터러시 향상 전략이 필요하다. 디지털 기술 격차를 해소하고 책임감 있는 디지털 참여를 촉진하기 위해 교육기관, 정부 및 관련 조직은 선제적인 조치를 해야 한다. 학교는 디지털 리터러시 교육을 커리큘럼에 통합하여 학생들에게 정보를 평가하고 개인정보를 보호하며 온라인에서 효과적으로 소통하는 방법을 가르쳐야 하고, 정부와 기업은 개인이 진화하는 기술에 적응할 수 있도록 디지털 기술 교육 프로그램을 제공해야 한다. 또한, 디지털 에티켓 및 사이버 보안 모범 사례를 포함한 책임 있는 온라인 행동에 관한 대중 인식 캠페인과 사이버 보안 관행을 구현해야 한다. DQ는 사이버 보안 인식, 비판적 사고, 디지털 창의성 등 다양한 기술을 포괄하는 반면, 디지털 리터러시는 디지털 콘텐츠에 효과적으로 접근하고 분석할 수 있는 기초 능력을 제공한다. 디지털 격차와 잘못된 정보와 같은 문제를 극복하려면 개인, 교육자, 정책 입안자의 집단적인 노력이 필요하다.

박유현은 디지털 시대의 인재상은 기술에 휘둘리지 않는 사람이라고 보았다. AI가 추천하는 정보를 그대로 받아들이지 않고 그 속에서 진실과 거짓을 비판적으로 가려내고, 자신, 타인, 관계와 환경 등을 고려한 의사결정을 내릴 수 있는 사람을 말한다. DQ가 높은 사람은 자신의 이익은 물론 다른 사람과 사회 전체의 이익을 생각하고, 이를 향상하기 위해 효과적으로 기술을 활용할 수 있다고 한다. 달리 말하면 DQ는 디지털 기술을 이해하고 윤리적으로 이용하는 능력을 뜻한다. 그리고 DQ가 높은 사람은 개인과 공동체의 더 나은 삶에 이바지하는 방식으로 기술을 다루는 사람이다.

단어 읽기와
세상 읽기

최근 교육 문제와 관련해 '문해력(文解力)'이라는 용어가 자주 거론되고 있다. 책을 읽지 않는 요즘 아이들이 문자를 읽고 해석하는 능력이 부족하기 때문이다. 문해력은 디지털 세상에서 더 중요해진다. 디지털 기술이 더 높은 문해력을 요구하기 때문이다. 문해력 전문가인 조병영 교수는 『읽는 인간 리터러시를 경험하라』에서 인공지능 시대를 사는 우리는 문해력이 아닌 '리터러시(Literacy)'에 초점을 맞춰야 한다고 주장한다. 저자가 말하는 리터러시란 문자를 읽고 쓸 수 있는 능력인 문해력을 포괄하는 개념이다. 책에 따르면 리터러시란 단순히 정보를 수용하는 것을 넘어 세상을 이해하고, 내가 읽은 텍스트에 내 경험과 지식을 더해 나만의 생각을 만들어내는 과정이다. 이는 비단 문자 문화에 익숙하지 않은 아이들뿐만 아니라 여러 가짜뉴스에 휘둘리는 어른들에게도 필요한 능력이기도 하다.

✱ 조병영 저, 『읽는 인간 리터러시를 경험하라』, 쌤앤파커스, 2021

리터러시는 문자의 이해와 활용이라는 본래의 의미와 더불어 변화하는 사회에 적응하고, 정보를 비판적으로 바라보며, 이를 적절하게 대처할 수 있는 능력까지 포괄하게 되었다. 리터러시(literacy)란 단순히 글을 읽고 이해하는 능력이 아니라 다양한 매체와 첨단 기술이 발달한 지금은 의사소통을 잘하기 위한 복합적 역량을 말한다. 기존의 정보에서 문맥을 읽어내고 서로 연결하여 새로운 지식을 창출할 수 있는 비판적 사고 능력이 필요하다. 그래서 리터러시는 글자 읽기에서 출발하여 세상 읽기로 발전되어 나간다.

브라질의 교육사상가 파울로 프레이리(Paulo Freire)는 리터러시를 "단어 읽기와 세상 읽기(Literacy : reading the word and reading the world)"라는 표현으로 정의했다. 이는 세상을 읽으려면 일단 글을 읽을 수 있어야 하지만, 글자 읽기는 반드시 세상 읽기에 이바지해야 한다는 것이다. 내가 살아가는 세상을 떠나서는 읽기의 가치와 효용을 온전히 설명할 수 없다. 리터러시는 개인의 성장에 꼭 필요한 배움의 도구인 동시에, 읽고 생각하고 소통하면서 공동체를 발전시켜 나가는 사회적·역사적 도구이기도 하기 때문이다.

❋ 파울로 프레이리, 도날도 마세도 저자, 허준 번역, 『문해교육 : 파울로 프레이리의 글 읽기와 세계 읽기』, 학이시습, 2014

디지털 리터러시는 디지털 기술을 사용하여 정보를 찾고, 평가하고, 생성하고, 소통하는 능력을 말한다. 디지털 상호작용에는 기술적 숙련도뿐만 아니라 비판적 사고와 윤리적 인식도 포함된다. 디지털 리터러시의 주요 측면은 온라인 정보를 검색하고 분석하며 신뢰성을 검증하는 능력, 디지털 미디어가 인식, 의견 및 행동에 미치는 영향 이해하기, 소프트웨어 탐색, 디지털 도구 사용, 일반적인 기술 문제 해결 등 기본적인 컴퓨터 기술, 디지털 발자국, 데이터 보안 및 개인정보 보호 모범 사례 이해하기 등이다.

> 디지털 발자국(Digital footprint) : 개인이나 기업이 디지털 환경에서 남기는 흔적이나 정보를 의미한다. 예를 들어, 온라인 상에서 작성한 게시물, 사진, 동영상, 소셜 미디어 활동, 온라인 구매 기록 등이 디지털 풋프린트에 포함될 수 있다. 디지털 풋프린트는 개인이나 기업의 온라인 활동을 추적하고 분석하는 데 사용될 수 있다.

디지털 리터러시는 더 이상 교육, 고용, 일상생활에서 선택적인 기술이 아니라 기본적인 요구 사항이다. 직장에서 디지털 리터러시는 직원들이 새로운 기술에 적응하고, 가상으로 협업하며, 생산성을 향상시킬 수 있게 해주고, 교육에서 학생들이 연구를 수행하고, 과제를 완료하고, 온라인 학습에 참여하게 해준다. 사회적 차원에서도 디지털 리터러시는 개인이 잘못된 정보와 디지털 조작을 피하면서 의미 있는 온라인 상호작용을 할 수 있도록 도와준다.

AI가 지배하는 세상은 갈수록 정보량이 많아지고 점점 더 복잡해질 것이다. 단순한 정보 접근과 수용으로는 현실의 문제를 풀 수 없다. 정보를 연결하고 선택하고 분석하고 적용하는 능력은 예전보다 훨씬 복잡해졌다. 그러므로 디지털 환경에서 집중해서 읽고 생각하는 리터러시 능력을 소중히 여기고 가르쳐야 한다. 교육내용에는 디지털을 잘 활용하는 역량뿐 아니라 디지털 시대에 갖추어야 할 역량까지 포함해야 한다. 이는 일차적으로는 디지털 기술과 미디어를 지혜롭게 활용하고, 데이터와 콘텐츠를 현명하게 다루며, 디지털을 통해 효과적으로 소통하는 역량을 말한다. 이와 더불어 디지털 시대에 필요한 삶의 모든 역량, 즉 윤리적인 태도까지를 포함한다.

됨됨이

'되다'는 '1. 무엇이 이루어지다. 2. 어떤 상태 또는 시간에 다다르다. 3. 사람의 인격이 갖추어지다' 등의 의미를 지니고 있다. 한마디로 '되다'는 변화를 의미하는 동사이다. 기본적으로는 상태의 변화를 의미한다. 자발적으로 변하는 것을 의미하기도 하지만 다른 요건에 의해서 피동적으로 변하는 것을 의미하기도 한다. 이 때문에 '하다'에 대응되는 피동의 의미로도 쓰여,'되어지다'는 이중피동으로도 쓴다.

한국인들은 '사람'과 관련지어 '되다'라는 동사를 가장 많이 쓴다. 인간을 되어가는 존재로 보았기 때문이다. 사람을 욕할 때 우리는 '덜 됐다', '못됐다'라고 한다. 그리고 반대로 칭찬할 때는 '사람이 됐다' 혹은 '된 사람'이라고 한다. 이에 대해 이어령은 사람은 타고난 존재가 아니라 끝없이 완성을 향해서 '되어가는 것', '변화해 가는 것'이라는 한국인의 철학이 담겨 있는 말이라 보았다. 그래서 덜됐다는 욕도 실은 욕이 아니라고 한다. 지금은 덜됐지만, 앞으로는 잘 될 수도 있다는 가능성을 배제하지 않고 있기 때문이다

❂ 이어령, 『뜻으로 읽는 한국어 사전』, 문학사상사, 2008

한국인들이 '되다'라는 말을 이렇게 애용하다 보니 '됨됨이'라는 겹치기 말까지 만들어냈다. 되다의 명사형인 됨이 두 번이나 반복되는 '됨됨이'는 사람으로서 지닌 품성이나 인격을 말한다. 우리나라에서 가장 심한 욕 중의 하나가 바로 '천하에 배워먹지 못한 놈'이란 표현이다. 여기서 '배우지 못했다'라는 것은 요즘의 공부나 학벌을 이야기하는 것이 아니라 바로 '인간이 덜됐다'라는 의미로서 한마디로 '집안 교육이 잘못되어 막돼먹은 자식이 되었다'라는 소리이다. '된 사람'은 인격이 훌륭하고 덕이 있어 됨됨이가 된 사람을 뜻한다. 한국의 부모들은 '사람이 되는 게 먼저'라며 인간 됨됨이 교육을 지식교육보다 우선순위에 두어왔다. 우리에게 교육이란 '널리 인간을 크게 도울' 사람다운 사람이 되도록 하기 위한 역할과 책임을 다하는 것을 말한다.

옛사람들은 진정한 사람이 되기 위해서는 끊임없이 노력해야 한다고 생각했다. 그런 사람에게는 '사람이 됐다'라고 칭찬을 아끼지 않았다. 이와 달리 노력하지 않는 사람에게는 '인간이 덜됐다'라고 흉을 보았다. 덜 성숙하거나 인간이 기본적으로 지켜야 할 도덕, 윤리를 잘 지키지 않는 사람에게 하는 말이다. 서양 철학에서 인간은 흔히 '태어난 존재(being)'로 규정된다. 즉, 인간은 출생과 동시에 고유한 본질과 정체성을 가지며, 개인의 삶은 이를 실현하는 과정으로 이해된다. 그러나 한국을 비롯한 동아시아 전통에서는 인간을 정해진 본질을 지닌 존재라기보다는, 끊임없이 변화하고 성장하는 '되어가는(becoming) 존재'로 파악해왔다. 이는 유교, 불교, 도교 등의 사상이 한국인의 삶과 가치관에 깊이 스며들면서 형성된 관점이다.

유교 사상에서는 인간이 태어날 때부터 완성된 존재가 아니라, 도덕적 수양을 통해 이상적인 인간으로 나아가야 한다고 본다. 공자의 가르침에 따르면, 인간은 태어날 때부터 인(仁), 의(義), 예(禮), 지(智)의 씨앗을 지니고 있지만, 이를 갈고닦아 군자(君子)로 성장해야 한다. 즉, 인간은 스스로를 단련하고, 사회적 관계 속에서 점진적으로 완성되는 존재다. 이러한 관점은 한국 사회에서 '인격 수양'과 '성장'에 대한 중요성을 강조하는 문화적 요소로 자리 잡았다. 예를 들어, 학문과 덕을 쌓아 나가는 과정(修身, 수신)은 단순한 교육을 넘어 인간됨을 완성하는 중요한 과정으로 인식된다.

불교에서는 인간을 독립적인 고정된 실체가 아니라, 관계 속에서 변화하는 존재로 본다. 연기설(緣起說)에 따르면, 인간의 존재는 고정된 것이 아니라 다양한 인연과 환경에 따라 끊임없이 변한다. 이는 한국인의 삶의 태도에도 깊이 반영되어 있다. 사람은 환경과 관계에 따라 변할 수 있으며, 이를 통해 스스로를 계속 만들어가는 존재라는 인식이 강하다. 불교적 가치관은 특히 인내와 자기 성찰을 강조하며, 인간은 현재 상태에 머무르지 않고 더욱 나은 모습으로 변화할 수 있다는 믿음을 심어준다. 도교적 세계관에서는 인간을 자연의 일부로 보고, 유동적이고 변화무쌍한 존재로 인식한다. 도(道)는 정적인 것이 아니라 끊임없이 흐르고 변하는 것이며, 인간 또한 고정된 본질이 아니라 상황과 조화를 이루며 스스로를 변화시키는 존재다.

이러한 사고방식은 한국인의 생활 철학에도 영향을 미쳐, 유연하고 조화를 중시하는 태도를 형성했다. 전통적으로 한국 사회에서는 지나치게 강한 주장을 피하고, 타인과 조화를 이루면서 자신을 변화시키는 능력을 중요한 덕목으로 삼았다. 한국 사회에서 교육이 중요한 이유는 단순히 지식을 습득하는 것이 아니라, '더 나은 사람이 되기 위한 과정'으로 여겨지기 때문이다. 유교적 전통에서 비롯된 학문 중시 문화는 개인이 꾸준히 노력하고 발전해야 한다는 '되어가는 존재'의 개념과 연결된다. 입시 경쟁과 자기 계발 문화 또한 이러한 철학적 토대 위에서 형성된 것이다. 한국 사회에서 개인은 정해진 본질이 아니라, 지속적으로 배워 나가고 변화하며 자신의 가치를 증명해야 하는 존재로 여겨진다.

서양에서는 개인의 독립성과 고유성이 강조되지만, 한국에서는 인간이 관계 속에서 성장하고 변화하는 존재로 인식된다. 가족, 친구, 사회적 네트워크 안에서 역할과 책임을 다하며 자신을 형성해 나가는 과정이 중요하다. 예를 들어, 한국의 전통적인 효(孝) 사상에서는 부모와 자식이 단순한 혈연관계가 아니라, 서로를 성장시키고 완성해 가는 관계로 본다. 또한 '정(情)' 문화는 단순한 감정이 아니라, 시간이 지나면서 깊어지고 형성되는 유동적인 관계를 의미한다.

한국 사회에서는 직업이나 사회적 위치가 개인의 정체성을 결정하는 중요한 요소다. 따라서 많은 사람이 끊임없이 새로운 기술을 배우고, 더 나은 직업을 찾기 위해 노력한다. 이러한 태도는 급변하는 AI시대에서 한국인이 빠르게 신기술에 적응하고 혁신하는 원동력이 된다. 기술이 빠르게 변화하는 시대에 적응하는 능력은 개인과 사회의 성장을 결정짓는 중요한 요소다. 한국은 세계에서 가장 빠른 인터넷 보급률과 스마트폰 사용률을 자랑하는 나라 중 하나다. 새로운 기술이 등장할 때 한국 사회는 이를 빠르게 받아들이고 일상생활과 산업에 적용하는 특징을 보인다. 이는 단순한 경제적 요인 때문이 아니라, '되어가는 존재'로서의 한국인의 의식과 연결된다. 즉, 변화하는 환경 속에서 자신의 역량을 확장하고 발전시키려는 태도가 기술 수용 속도를 높이는 역할을 했다.

하루가 다르게 기술혁신이 빠르게 이루어지는 시대에는 오늘 배운 지식이 내일이면 뒤처질 수 있다. 이에 대응하기 위해 한국 사회는 평생 학습을 강조하며, 개인들은 지속적으로 새로운 기술을 익히고 자기 계발을 위해 노력한다. 기술 변혁의 시대에는 기존의 방식만을 고수하는 것이 아니라, 끊임없이 변화하는 환경에 맞춰 창의적으로 문제를 해결하는 능력이 중요하다. 한국인은 '되어가는 존재'로서의 인식을 바탕으로 새로운 기술과 지식을 활용하여 기존 문제를 해결하는 능력을 키워왔다. 예를 들어, 한국의 스타트업 기업은 전통적인 산업 구조를 벗어나 AI, 핀테크, 바이오테크 등 새로운 기술을 적극적으로 도입하고 있다. 또한, 코로나19 팬데믹 상황에서도 빠르게 비대면 시스템을 도입하고, 디지털 전환을 이루어낸 것은 유연한 사고방식 덕분이다.

한국인이 인간을 '완성된 존재'가 아니라 '되어가는 존재'로 인식한 사고방식은 빠르게 변화하는 4차 산업혁명 시대에서 한국 사회의 적응력을 높이는 중요한 요소가 되었다. 한국 경제의 급속한 성장 또한 '태어난 존재'가 아니라 '끊임없이 변화하는 존재'로서의 한국인의 특성과 깊이 연결되어 있다. 기술 발전이 가속화되는 미래에도, 한국 사회는 새로운 도전에 맞춰 학습하고 변화하며 성장할 것이다. '되어가는 존재'로서의 인간관은 한국인이 기술 변혁 시대를 주도하는 원동력이 될 것이며, 앞으로도 한국 사회가 혁신과 발전을 이어가는 중요한 기반이 될 것이다.

질문들

1. 사회 변화에 따라 인재상이 어떻게 발전해왔는지 왔나?
2. AI 기술이 발전하면서 '평생 학습'의 필요성이 더 커지는 이유는?
3. 문해력이 AI시대에 왜 중요한가?
4. AI가 교육 격차를 해소할 수 있을까, 아니면 오히려 더 심화시킬까?
5. AI시대에는 암기보다 어떤 역량(창의력, 비판적 사고, 협업 등)이 더 중요해질까?
6. 디지털 리터러시는 문해력(literacy)과 어떻게 연결될까?
7. 디지털 리터러시가 단순히 '디지털 기기를 다룰 줄 아는 것'이 아니라, '디지털 정보와 기술을 비판적으로 활용하는 것'인 이유는?
8. 미래 사회에서 디지털 리터러시는 필수적인 기본 소양이 될까? 그렇다면 그 이유는?
9. 미래 사회에서 IQ, EQ, DQ 중 가장 중요한 요소는 무엇일까? 그 이유는?
10. 어린이와 청소년이 디지털 리터러시를 효과적으로 배울 수 있도록 하기 위한 방법은?

13

AI시대의 인문학

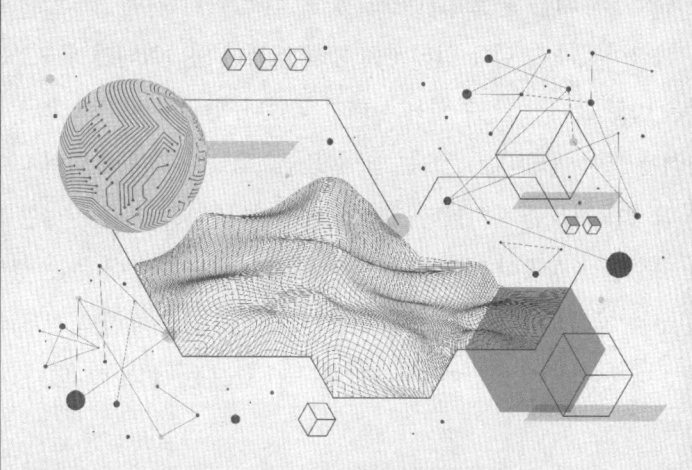

질문의 학문, 인문학

인터넷이 보급되기 전, 사람들은 궁금한 것이 있으면 직접 책을 찾거나 알 만한 사람에게 물어보는 방법으로 궁금증을 해소했다. 이때 주목받던 인재는 무엇이든 알고 있는 '걸어 다니는 백과사전'과 같은 사람이었다. 그런데 인터넷을 통해 검색이 일반화되면서 모르는 것은 바로 물어서 알 수 있는 시대가 되었다. 단답형 지식이 아닌 그 지식을 모아서 의미를 만드는 능력이 중요해졌다. 즉 통찰력이 뛰어난 인재가 필요한 시기였다. 그러나 챗지피티로 대표되는 생성형 AI가 나오면서 상황이 달라졌다. 질문에 대한 답을 만들어 주는 생성형 AI는 지식을 연결해서 답을 만드는 작업을 인간 대신 하기 시작했기 때문이다. 이제 답이 아니라 '질문'이 중요한 세상이 되었다.

챗지피티를 써본 사람은 챗지피티가 제공하는 정보의 질이 어떤 질문을 하느냐에 달려 있다는 것을 안다. 생성형 인공지능의 대답하는 지능은 나날이 좋아지고 있어 더 빨리, 더 좋은 대답을 내놓는데, 새로운 질문을 하는 것은 오랜 시간이 걸린다. 그래서 답의 가치는 저렴해지고 질문의 가치가 점점 높아지는 중이다. 문제는 좋은 질문을 하는 것이 무척 어렵다는 것이다.

　기술 칼럼니스트 케빈 켈리(Kevin Kelly)는 그의 저서 『인에비터블 미래의 정체』에서 인공지능 시대에 좋은 질문이란 무엇인지 알려 준다. 좋은 질문은 "검색해서 즉시 답할 수 없는 질문, 기존 답에 도전하는 질문, 일단 들으면 답을 알고 싶어 못 견디지만, 듣기 전까지는 아예 생각 못 한 질문, 새로운 사고 영역을 낳는 질문, 다른 많은 좋은 질문을 낳는 질문, 기계가 마지막으로 배울 수 있는 질문, 인간 존재 의미를 묻는 질문" 등이다. 이러한 질문을 할 줄 아는 사람은, 인공지능 시대에 새롭게 떠오르는 인재로 주목받게 될 것이라 한다.

✺ 케빈 켈리 저, 이한음 번역, 『인에비터블 미래의 정체 :12가지 법칙으로 다가오는 피할 수 없는 것들』, 청림출판, 2017

　『트렌드 코리아 2024』에서는 2024년 10대 키워드 중 하나로 '호모 프롬프트(Homo Promptus)'를 선정했다. 인간의 질문 능력에 대한 중요성을 강조한 신조어이다. 프롬프트(prompt)는 사용자의 명령어를 받아들이는 체계를 말한다. 컴퓨터나 프로그램이 어떤 동작을 수행할 준비가 됐다고 알려주는 것이다. 예를 들어, 구글 AI 제미나이의 질문 창을 보면 '프롬프트 입력'이란 글귀가 쓰여 있다. 'AI는 프롬프트만큼만 똑똑하다'라는 말은 AI가 내놓는 답변의 품질, 나아가 AI의 능력은 사람이 어떤 명령, 어떤 질문을 하느냐에 달렸다는 뜻이다. AI가 아무리 뛰어난 능력을 갖추고 있어도 활용 수준을 결정하는 것은 '질문하는 사람', 즉 '호모 프롬프트(Homo Prompt)'라는 것이다.

✺ 김난도 외, 『트렌드 코리아 2024』, 미래의 창, 2023

호모 프롬프트는 '호모(Homo)', 즉 인간으로 시작한다. '생성형 AI를 잘 쓰는 사람'이라는 의미로 단어가 만들어졌지만, 이를 다르게 해석하면 AI에 인간의 입력은 필수 불가결하다는 말이 된다. 결국 프롬프트를 입력하는 주체는 인간이며, 이를 위해 필요한 논리적 사고에 바탕을 둔 표현 능력과 결과를 논리적, 윤리적으로 재해석하는 능력 즉 인문학적 역량이 필요하다는 것을 의미한다. 좋은 질문은 생각하고, 토론하고, 글을 쓰는 능력이 뒷받침될 때 가능하다. 생성형 AI시대를 맞아 자신을 성찰하고, 질문을 던질 수 있는 인문학적 역량이 더욱 중요해지는 이유이다.

〈월스트리트 저널〉 기자 출신으로 각 분야의 수많은 사람과 인터뷰를 해온 조지 앤더스(George Anders)는 그의 저서 『왜 인문학적 감각인가』에서 세상은 지금 인문학적 감각을 필요로 한다고 말한다. 인문학적 감각을 지닌 이들은 인간에 대한 호기심, 창의적 사고, 공감하는 능력을 갖추었기 때문에 인간을 이해하고 인간의 마음을 움직이는 방법을 잘 알고 있어 기업이 원하는 인재는 바로 이런 사람들이라고 한다. 기술의 영향이 커지면 커질수록 기업에서는 인간적 감성, 인문학적 감각을 요구할 수밖에 없다는 것이다.

❈ 조지 앤더스 저, 김미선 역, 『왜 인문학적 감각인가』, 사이출판사, 2018

조지 앤더스는 실제 비즈니스 현장과 우리 삶에서 인문학의 가치가 새롭게 재조명되고 있는 현상을 살펴보면서, 신기술의 각축장이 되는 최첨단 하이테크 시대인 21세기에 역설적으로 세상은 인문학적 감각이 있어야 하는지 그 이유를 추적한다. 저자는 인문학적 감각을 '인간이 가진 가장 가치 있는 재능'이라고 평가하면서 그와 같은 역량을 지닌 사람이 어떤 강점을 지니고 있는지도 함께 분석한다. 그 결과 '인문학은 통념과 달리 돈이 되고 일자리를 창출하며 기술 발전과 혁신의 중심이 된다'라고 말한다. 미국 내 평생 소득 자료에서 최상위 10% 고소득층은 정치학, 역사학, 철학 전공자들이라는 통계자료도 근거로 첨부하고 있다. 그는 AI에 먹히지 않을 인간 최후의 보루로써 인문학의 중요성을 재평가해야 한다고 강조한다.

인문학은 종종 '비실용적'이라고 오해받는다. 많은 사람은 경제적 가치를 창출하는 것은 '과학, 기술, 공학, 수학(STEM)' 분야며, 인문학은 단순히 교양을 위한 학문이라고 생각한다. 그러나 이러한 통념은 현실을 반영하지 않는다. 인문학은 경제적 가치를 창출하며, 일자리를 만들어내고, 기술 발전과 혁신의 중심에 서 있다. 인문학적 사고와 창의력은 단순히 학문적 논의를 넘어, 경제와 산업 전반에서 중요한 역할을 한다.

현대 경제에서 가장 가치 있는 것은 창의력과 문제 해결 능력이다. 데이터와 기술이 넘쳐나는 시대일수록, 이를 효과적으로 활용하고 혁신적인 아이디어를 창출하는 능력이 더욱 중요해진다. 인문학은 바로 이러한 능력을 길러주는 학문이다. 예를 몇 가지 들어보면, 기업들은 제품을 단순히 생산하는 것이 아니라, 소비자와 감성적으로 연결되는 스토리를 만들어야 한다. 애플(Apple)의 성공적인 마케팅 전략을 보면, 단순한 기술적 우수성보다는 '혁신', '개인적인 창의성', '미래에 대한 비전' 같은 철학적 가치가 강조된다. 이는 인문학적 사고가 기업 전략에 직접적으로 이바지하는 사례다. 영화, 출판, 음악, 게임 등 콘텐츠 산업을 주도하는 넷플릭스(Netflix), 디즈니(Disney), 마블(Marvel) 같은 기업들도 강력한 서사와 캐릭터를 중심으로 거대한 수익을 창출한다. 이러한 산업은 역사, 문학, 철학 등 인문학적 지식 없이는 탄생할 수 없다.

오늘날 기업들은 사회적 책임(CSR)과 ESG 경영을 중요하게 여긴다. 기업의 사회적 책임(Corporate Social Responsibility, CSR)은 기업이 생산 및 영업활동을 하면서 환경경영, 윤리경영, 사회 공헌과 노동자를 비롯한 지역 사회 등 사회 전체에 이익을 동시에 추구하며, 그에 따라 의사결정 및 활동을 하는 것을 말한다. ESG 경영은 환경(Environmental), 사회(Social), 지배구조(Governance)의 영문 첫 글자를 조합한 단어로, 단순히 기업의 이익을 넘어, 환경 보호, 사회적 책임, 투명한 지배구조를 통해 지속 가능한 발전을 도모하는 경영 전략이다. 소비자들은 단순히 좋은 제품을 사는 것이 아니라, 그 기업의 철학과 가치를 고려한다. 기업이 올바른 결정을 내리기 위해서는 윤리학과 철학적 사고가 필수다.

인문학이 일자리를 창출하지 않는다는 생각은 오해다. 오히려 인문학적 배경을 가진 사람들은 다양한 분야에서 새로운 직업을 만들어내고 있다. 오늘날 기술 기업들은 사용자 경험(UX)과 사용자 인터페이스(UI)의 중요성을 강조한다. 사용자 경험(User Experience, UX)은 제품, 서비스, 시스템을 사용하면서 체험하는 전반적인 사용자 경험을 개선하기 위한 설계 영역이다. 최근 모바일 앱과 웹사이트, 그리고 키오스크를 비롯한 각종 인터랙티브 인터페이스를 가진 디지털 화면들을 기획, 디자인 할 때 특히 많이 쓰이고 있다. 사용자 인터페이스(User Interface, UI)는 터치스크린, 키보드, 마우스 등 작은 도구들의 사용에 대한 것부터 큰 기계 시스템의 제어와 처리를 하는 것까지 다양한 개념들을 포괄한다. UI는 사람과 컴퓨터 시스템 사이의 의사소통 매개를 의미한다. 제품이 기술적으로 뛰어나도, 인간 친화적이지 않다면 성공할 수 없다. 인문학적 지식을 갖춘 디자이너와 기획자들은 인간의 심리와 행동을 연구하여 더 나은 사용자 경험을 설계한다.

인공지능과 데이터분석은 단순한 수치 계산이 아니라, 인간이 가진 문제를 해결하는 도구다. AI 윤리, 데이터 프라이버시, 알고리즘 편향성 문제를 해결하는 데는 철학, 사회학, 심리학적 지식이 필수적이다. 실제로 구글, 마이크로소프트 같은 기업들은 인문학 전공자를 적극적으로 채용하고 있다. 많은 성공한 창업가들은 인문학적 사고를 기반으로 새로운 비즈니스를 창출했다. 예를 들어, 세계적인 디자인 회사 아이디오(IDEO)는 심리학과 인류학적 연구를 바탕으로 혁신적인 제품을 개발한다. 인문학적 사고가 창업의 핵심 동력이 되는 것이다.

기술은 단순히 개발되는 것이 아니라, 인간과 사회를 위해 발전해야 한다. 기술 발전의 방향을 결정하고, 그것이 어떻게 사용되어야 하는지를 논의하는 것은 인문학의 역할이다. AI는 단순한 기술적 문제를 넘어 윤리적, 철학적 질문을 던진다. "AI가 인간의 의사결정을 대신할 수 있는가? 알고리즘의 판단이 공정성을 가질 수 있는가?" 이러한 문제를 해결하는 데는 기술적 지식만으로는 부족하며, 철학과 윤리학이 중요한 역할을 한다. 기술이 발전할수록, 인간의 역할은 어떻게 변화해야 하는가? 자동화와 로봇이 확산하면서 인간의 노동은 줄어들고 있지만, 동시에 새로운 형태의 일자리가 창출되고 있다. 인문학은 이러한 변화 속에서 인간의 역할을 고민하고, 기술이 올바른 방향으로 사용될 수 있도록 돕는다. 애플, 구글, 테슬라 같은 기업들이 강조하는 디자인 사고(Design Thinking)는 인문학적 사고방식과 밀접하게 연결되어 있다. 단순한 기능적 제품이 아니라, 인간 중심적이고 감성적인 제품을 만들기 위해서는 철학, 심리학, 예술적 감각이 필수적이다.

인문학은 더 이상 '쓸모없는 학문'이 아니다. 오히려 창의력, 비판적 사고, 문제 해결 능력, 윤리적 판단력 같은 인문학적 역량은 현대 사회에서 필수적이다. 인문학은 브랜드 전략, 콘텐츠 산업, 기술 개발, 기업 윤리, AI 윤리, UX 디자인 등 다양한 분야에서 경제적 가치를 창출하고 있으며, 새로운 일자리를 만들어내고 있다. 미래사회에서는 단순한 기술적 능력만이 아니라, 기술을 인간과 사회에 적절히 적용할 수 있는 인문학적 사고가 더욱 중요해질 것이다. 이제 우리는 인문학을 단순한 교양 과목이 아니라, 경제와 기술혁신을 이끄는 핵심 자산으로 바라봐야 한다.

질문의 책

인문학, 그중에서도 문학은 원래부터 답이 아니라 질문을 구하는 인간 활동이었다. 칠레 출신의 시인으로 노벨문학상을 수상한 파블로 네루다(Pablo Neruda)는 아흔의 나이에 316개의 질문으로 쓴 74편의 시를 엮은 시집을 냈다. 제목이 '질문의 책'인데 대답은 없고 오직 질문만으로 이루어져 있는 시집이다.

"나였던 그 아이는 어디 있을까, 아직 내 속에 있을까 아니면 사라졌을까?"

"누구한테 물어볼 수 있지 내가 이 세상에 무슨 일이 일어나게 하려고 왔는지?"

❈ 파블로 네루다, 정현종 번역, 『질문의 책 파블로 네루다 시집』, 문학동네, 2013

시인은 오직 질문만 할 뿐 답은 독자가 하도록 던져둔다. 대답할 수 있는 질문도 있지만 쉽게 대답할 수 없는 질문들이 더 많다. 번역자인 정현종 시인은 말한다. "질문한다는 것은 모르는 자리로 돌아가는 것이고, 홀연히 '처음'의 시간 속에 있는 것이고, '끝없는 시작' 속에 있는 것이다." 창조란 대답이 아니라 질문만으로도 충분하기에 대답 따위는 필요하지 않을지도 모른다. 답이 아닌 질문이 필요한 시대를 사는 우리에게 그의 시는 더더욱 귀중한 울림을 준다.

2024년 노벨문학상 수상자인 한강의 소설 또한 끝없는 질문으로 이어진다. 한강은 소설을 쓴다는 것은 '질문을 완성하는 것'이라 자주 말하곤 했다. 매일경제 인터뷰(2024년 10월 11일) 중 작가는 자기 소설을 쓰는 방식을 다음과 같이 설명한다. "저에게 소설들은 계속해서 이어지는 어떤 것입니다. 이야기가 이어진다기보다는 질문들이 이어지는데요. 어느 시기에든 골몰하는 질문이 있고, 그 질문을 진척시켜 보는 방식으로 소설을 쓰게 됩니다." 한강의 소설들에는 질문들은 무성하나 대답은 없다. 쓰고 있는 그 역시 대답을 모른 채 질문의 형식으로 소설을 끌고 간다. "질문의 답을 찾으려는 게 아니라 질문을 완성하는 게 쓰는 이유라고 생각해요." 그는 소설 쓰기는 인간의 본질에 대해 질문을 던지는 과정이자 삶의 원동력이라고 생각하고 있다.

한강은 노벨상 시상식이 끝난 뒤 노벨상 연회에서 밝힌 수상 소감(Nobel Prize lecture, 2024. 12. 7)에서 다음과 같이 말한다. "어렸을 때부터 우리가 태어난 이유, 고통과 사랑이 존재하는 이유를 알고 싶었습니다. 이러한 질문은 수천 년 동안 문학이 던져온 질문이며, 오늘날에도 계속되고 있습니다. 우리가 이 세상에 잠시 머무는 것의 의미는 무엇일까요? 무슨 일이 있어도 인간으로 남는다는 것은 얼마나 어려운 일일까요?"

한강의 말은 삶이라는 것은 질문하고 답을 하는 것보다, 풀리지 않는 질문을 내내 품고 살아가는 일이 훨씬 더 많음을 이야기하는 것 처럼 들린다. 그리고 그것은 '질문을 끝까지 들여다보는 일'이 꼭 소설가만의 일은 아니라는 생각으로 이어진다. 변화는 어느 시대에나 있었다. 여러 차례의 기술 혁명이 일어났지만, 삶의 근원적인 질문은 바뀌지 않았다. '나는 누구인가? 어떻게 살 것인가?' 이러한 질문들에 대한 답을 우리는 늘 시와 소설 그리고 인문학에서 얻었다.

우리는 지금 인공지능이라는 새로운 존재를 어떻게 받아들여야 할지 몰라 큰 혼란을 겪고 있다. 기술이 진보하면 기술자들은 성공하니 좋다고 하지만, 인문학자들은 이 기술이 사회에 이로운 것이냐, 너무 빨리 만든 것은 아닌가 하며 묻고 또 물어본다. 인문학의 본질은 이처럼 근본적인 질문을 하게 만든다는 데 있다. 답을 찾는 인공지능의 시대에 질문하는 인간으로 존재해야 하는 이유에 대해서 손화철 교수는 그의 책 『호모 파베르의 미래』에서 다음과 같이 말한다.

"목적이 이끄는 기술 발전이란 특정한 기술을 개발할 때 그것이 더 효율적이라는 이유가 아닌 그 결과가 '좋다'는 것을 우선한다는 의미이다. 이 입장에 따르면 기술적으로 가능한 것을 개발하기보다는, 우리가 목적하는 바를 이루기 위한 기술을 개발해야 한다. 이는 훨씬 더 크고 깊은 물음, 즉 우리가 원하는 인간과 사회의 모습은 무엇인지, '좋은 기술'의 '좋음'을 어떻게 규정할 것인지의 물음을 제기한다."

✺ 손화철, 『호모 파베르의 미래: 기술의 시대, 인간의 자리는 어디인가』, 아케넷, 2020

기술은 단순히 가능한 것을 실현하는 도구가 아니다. 기술은 사회를 형성하고, 인간의 삶을 변화시키며, 궁극적으로 우리가 원하는 미래를 만들어가는 중요한 수단이다. 따라서 기술 개발의 방향은 '무엇이 가능한가'가 아니라 '무엇이 바람직한가'라는 질문을 중심으로 이루어져야 한다. 우리는 기술 발전의 속도에만 집중하는 것이 아니라, 그것이 인간과 사회에 미치는 영향을 고려하며, 좋은 기술의 기준을 재정립할 필요가 있다.

오늘날 기술 개발은 종종 '가능성'에 의해 주도된다. 예를 들어, 인공지능, 유전자 편집, 빅데이터 등 다양한 기술은 그 자체로 엄청난 가능성을 가지고 있으며, 기술자들은 이를 실현하는 데 집중한다. 그러나 '할 수 있는 것'과 '해야 하는 것'은 다르다. 기술이 단순히 가능한 방향으로만 발전한다면, 우리는 통제되지 않은 기술이 초래하는 윤리적, 사회적 문제에 직면할 수 있다. 예를 들어, 감시 기술은 보안 강화라는 긍정적 측면이 있지만, 사생활 침해와 권력 집중이라는 부작용을 초래할 수 있다. 따라서 기술이 단순히 발전하는 것이 아니라, 어떠한 목적을 위해 발전해야 하는지를 고민해야 한다. 기술 개발의 목표는 인간의 존엄성을 보장하고, 사회의 공정을 유지하며, 지속 가능한 발전을 이루는 방향으로 설정되어야 한다. 기술이 추구하는 '좋음'이 무엇인지 정의하는 것이 무엇보다 중요하다.

그렇다면 '좋은 기술'이란 무엇일까? 이는 단순히 효율성과 혁신성을 기준으로 판단할 수 없다. 좋은 기술은 인간의 삶을 개선하는 방향으로 개발되어야 한다. 사용자의 필요를 고려하고, 기술이 인간성을 해치지 않도록 설계해야 하고, 도덕적 기준을 고려하며, 특정 계층에게만 이익을 주거나, 환경을 파괴하거나, 개인의 자유를 침해하는 기술은 좋은 기술이 될 수 없다. 기술은 공동체에 미치는 영향을 고려해야 한다. 기술 개발자와 기업은 그들이 만든 기술이 사회에 미치는 장기적 영향을 분석하고, 부작용을 최소화하기 위해 노력해야 한다. 단기적인 이익이 아니라, 장기적으로 환경과 인류에 긍정적인 영향을 미칠 수 있는 기술이어야 한다.

나아가, 기술 개발자뿐만 아니라 사회 전체가 기술에 대한 태도를 바꿀 필요가 있다. 먼저, 연구자와 기업은 단순한 기술적 성공을 넘어, 기술이 사회에 미칠 영향을 고민해야 한다. 정부와 정책 입안자들은 기술이 인간과 사회에 미치는 영향을 평가하고, 공정한 기술 사용을 위한 규제를 마련해야 한다. 또한, 일반 시민들도 기술의 영향을 이해하고, 윤리적 기술 사용을 요구하는 목소리를 내야 한다. 기술의 발전 속도는 빠르지만, 이를 조절하는 우리의 윤리적, 사회적 기준은 상대적으로 더디게 발전하고 있다. 이제 우리는 기술의 발전을 단순히 따라가는 것이 아니라, 기술이 바람직한 방향으로 나아가도록 적극적으로 이끌어야 한다.

기술은 중립적인 도구가 아니다. 그것은 우리가 어떤 사회를 원하는지, 어떤 가치를 중요하게 생각하는지를 반영하는 결과물이다. 따라서 기술 개발은 단순히 '가능한 것'을 실현하는 것이 아니라,

'우리가 원하는 미래'를 구현하는 방향으로 이루어져야 한다. 인간 중심적이고, 윤리적이며, 사회적 책임을 고려하는 기술 개발이야말로 우리가 지향해야 할 '좋은 기술'의 모습이다. 기술의 발전이 우리의 삶을 보다 나은 방향으로 이끌게 하려면, 우리는 기술의 목적과 방향을 더욱 깊이 고민해야 할 때다.

질문하는 사람,
선비

우리 선조들은 그 시대의 역사적 상황과 사회적 요구에 따라 달라진 시대정신을 반영하고 표방해 왔다. 삼국시대는 화랑정신, 고려시대는 호국정신, 조선시대는 선비정신이 시대 정신이라 할 수 있다. 일제강점기를 관통하는 시대정신이 민족 독립이었다면, 해방 이후는 산업화와 민주화, 2000년대 들어서는 선진국 진입과 복지 국가의 지향이 우리의 시대정신이었다고 할 수 있다. 그렇다면 급격한 기술의 발전을 체험하고 있는 지금 우리가 지향해야 할 새로운 시대정신은 무엇이어야 할까? 이런 고민이 깊어지는 지금 '선비정신'은 좋은 본보기가 될 수 있을 것이다.

조선시대의 선비들은 그 시대의 지식인으로서, 단순히 지식을 축적하는 데 그치지 않고, 질문을 통해 진리를 탐구하는 데 중점을 두었다. 인공지능 시대를 살아가는 사람들에게 필요한 능력이 창의력, 비판적 사고, 공감 능력이라고 한다면 이는 모두 모두 선비의 공부법과 연관된다. 선비는 '널리 배우고 깊이 묻고 신중히 생각하고 명확하게 분별하고 독실하게 실천하는 5단계 공부법'을 생활화한 사람이기 때문이다.

유교 경전 중 하나인 『중용(中庸)』에서는 인간이 생각하고 그 생각을 행동으로 옮기는 과정에서 생길 수 있는 오류와 실수를 줄이는 문제를 깊이 고민한다. 그리고 이를 다섯 단계로 나눈다. 처음에는 널리 배우는 박학(博學), 두 번째는 자세히 물어보는 심문(審問), 세 번째는 신중하게 생각하는 신사(愼思), 네 번째는 분명하게 따지는 명변(明辨), 다섯 번째로 독실하게 행동하는 독행(篤行)이다. 독행을 하려면 앞의 네 단계의 절차를 거쳤는지 충분히 숙고할 필요가 있다고 한다.

❋ 동양고전연구회 역주, 『중용』, 민음사, 2016

'학문'이란 단어는 '學(배울 학)'과 '問(물을 문)'을 붙여 만든 말로, 묻는 것을 통해 배움이 완성된다는 것을 뜻한다. 그래서 선비들은 질문하지 않으면 어떠한 배움도 이룰 수 없다고 생각하였다. 즉, 선비들은 모든 배움은 묻는 데에서 시작한다는 것을 잘 알고 있는 사람들이었다.

다산 정약용(茶山 丁若鏞)은 모든 공부는 자기 자신에게 질문하는 데서 시작한다고 말한다. "모든 공부는 자기 자신에게 질문하는 데에서 시작한다. 그리고 모든 공부는 자기 자신을 사랑하는 데에서 끝난다."라고 말하며 모든 질문에는 그 사람이 거쳐 온 인생이 담겨 있으며 그 질문에 답하기 위해서는 자기 자신부터 알아야 한다고 했다. 이처럼 조선시대의 선비들은 그 시대의 지식인으로서, 단순히 지식을 축적하는 데 그치지 않고, 질문을 통해 진리를 탐구하는 데 중점을 두었다.

❋ 조윤제 저, 『다산의 마지막 질문 : 나를 깨닫는다는 것』, 청림출판, 2022

선비들은 질문을 통해 자신의 지식을 확장하고, 사회와 인간 존재의 본질에 대한 깊은 이해를 추구했다. 이들은 "무엇이 진정한 선인가?", "어떻게 하면 올바른 길을 걸을 수 있을까?"라는 근본적인 질문을 던지며, 삶의 의미를 탐구했다. 이러한 질문은 단순한 호기심에서 비롯된 것이 아니라, 자신과 사회에 대한 깊은 성찰의 결과였다.

한국 문화의 뿌리를 이루는 대표적인 문화 유전자를 소개하고 있는 책 『한국인의 문화 유전자』에서는 조선의 선비 전통은 인간, 제도, 기술 사이를 유연하게 조율하는 법을 가르칠 수 있다는 점에서 주목해야 한다고 말하고 있다. "현대사회는 기계의 편리함과 현대화를 지나치게 강조해서 인간의 근원적 판단력이 떨어지는 경향이 있다. 상상력은 컴퓨터에서는 결코 얻을 수 없다. 도덕성 또한 그렇다. 인간의 바람직한 행위와 기술이 촉진하는 길은 서로 충돌하는 경우가 많다. 기술의 편리함을 때로는 무시하거나 거리를 두는 일에도 용기와 도덕성이 필요하다. 선비정신은 그런 면에서 매우 중요한 역할을 담당할 수 있다"

❋ 주영하 외, 『한국인의 문화 유전자』, 국학진흥원, 2012

박기후인
(薄己厚人)

우리나라 사람들은 서구사회의 노블레스 오블리주(noblesse oblige)의 전통을 부러워하며 우리에게는 그러한 정신적 유산이 없음을 한탄하고는 한다. 하지만 정옥자 전 국사 편찬위원장은 『우리가 정말 알아야 할 우리 선비』에서 노블레스 오블리주란 얘기가 나오면 서양의 귀족 자제들이 전쟁터에 간 얘기를 많이 하지만 문화국가를 표방했던 한국은 다르게 봐야 한다면서 모범을 보이고 주변 이웃에게 베풀고, 국난을 당하면 적극적으로 나섰던 선비정신을 오늘날 되살리는 것이 필요하다고 말한다. 즉 조선왕조가 500년을 지탱할 수 있었던 바탕이 된 선비정신은 서양의 노블레스 오블리주와 비견될 만한 귀중한 자산이라는 것이다. 조선의 선비들은 남에게는 후하고 자신에게는 박하게 하는 '박기후인(薄己厚人)'의 정신을 체질화하여 청빈하고 검약한 생활 방식을 자연스럽게 몸에 익혔다.

❋ 노블레스 오블리주(noblesse oblige) : 사회 고위층 인사에게 요구되는 높은 수준의 도덕적 의무 '혜택받은 자들의 책임', 또는 '특권계층의 솔선수범'이라는 개념을 내포한다.
❋ 정옥자, 『우리가 정말 알아야 할 우리 선비』, 현암사, 2006

선비정신은 투철한 이타심으로 설명할 수 있다. 옛 선비들에게는 섣달그믐날 빚 문서를 태우는 풍습이 있었다고 한다. 3년 지나고도 형편이 어려워 갚지 못한 문서를 골라 태우는 것이 관행이었다. 이는 비단 집뿐만 아니라, 생존의 기본인 먹고 입고 사는 일을 두고 분수를 넘겨 돈을 벌거나 모진 짓을 하면 반드시 횡액(橫厄)이 닥친다는 믿음이 깔려 있었기 때문이다. 이와 더불어 '좋은 일을 많이 한 집에는 반드시 경사가 있다(적선지가 필유여경, 積善之家 必有餘慶)'라는 신념 또한 지켜갔다. 남에게 적선하면 빨리는 한 달 내지 일 년 안에 좋은 일이 일어나고, 늦으면 수십 년 안에, 그렇지 않으면 후대에서라도 반드시 좋은 일을 보게 된다고 믿었다.

대표적인 예가 300년간 조선시대 최고 부자를 유지한 경주 최부자집이다. 경주 최부자의 가훈 중에는 '사방 100리 안에 굶어 죽는 사람이 없게 하라'는 것이 있다. 만석 지기의 쌀 만 석 중 1/3은 가솔들이, 1/3은 과객의 대접에, 나머지 1/3은 빈민구휼에 썼다고 한다. 부불삼대(富不三代)라고 부자는 3대를 못 간다고 하는데 경주 최부자는 나눔을 실천함으로 인해 사람들로부터 모함과 시기를 받지 않고 존경받아 오면서 300년을 이어 왔다고 한다. 또한 전남 구례의 문화 류씨 집안은 굶주린 주민들이 가져갈 수 있게 담 밖에 독을 놓고 쌀을 채워 놓았다고 한다. 조선시대의 여러 양반 집안에서는 드나들기 편한 곳에 쌀이 든 쌀독을 놓아두고 형편이 어려운 사람들이 가져다 먹는 것을 부끄러워하지 않도록 배려하였다. 이러한 정신은 비단 양반가뿐 아니라 서민층에게도 확산하였다. 한국 사람들의 부엌에는 끼니마다 한 숟갈씩 쌀을 덜어내는 항아리가 있었는데 이를 '좀도리'라 불렀다. 절약해서 끼니를 거를 수밖에 없는 어려운 이웃에게 나눠주기 위해서였다. 이를 통해 보릿고개를 넘는 고달픔 속에서도 나눔을 실천했던 한국인들의 마음을 엿볼 수 있다.

이렇게 우리 조상들은 표나지 않게, 상대방이 부끄러움을 느끼지 않게 나누는 배려심이 있었다. 부잣집에서는 가을걷이하면 논에 떨어진 벼 이삭을 애써 줍지 않는다. 가난한 이웃들이 이삭을 줍도록 한 것이었다. 감자나 고구마밭의 이삭도 가난한 아이들의 몫이었다. 옛 어른들은 이런 마음 씀씀이로 "콩 한 쪽이라도 나누어 먹는다"라는 속담처럼 남과 함께 하는 삶을 몸소 실천하며 살았다.

앨빈 토플러는 『부의 미래』에서 앞으로의 부자는 얼마나 남에게 베풀 수 있는가에 따라 부자로 행세할 수 있다고 했다. 이러한 이상적인 부자의 모델이 바로 우리나라의 경주 최부자이다. 최부잣집이 300년 동안 대대로 만석꾼을 유지한 비결은, 만석 이상 재산을 모으지 말고, 과객을 후하게 대접하며, 주변 100리 안에 굶는 사람이 없게 하고, 흉년에는 남의 논밭을 사지 말라는 가훈을 잘 지킨 덕분이었다.

✻ 앨빈 토플러, 하이디 토플러 저, 김웅중 옮김, 『부의 미래』, 청림출판, 2006

최부잣집의 가훈에서 알 수 있듯이, 우리는 원래 나눔을 실천하는 민족이었다. 하지만 급속한 경제성장의 그늘에 나눔의 전통은 묻혀버리고 대부분 부자들은 크게 쌓은 부를 어떻게 하면 세금 덜 내고 대물림할 수 있을까를 궁리하는 데 여념이 없다. 이처럼 맥이 끊긴 우리의 '공유와 나눔'의 철학을 되살려 건강한 사회를 건설하는 데 활용하고, 사회적 안전망을 구축하기 위한 도구로 사용할 수 있을 것이다.

선비들은 평생 학습과 자기 성찰을 통해 인격을 발전시키고, 사회에 이바지하고자 했다. 사사로운 이익보다도 공동체의 이익을 먼저 생각해야 한다는 것이 참다운 선비들의 공통된 신념이었다. 이들은 질문을 통해 자신의 사고를 깊이 있게 다듬어 나갔고 이를 실천했다. 첨단 기술의 시대가 도래하면서 미래에 대한 기대는 높아졌지만, 한편으로는 기술이 발전할수록 물질만능주의와 이기주의가 팽배해 사회 갈등이 심해질 것을 우려하는 목소리도 크다. 인간성 회복과 공동체 정신을 강조하는 선비정신에 많은 이들이 다시 관심을 보이는 것도 그 때문이다.

질문들

1. AI시대에 필요한 새로운 인문학적 가치와 그 중요성은 무엇일까?
2. 최첨단 하이테크 기업들은 왜 인문학도를 필요로 하는가?
3. 인문학과 AI의 융합이 가져올 수 있는 긍정적인 변화는 무엇일까?
4. 기술과 인문학이 융합될 때 새로운 혁신이 탄생하는 이유는 무엇인가?
5. AI가 모든 정보를 제공하는 시대에도 '질문을 던지는 능력'이 중요한 이유는?
6. 디지털 시대에 '선비처럼 사는 삶'이란 무엇을 의미할까?
7. 인문학적 사고(창의력, 비판적 사고, 공감력 등)가 기업 경영과 비즈니스에 미치는 영향은?
8. 과거 산업혁명과 비교했을 때, 4차 산업혁명 시대에는 인문학적 역량이 더 중요해지는 이유는 무엇인가?
9. 인문학이 경제적으로 가치를 창출하는 사례에는 어떤 것들이 있을까?
10. 경제적 가치만으로 학문의 중요성을 판단하는 것이 올바른가?

14

AI 강국

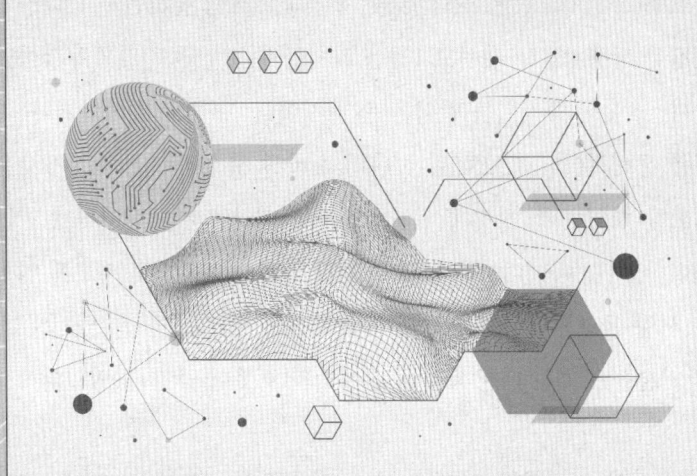

디지로그와
접화군생(接化群生)

2015년 6월 미국 국방부 산하 방위고등연구계획국(DARPA)이 개최한 세계 재난 로봇 경진대회에서 한국과학기술원(KAIST)팀의 로봇 휴보(HUBO)가 1등을 했다. 로봇 후진국으로만 꼽히던 우리나라가 쟁쟁한 경쟁자들을 제치고 1등을 차지할 수 있었던 비결은 무엇이었을까? 로봇이 움직이는 방식은 두 가지이다. 두 발로 걸어가거나, 바퀴를 통해서이다. KAIST팀은 다리와 바퀴 시스템을 합치는 새로운 시도를 하였는데, 평지에서는 굴러가고 계단에서는 걸어가게 만든 것이다. 이런 아이디어는 둘로 나누고 쪼개는 이분법적 사고에 익숙한 서양 문명권에서는 생각해내기 어려운 새로운 발상이었기에 첨단 기술을 장착한 다른 로봇들을 우리의 로봇이 앞설 수 있었다.

천사와 악마, 영혼과 육신, 선과 악과 같은 이항대립 체계는 서구 문화의 뿌리를 이루고 있는 기본 체계이다. 서양에서는 이러한 것들의 중간을 용납지 않는다. 그러나 동양은 그것이 가능하다. '빛 좋은 개살구'와 '보기 좋은 떡이 먹기도 좋다'가 양립한다. 서양적 논리는 이런 어정쩡한 상태를 못 견딘다. 이쪽이든 저쪽이든 정답을 딱 정해 주길 바란다. 그래야 다른 단계로 나아갈 수 있다.

그리스 철학자들은 이것 아니면 저것(either or)의 이분법적 사고 방식에 집착했다. 그들에게 모순은 반드시 해결해야 할 숙제였다. 어떤 주장이 다른 주장과 모순 관계에 있다면 둘 가운데 하나는 반드시 그릇된 것이어야 했다. 지금의 서양인들 역시 그렇다. 하나가 옳으면 반대쪽의 다른 하나는 논리적으로 옳을 수가 없다. 이분법적 사고가 지배하는 문화권에서는 언제나 선택이라는 단어가 큰 의미가 있다.

그러나 서양의 이거냐 저거냐, 흑이냐 백이냐에 비해 한국인들은 '이것 아니면 저것'을 선택하라고 할 때 마음이 편치 않다. 이것은 이것대로 옳고 저것은 저것대로 옳은 이유가 있기 때문이다. 구본형은 『코리아니티 경영』에서 한국인들은 '이것 아니면 저것' 곧 'or'의 문화권에 속해 있지 않고, '이것이면서 저것' 곧 'and'의 문화권에 속해 있다고 보았다. 그리고 'and' 문화의 핵심은 음양의 원리이며, 상극과 상생의 원리가 지배하는 가치체계라 하였다. 여기서 음양은 '서로 반대이면서 동시에 서로를 완전하게 만드는 힘', '서로의 존재 때문에 서로를 더 잘 이해 할 수 있는 힘'의 관계를 말한다. 한국인에게 세상은 늘 변하며 모순으로 가득 찬 곳이다. 따라서 어떤 일의 경과를 이해하기 위해서는 반드시 그 반대의 경우도 함께 고려한다. 지금은 옳다고 여겨지는 것이 변하여 나중에는 그렇지 않게 될 수도 있기 때문이다. 저자는 '모순을 껴안는 힘'이야말로 한국 문화의 핵심이라고 보았다.

❁ 구본형, 『코리아니티경영』, 휴머니스트, 2007

지금 우리가 사는 디지털 세상은 0과 1로 이루어져 있다. 서양에서는 디지털처럼 세상을 0과 1로 나누려고 하고, 끊임없이 양자택일하려 한다. 반면 아날로그 세상에는 0과 1만 있는 것이 아니다. 0과 1 사이에도 무수히 많은 숫자가 있다. 디지털은 양자택일이지만, 아날로그는 무한대의 선택지를 갖고 있다. 서양은 디지털과 아날로그를 대립적인 것으로 여긴다. 그래서 디지털 기술과 아날로그 감성이 융합되는 '디지로그(digilog)'라는 개념은 서양이 아닌 한국에서 탄생했다. 정반대의 것이 한 구조, 한 면에 들어있는 동시성과 모순, 이것이 '디지로그'이기 때문이다. 이어령은 2000년대 초입에 그의 책 『디지로그』를 통해 디지로그 개념을 내놓은 바 있다. 디지로그(digilog)란 디지털(digital)과 아날로그(analog)라는 서로 상대되는 뜻을 가진 두 개의 개념을 결합한 용어이다. 그는 후기정보사회의 지도자가 되는 길을 디지로그에서 찾으면서 '한국이야말로 아날로그 기반에 IT 기술이 훌륭하게 접목돼 융합할 수 있는 조건을 두루 갖추고 있다'라고 말한다.

❁ 이어령, 『디지로그』, 생각의 나무, 2008

서로 다른 것을 한 단어로 만들어내는데 뛰어난 한국어는 한국인의 디지로그 기질을 이해하는데 중요한 단서가 된다. 우리 민족의 양 방향적 사고의 반영으로 서랍은 빼고 닫고 하는 것이니까 '빼닫이', 창문을 열기도 하고 닫기도 하는 것이니까 '여닫이', 장지는 밀고 닫고 하는 것이니까 '미닫이'이다. 또한 오는 것과 가는 것을 하나로 합쳐 '오간다'라고 한다. 이처럼 우리 언어는 반대되는 요소를 하나로 묶은 어휘들이 많이 발달했다. 반대되는 현상을 조합하려는 특성이 자연스럽게 작용한 결과이다. 그런데 매사를 흑 아니면 백으로 생각하는 서양의 배제 논리는 양방향의 인식을 하지 못한다. 문은 하나인데도 서양에서는 반드시 '나가는 문(exit)'과 '들어오는 문(entrance)'을 갈라놓는다. 그러나 우리는 출입문이라고 한다. 이처럼 이항대립의 구도에서 벗어나 두 가지 의미를 동시에 표현하는 그것이야말로 한국적 언어관이라고 할 수 있다. 아시아인들은 옛날부터 사물을 하나의 독립된 개체라기보다는 상호 관계로 인식하고 있었다. 그래서 표 파는 곳이나 교과서처럼 일방적인 입장에서 이름을 붙이는 것을 싫어했으며 매매(賣買), 교습(敎習)과 같은 복합어를 좋아했다. 특히 한국어가 그렇다. 한국어에는 논리상으로는 나누어질 수 없는 양가 가치를 지닌 언어가 일상적으로 흔히 사용되고 있다. 서양인들이 대립적 개념으로 보는 많은 것들을 한국인들은 상호 유기적이고 보완적인 개념으로 이해한다.

하지만 영어는 우리말처럼 서로 뒤섞인 감정을 전달하기에는 적합하지 않다. 서양의 문화가 두 개의 이질적인 것을 대립시키고 하나가 다른 하나를 제거해 버리는 데 반해 한국의 문화는 두 개의 이질적인 것이 합해 하나가 된다. 지식생태학자로 알려진 유영만 교수는 『브리꼴레르』에서 서구 문명이 '이것이냐, 저것이냐'하는 이항대립(二項對立)적 선택과 택일의 사고에 의해 주도됐다면, 아시아 지역을 이끌어 온 사고방식은 '이것도, 저것도' 가능한 양자병합(兩者竝合) 사고가 특징이라고 말한다. 20세기는 양자택일의 시대였지만

21세기는 양단불락(兩端不落)과 양자병합(兩者竝合)의 시대가 되었다고 한다. 그래서 각기 다른 이질적인 두 가지를 조화와 균형으로 결합해내는 한국인들이야말로 21세기가 요구하는 융합형 인재라 할 수 있다고 주장한다.

❋ 유영만, 『브리꼴레르』, 쌤앤파커스, 2013

한국인은 극단(極端)을 배척하지 않고 잘 받아들인다. 극단이란 어떤 일이나 현상이 끝까지 진행되어 더 이상 나아갈 데가 없는 마지막 상태다. 한국인들은 이질적인 것을 품어 자연스럽게 자신의 것으로 만드는 습성이 있다. 한국 문화 콘텐츠 연구소장인 신광철은 『극단의 한국인, 극단의 창조성』에서 '극단'이란 핵심어로 한국인의 기질을 분석하고 있다. 저자는 한국인은 서로 대척점에 있는 것들을 끌어안고, 나아가 여러 가지를 용광로에 넣고 융복합해서 새로운 것을 뽑아내기 때문에 한민족이 발전할 수밖에 없다고 한다. 다시 말해 극단을 수용하고, 극단을 넘나들고, 극단의 중간지대를 만들고, 극단을 통합하는 한국인의 기질이 현재의 발전을 가져왔고 다가올 장래는 더욱 밝다고 보고 있다.

❋ 신광철, 『극단의 한국인, 극단의 창조성』, 쌤앤파커스, 2013

한민족에게는 이처럼 예로부터 디지로그 정서, 서로 같이 있을 수 없는 것을 하나로 융합해 내는 독특한 힘이 있다. 이러한 융합 정신의 뿌리로는 홍익인간과 함께 우리에게 오래도록 내려온 고유사상인 접화군생(接化群生)을 언급할 수 있다. 신라시대 최치원의 '난랑비서(鸞郎碑序)'에 나오는 접화군생(接化群生)에서 接은 만나다 관계하다, 化는 변한다, 그리고 群生은 모든 생명을 의미한다. 문자 그대로 풀면 모든 생명이 만나서 관계를 맺으며 변화한다는 뜻이다. 접화군생은 화랑정신의 기틀이자 삼국통일의 기반이 된 사상이다. 본래 유교, 불교, 도교 3교를 통합하고 조화로운 세상을 만들어 나가고자 하는 신라시대의 풍류 사상이다. 한국철학을 전공한 이선경 교수는 「한국 문화의 원형적 상상력으로서의 역학」에서 접화군생 정신과 단군신화에는 천지인(天地人). 삼재(三才), 상생(相生)의 생명 사상이 풍성하게 녹아 있다고 말한다. 그리하여 '접화군생' 정신을 이어갈 때 우리는 인간만이 아니라 인간이 아닌 뭇 생명체와 호흡을 같이 하며 서로 감응할 수 있다고 한다.

❋ 이선경, 「한국 문화의 원형적 상상력으로서의 역학」 『대동철학』 대동철학회 제66호, 2014

인공지능과 로봇의 시대로 상징되는 4차 산업혁명의 시대를 맞아 디지로그가 새삼 소환되는 것은 '사람이 인공지능의 지배를 받게 되는 것은 아닐까?', '사람이 추구해야 하는 진정한 삶의 의미와 가치는 무엇인가?'라는 시대적 질문 때문이다. 인공지능과 인간이 한쪽이 다른 한쪽을 배제하는 것이 아니라 서로 상생하고 공존할 수 있는 해법을 모색하는 과정에서 나온 것이다. 로봇은 이미 우리 생활 전반에 깊숙이 자리 잡고 있다. 청소를 대신 해주는 로봇, 수술을 대신 해주는 로봇, 지뢰 탐지를 대신하고 탐색을 대신 해주는 군용 로봇 등등이다. 이러한 로봇은 생활 편의를 높이고 인간과의 정서 교류를 하며 다양한 역할을 하고 있다.

이처럼 우리가 제기하는 질문의 해답은 우리의 정신 문화 속에 있다. 우리의 전통문화에는 서양은 물론, 동양권에서도 찾기 힘든 공존과 상생의 정신이 깃들어 있기 때문이다. AI시대를 맞이하면서 많은 사람이 기계와 인간, 인공지능과 인간노동을 대립적인 개념으로 생각하지만 절대 그렇지 않다. 기계와 인간은 대립할 존재라기보다는 협력할 대상이어야 한다. 인공지능과 함께 살아가야만 하는 시대, 접화군생 정신은 모든 생명이 만나서 관계를 맺으며 변화한다는 점에서 4차 산업혁명의 기본 정신이 될 수 있을 것이다.

이어령은 이미 오래전 디지털과 아날로그가 융합되는 '디지로그'야말로 미래를 읽는 키워드라고 말했다. 20여 년이 지난 지금 '디지로그'는 현재가 됐다. 지금 우리의 AI 분야 기술이 비록 다른 나라에 뒤떨어져 있어도 디지로그에서 출발해 뭇 생명을 살리고 관계를 맺는 접화군생으로 나아간다면 우리의 장래는 밝다. 위험에 빠진 사람을 구하러 장애물을 뚫고 달려가고 굴러도 가는 로봇, 이런 로봇을 만들 줄 아는 한국인에게 희망은 있다.

인공지능 시대 한국 문화가 답이다

삶의 방식이 근본적으로 변하고 있는 오늘, 인간과 기술 사이를 어떻게 하면 유연하게 조율할 수 있을지 우리의 고민이 깊어지고 있다. 오늘의 과제를 풀기 위해 과거로 눈을 돌려 해법을 찾는다면 우리는 어떠한 것에 도움을 받을 수 있을까?

첫 번째로 우리의 인본주의(人本主義) 전통은 그 답이 될 것이다. 우리 조상들은 늘 기계 자체 보다는 그 기계를 사용할 사람을 우선시했다. 길이와 넓이를 재는 우리의 계량법이 그 대표적인 사례다. 우리나라 사람들은 치수를 재는 정확한 잣대 없이 살아왔다. 셈을 빠르고 정확히 하는 데에 필수적인 계산기구가 서민층은 물론 국가기관에서조차 실용화되지 않았다. 기술 혁명에 필수적인 명확한 도량형과는 거리가 멀었다. 엄연히 저울이나 신식 계량기가 있는 요즘에도 시장에서는 저울이나 계량기는 그냥 장식품일 경우가 많다. 그저 손이나 키, 심지어는 손가락 마디를 이용하여 길이를 어림짐작한다. '뼘', '촌', '치', 그리고 '길'이란 단위를 사용하여 멀고 가까움을 표시하였다. '열 길 물속은 알아도 한 길 사람 속은 모른다'라는 속담도 자주 쓴다. 몇 미터, 몇 킬로미터로 표시하 '길이'라는 말의 어원도 '사람의 키 정도 되는 길이'를 나타내는 '길'에서 나왔다는 설(說)이 있다. 과학적인 관점에서 보면, 길이나 크기를 나타내는 우리말에는 '백발이 삼천장', '천길 낭떠러지', '구만리 장천', '골백번 죽고 죽어', '혀가 만발이나 빠졌다', '열 길 물속', '키가 팔대 장승 같다'와 같은 황당한 표현들이 많다.

이어령은 미터법의 예를 들어 서양의 계량법은 인간의 생활 경험에 토대를 둔 척도가 아님을 보여준다고 한다. 지구의 적도에서 극까지의 거리를 천만분의 일로 잘라내어 한 단위로 설정한 것이 1미터이다. 말하자면 인간의 실제 생활과는 아무런 관련이 없는 추상적인 법칙에 따라서 만들어진 척도이다. 그러나 십리라는 단위는 인간의 생활을 중심으로 하고 구체적 경험을 토대로 만들어낸 척도의 단위라는 것이다. 한국인의 애창곡인 아리랑에서 '십리도 못 가서 발병 난다'라는 가사를 만약 미터법으로 고쳐서 '4천 미터도 못 가서 발병이 난다'라고 하면 이 노래는 전체 분위기가 깨어지고 만다. 십리, 백리, 천리란 말은 단순히 거리를 재는 수학적 단위라기보다 꽃이나 구름 같은 경험적인 정서가 깃들어 있는 생활 언어라는 것이다. 이외에도 보통 사람이 단숨에 마실 수 있는 양을 말하는 '한 홉', 인간이 혼자 누울 수 있는 최소단위인 '한 칸'처럼 서양의 계량법이 인간의 실제 생활과는 아무런 관련이 없는 추상적인 법칙에 따라서 만들어진 척도라면 한국인의 것은 인간의 생활을 중심으로 하고 구체적 경험을 토대로 만들어낸 척도의 단위라며 인간 위주로 고안된 지혜로운 계량법이라 주장한다.

❋ 이어령, 『푸는 문화 신바람의 문화』 문학사상사, 2003

　이처럼 정확히 한 금, 한 금 따지지 않고 눈대중으로 길고 짧음을 표현하는 말이 많다 보니 우리의 사고방식도 대체로 두루뭉술하다. 한국인들은 대화할 때 '그렇다', '뭐하다', '거시기하다'처럼 말의 뜻을 명확하게 이해하기 어려운 표현을 자주 사용한다. '아무거나 시켜요', '적당한 시간에 와', '대충 알아서 주세요', '좀 뭐하거든 그만두어요'와 같은 이런 표현을 사용하여 분명하게 구체적으로 말하지 않고 말뜻을 흐림으로써 에둘러 말한다. 이야기를 분명하고 똑 부러지게 말하기보다는 우회적으로 말하거나 두루뭉술하고 불투명하게 표현한다.

　또한 '두세 시쯤'이라든가 "네다섯 시쯤 만나자"하는 식으로 시간 약속을 하고, 가게에서 과일을 살 때 역시 "서너 개쯤 주세요"라고 명확하게 필요한 숫자를 대지 않는다. 양에 대한 개념도 '짜장 곱빼기'라는 말처럼 모호하다. 이러한 비논리적 표현은 치밀함과 정확도가 필요한 과학적 사고방식을 저해하는 요인이 되었다는 지적을 많이 받아왔다. 이 때문에 과학기술 문명의 도입이 늦어지고 근대화 전반이 낙후되었다고 한다. 하지만 이러한 특성들이 새 시대에는 오히려 필요한 자질로 주목을 받을 수 있다. 길이·양·무게 등을 재는 단위법의 도량형을 개발한 정확한 서양인들의 계산법에는 정작 사람이 빠져 있다. 하지만 우리의 것은 사람의 몸으로, 마음으로 재는 인간적인 계산 단위이기 때문이다.

사람은 숫자와 데이터로 전체를 설명할 수 있는 존재가 아니다. 숫자로 나타난 정보는 사람의 부분일 뿐, 아무리 이를 조합한다고 해도 완벽한 한 사람을 만들어 낼 수 없다. 그런데 기술이 첨단화되고 디지털 사회가 되면서 각종 숫자와 데이터에 몰두하게 되었다. 사람과 사람 사이를 가깝게 하기 위해서는 우리 선조들처럼 눈대중, 마음 대중으로 재어 보아야 한다. 인간 본위를 생활 속에 실천해온 우리의 전통을 살려내기만 한다면, 기계와 로봇 그리고 사람이 공존하는 4차 산업에서 앞서갈 수 있을 것이다. 이미 진입한 4차 산업혁명의 흐름 속에서 기술에 의해서 대체되지 않을 한국인의 인본주의는 가장 강력한 국가자산이다. 이를 더욱 북돋우고 기술과 연결하는 정책적 지원을 한다면 4차 산업혁명은 우리나라가 선도할 수 있다.

두 번째는 우리의 융합 전통에서 답을 찾을 수 있다. 4차 산업혁명 시대가 열리면서 무수히 많은 정보나 장르 간의 접목과 혼합, 융합이 일상사처럼 일어나고 있다. 이러한 특질은 우리 한국인에게 정말 잘 어울린다. 한국 문화의 본질을 꿰뚫을 수 있는 핵심 용어가 '융합'이기 때문이다. '융합'은 한국인의 언어와 전통적 생활 저변에 공통분모로 내재하여 있는 핵심 가치이다. 한국어에는 한국인들이 공유하는 생각과 정서, 사고방식과 의식구조 등, 이른바 한국 문화의 전반적인 요소가 그 속에 고스란히 녹아 있다. 한국어 중에도 특히 한국인들에 의해 생성된 토박이말에서는 더욱 확실하다. 우리말에는 나들이, 빼다지, 여닫이, 승강기 등 반대되는 요소를 하나로 묶은 단어가 수없이 많다. 영어의 'going out', 한자어의 '외출(外出)'처럼 한 방향만 나타내고 있는 것과는 달리 '나들이'는 쌍방향으로 구성된 말이다.

조화와 융합을 추구하는 한국인의 특성은 음식에서도 잘 드러난다. 한국 음식의 주된 특징은 어우러지는 데 있다. 다양한 맛, 냄새, 질감, 온도의 조화로운 혼합으로 이루어진 밥상이야말로 한국 음식을 완벽하게 대표하는 요리라는 것이며, 밥상에 담긴 조화로움을 한식의 매력으로 강조한다. 우리나라 음식은 독립된 개별 음식 맛을 즐기는 서양의 것과는 대조적으로 한데 섞이고 어울려서 어느 것이 어느 맛인지 모르게 융합된 맛이며, 우리는 어떤 하나의 맛을 즐기는 것이 아니라, 맛과 맛의 관계에서 생기는 맛을 느낀다. 각각의 요리를 순차적으로 즐기는 서양이나 중국 등과 다르게 모두 한 상에 차려놓고 함께 먹는 한국 음식은 '관계의 틈새에서만 존재'하는 것이다.

한국 전통 주생활 문화를 대표하는 한옥은 한민족의 정서를 그대로 반영하고 있는 장소다. 한옥의 가장 큰 특징은 두 개의 문화를 한 공간에 구현하고 있다는 점이다. 한옥은 남방문화인 마루와 북방문화인 온돌이 하나의 건축물에서 만난 희귀한 사례다. 이 두 구조는 아주 이질적이지만 이 상극(相剋) 요소가 오랜 세월을 두고 조금씩 절충되면서 적절히 조화하여 공존하는 제도로 정착한 집이 한옥이라면, 한국인의 의생활 문화에서도 융통성과 가변성의 한복 '치마'를 중심으로 관계론적이고 융합적인 한국 문화의 특징이 확인된다. 한복은 그때의 정황에 맞춰 입을 수 있는 융통성을 전제로 디자인된 옷이다. 입체적인 양복은 모양이 완성돼 있어 옷에 몸을 맞추는 데 비해 평면구성인 한복은 옷이 몸에 맞추는 사람 중심의 옷이다.

이처럼 반대의 것을 동시에 수용하는 한국인의 기질적 특성은 어디에서도 볼 수 없는 독특한 문화를 만들었다. 한국인은 대척점에 있는 정서를 함께 가지고 있고 따로 떨어뜨려 생각하지 않는다. 빨리 빨리와 은근과 끈기가 있고 한과 흥의 정서가 있다. 두 개의 정서는 정 반대편에 있지만 서로 다른 기질이 짝을 이루어 한국인의 정서적 근원이며 발원지가 되었다. 이러한 기질은 한국인 특유의 넉넉함과 여유, 융통성을 형성했다. 한국 문화는 이러한 융합의 정신이 있으므로 초연결 시대, 융합의 시대 등으로 설명되는 4차 산업혁명 시대를 선도해 나갈 역량이 충분하다.

세 번째는 우리의 통찰 문화이다. 몸짓과 눈치에 익숙한 한국인들은 말로 하는 직접적인 의사소통보다는 간접적인 의사소통을 주로 해왔기 때문에 말하지 않아도 상대방의 마음을 알아차리는 '통찰력'이 발달했다. 한국인의 이러한 통찰력은 뜻하지 않은 재난에 닥쳐 큰 힘을 발휘하였다. 미국을 비롯한 강대국들이 속수무책으로 코로나19에 휩쓸렸을 당시, 한국은 코로나19 펜데믹을 가장 잘 대처한 나라로 손꼽혔다. 〈워싱턴 포스트〉 등은 한국이 중국이나 이탈리아와는 달리 봉쇄나 격리 조치 없이, 사회와 시민의 합의를 바탕으로 우수한 방역 체계를 가동해 성공하고 있다고 평가했다. 서구 각국에서는 '왜 우리는 한국 정부나 한국인처럼 대처할 수 없는가'라는 의문을 제기했다. 많은 전문가나 해외 언론들은 성숙한 민주주의와 앞선 IT 기술, 잘 갖춰진 보편적인 의료체계, 국민의 단합된 힘,

정부의 강력한 리더십 등을 앞세운 K-방역이 다른 나라와의 차별점이라고 분석했다.

하지만 그 모든 것보다 더 중요한 차이는 통찰력을 바탕으로 한 우리의 '보살핌 문화'에 있다. 한국 정부나 지자체에서는 국민에게 매시간, 때로는 매분 SMS(short message service)를 발송해서 코로나19와 관련된 현재 상황을 안내했다. 또한 확진자들이 지나다닌 구체적인 경로를 올렸다. 공무원들은 자가 격리를 하는 감염자들을 위해 하루에 두 번 문을 두드리고, 생필품을 공급해 주고, 온갖 노력을 아끼지 않았다. 그 무엇보다 요구하기도 전에 알아서 챙겨주는 보살핌이야말로 전염병의 확산을 막는 데 아주 효과적이었다. 서양에서는 정부에서 이와 같은 정책을 펴기 어렵고, 자신을 독립적이고, 자유주의적이라 생각하는 시민들 또한 그것을 받아들이지 못한다. 서양 국가들은 이러한 한국적 대처 방식을 애초부터 도입할 수가 없는 문화이기 때문이다. 확진자 동선 파악을 위한 스마트폰 추적과 위치정보 공유, 빅데이터 활용 등의 법적 논란이 일고 있음에도 한국인들은 기꺼이 그것을 받아들였다. 그들은 정부가 실시하는 위기 대응 정책을 따르지 않는 다른 시민들을 비난하기도 했다. 한국인들은 마치 엄마가 아이를 돌보는 것과 같은 '치다꺼리' 문화에 익숙하여서 정부의 지나치리만큼 세심한 보살핌을 받아들이는데 거부감이 별로 없다.

'치다꺼리'란 말하지 않아도 자잘한 일을 이리저리 살펴 도와주는 것이다. 잔치 치다꺼리, 제사 치다꺼리처럼 어떤 일을 치러 내는 것을 말하기도 하고 '자식 치다꺼리, 환자 치다꺼리'와 같이 남을 도와서 거드는 일을 말하기도 한다. 치다꺼리는 그 앞에 '뒤'라는 말을 붙여서 '뒤치다꺼리'라는 표현으로 많이 쓴다. '뒤치다꺼리'는 부모가 자식을 돌보는 것처럼 남이 성가셔 하는 대수롭지 않은 일을 대신 해주고, 생색나지 않는 일들을 알뜰살뜰 보살피는 것이다. 그래서 우리나라에서는 자식 뒤치다꺼리하느라 부모의 허리가 휘고 등골이 빠졌다고 한다.

비슷한 의미의 외국어로 '서비스(service)'가 있지만 두 단어 사이는 근본적인 차이점이 있다. 서비스는 직업적인 한계 내에 머무는 말로서 상대방의 요구를 들어준다는 뜻이 있다. 요구를 들어주니까 그에 대한 대가를 받아야 한다는 것이다. 서양에서 서비스 요금이 당연시되는 이유도 여기에 있다. '서비스받는다' 혹은 '서비스해준다'라는 뜻은 대가를 내주는 뒤따름이 있어야 한다는 것을 전제로 한다. 하지만 뒤치다꺼리는 그렇지 않다. 뒤치다꺼리는 직업이라는 차원을 넘어서서 자기 자신의 희생까지를 감내하는 것이기도 하다.

아기를 돌보는 일을 본디 '뒤치다꺼리'라고 한다. 말 못하는 어린 아기를 어르고 달래며 밤잠을 설치고, 엄마는 아기가 저질러 놓은 일을 아무 일도 없던 것처럼 되돌려 놓으며, 성가셔하지도 않고 행여 아기가 불편해할세라 신경을 쓴다. 어머니의 정성으로 이루어지는 뒤치다꺼리는 서비스 요금이라는 것이 없다. 상대방의 요구에 직업적으로 서비스하는 것이 아니라 상대방이 미처 생각하고 있지 못하는 것, 상대방이 아쉬워할 것을 스스로 찾아서 온갖 치다꺼리를 해준다는 의미이다. 물어봐서 무엇이 필요한지 구체적으로 알아도 상대방 마음에 들게 도움을 주기란 쉽지 않은 일인데 짐작으로 상대에게 필요한 도움을 주기는 더더욱 쉽지 않다. 뒤치다꺼리를 한다는 것은 타인의 마음을 헤아릴 줄 알 때야 비로소 가능하다.

불교의 〈잡보장경(雜寶藏經)〉에 나오는 무재칠시(無財七施)는 '가진 것이 없어도 다른 사람들에게 베풀 수 있는 일곱 가지'를 말한다. 첫째, 얼굴에 화색을 띠고 부드럽고 정다운 얼굴로 남을 대하는 화안시(和顏施), 둘째, 칭찬이나 위로 등 말로써 베푸는 언시(言施), 셋째, 마음의 문을 열고 따뜻한 마음을 주는 심시(心施), 넷째, 호의를 담은 눈으로 상대를 대하는 안시(眼施), 다섯째, 남의 짐을 들어주는 등 몸으로 때우는 신시(身施), 여섯째, 때와 장소에 맞게 자리를 양보하는 좌시(座施), 마지막으로, 굳이 묻지 않고 상대의 마음을 헤아려 알아서 돕는 찰시(察施)가 그것이다. 불교의 영향 속에서 한국인들은 이러한 가르침을 생활 속에서 행하려 노력해왔다. 그래서 굳이 따져 묻지 않고 상대방의 마음을 헤아려 알아서 도와주는 찰시(察施)와 같은 뒤치다꺼리가 가능했다.

한국이 코로나19의 대표적인 방역 모델 국가로 자리한 바탕에는 기술적 역량 차원을 넘어 이러한 오랜 문화적 요인이 자리하고 있었다. 기계가 인간만큼 지능화되는 시대를 살아갈 우리에게 필요한 능력은 단순한 '기술'이 아니라 '통찰력'처럼 기계와 차별화되는 인간만의 능력이다.

문명충돌론으로 잘 알려진 하버드대학교 새뮤얼 헌팅턴(Samuel Huntington) 교수는 『문화가 중요하다』에서 국가의 경쟁력은 자본이 아니라 문화에서 나온다고 주장하면서 한국의 사례를 들고 있다. 그는 서문에서 한국과 가나의 1960년대 초 경제 사정은 모든 면에서 서로 비슷했다고 말한다. GNP 수준도 그랬고 1차 산업·2차 산업·서비스산업의 경제 점유율도 서로 유사했다는 것이다. 하지만 30년 뒤 두 나라의 차이를 보고 깜짝 놀랐다고 한다. 1990년대 초에 한국은 통상 규모 세계 14위의 산업 강국으로 발전하지만 가나는 제자리걸음을 하며 1인당 GNP가 한국의 15분의 1 수준에 머무르고 있었기 때문이다. 이런 엄청난 발전의 차이에 대해 헌팅턴은 여러 가지 요인이 작용했겠지만, 문화가 결정적 요인이라고 단언한다.

❊ 새뮤얼 헌팅턴, 『문화가 중요하다』, 김영사, 2005

3차 산업 혁명기에 기회를 잡아 정보통신 강국으로 성장한 한국은 이제 다시 새로운 도약을 준비하고 있다. 4차 산업혁명의 소용돌이를 겪고 있는 우리는 다시 한번 문화의 힘을 발휘해야 할 때가 왔다. 기계 중심, 과학 중심, 자본 중심으로 흘러가는 4차 산업혁명의 잘못된 흐름 속에서 우리가 제 몫을 해내며 살아남는 방안은, 우리의 전통문화 속에 있는 인본주의와 융합 능력, 그리고 통찰력을 되살려내는 길밖에 없다.

AI 강국, 한국이
주도할 수밖에 없는 이유

"AI가 인간을 지배할 것이다!" "기계가 인간의 일자리를 빼앗을 것이다!" 이러한 말들은 SF 영화 〈터미네이터〉나 〈아이, 로봇〉과 같은 작품 속에서 자주 등장하는 이야기다. 하지만 실제로 AI는 인간의 경쟁자이자 적이 될까? 역사를 돌이켜보면, 새로운 기술이 등장할 때마다 사람들은 늘 불안을 느꼈다. 산업혁명 당시에도 기계가 인간의 일자리를 빼앗을 것이라는 우려가 컸다. 그러나 결과적으로 기계는 단순 반복 작업을 대신 수행하면서, 인간이 보다 창의적이고 가치 있는 일에 집중할 수 있도록 돕는 역할을 했다. AI도 마찬가지다. AI는 인간을 대체하는 것이 아니라 협력하는 존재다. 특히 한국은 기계를 경쟁자로 바라보지 않고 인간과 함께 발전하는 협력자로 인식하는 문화를 가지고 있다. 이 점이야말로 한국이 AI 강국으로 도약할 수 있는 중요한 이유다.

AI 기술이 한국에서 빠르게 성장할 수 있는 또 다른 이유는 한국의 전통문화가 AI와 완벽하게 어울리기 때문이다. 한국의 전통 건축인 한옥(韓屋)은 자연과 조화를 이루도록 설계되어 있다. 여름에는 시원하고 겨울에는 따뜻한 구조를 갖추고 있으며, 자연을 해치지 않고 함께 공존하는 방식으로 만들어졌다. AI가 발전하면서 등장한 스마트홈 또한 이러한 개념과 유사하다. AI는 온도 조절, 조명, 에너지 사용을 최적화하여 생활을 더욱 편리하게 만들어 준다. 즉, 한국인은 오래전부터 기술과 자연이 조화를 이루는 방식을 익혀왔으며, AI 시대에도 이를 자연스럽게 적용할 수 있다.

또한 한국의 전통적인 두레, 품앗이 문화는 AI시대와 밀접한 연관이 있다. 과거 농경사회에서는 마을 사람들이 서로 돕고 협력하면서 공동체를 유지해왔다. 오늘날 AI 기술도 데이터를 공유하고 협력하면서 발전한다. 한국이 초고속 인터넷과 강력한 IT 인프라를 바탕으로 AI 기술을 빠르게 성장시킬 수 있는 이유도 바로 이러한 협력적인 문화에서 비롯된다. AI는 그 자체로 선악이 결정되는 존재가 아니다. 기술이 문제가 되는 것이 아니라, 그것을 어떻게 활용하느냐가 중요하다. 한국은 유교적 가치관 속에서 '인의예지(仁義禮智)'를 중시해 왔다. 즉, AI도 인간을 대체하는 것이 아니라 인간을 돕고, 더 나은 사회를 만드는 방향으로 사용될 때 긍정적인 영향을 미칠 수 있다.

한국은 AI 강국으로 성장할 수 있는 최적의 환경을 갖추고 있다. 먼저, 세계에서 가장 빠른 인터넷 속도를 보유하고 있으며, 초고속 인터넷 인프라는 AI 기술 발전의 핵심적인 요소다. AI가 발전하려면 방대한 데이터를 실시간으로 처리할 수 있어야 하는데, 한국의 IT 인프라는 이를 가능하게 한다. 또한 한국 국민들은 높은 기술 적응력을 가지고 있다. 스마트폰 사용률이 세계 최고 수준이며, 새로운 기술이 등장하면 빠르게 이를 받아들이고 활용하는 능력이 뛰어나다. 삼성, 네이버, 카카오, SKT 같은 IT 기업들은 AI 연구개발에 막대한 투자를 하고 있으며, AI 스타트업도 빠르게 성장하고 있다.

세계는 AI시대를 향해 빠르게 나아가고 있지만, 모든 나라가 같은 속도로 기술을 받아들이는 것은 아니다. 어떤 나라는 신기술을 두려워하고 적응하는 데 오랜 시간이 걸리는 반면, 한국은 세계에서 가장 빠른 신기술 수용 속도를 보인다. 한국은 스마트폰 보급률 세계 1위, 5G 인터넷 최초 상용화, 전자결제 및 모바일 뱅킹 보급률 세계 최고 수준, 메타버스·블록체인 기술 선도 등의 성과를 이루어냈다. 이러한 기술 적응력은 AI시대에서도 강력한 경쟁력이 될 것이다.

1990년대 후반, 한국은 빠른 인터넷 보급과 함께 PC방 문화를 만들어내며 IT 강국으로 성장했다. SNS와 라이브 커머스도 한국에서 빠르게 발전했고, 배달앱, 키오스크, 로봇 서빙과 같은 시스템을 세계 최고 수준으로 발전시켰다. AI도 마찬가지다. 한국은 AI 기술을 누구보다 빠르게 받아들이고, 이를 한국만의 방식으로 발전시킬 수 있는 능력을 갖추고 있다. 한국이 AI 강국이 될 수밖에 없는 이유는 분명하다. 한국인은 신기술을 받아들이는 속도가 세계 최고 수준이기 때문이다. 기술을 빠르게 도입하는 것뿐만 아니라, 이를 더 효율적이고 발전된 형태로 변화시키는 능력을 갖추고 있다.

AI시대에서 중요한 것은 인간과 AI가 어떻게 공존할 것인가에 대한 철학적 고민이다. 한국은 전통적으로 공존과 상생의 가치를 중시해 왔다. AI를 인간의 협력자로 인식하는 사고방식이야말로 한국이 AI 강국으로 성장할 수 있는 중요한 이유다. AI는 우리의 적이 아니다. 우리는 AI를 인간을 위한 기술로 만들어야 하며, 한국은 AI 강국으로 도약할 준비가 이미 되어 있다.

질문들

1. 세계에서 AI 강국으로 인정받는 나라는 어디이며, 그 이유는?
2. 한국의 AI 기술 수준은 세계적으로 어느 정도이며, 강점과 약점은 무엇인가?
3. 한국이 AI 글로벌 3강이 될 가능성이 크다고 말하는 근거는 무엇인가?
4. 한국형 인공지능이 특히 강한 분야는 무엇이 있을까?
5. AI시대에 한국이 세계적인 AI 강국으로 자리 잡기 위해 필요한 전략은 무엇인가?
6. 디지로그가 인공지능 발전에 어떤 구체적인 영향을 미칠 수 있을까?
7. AI 강국이 되기 위해 기업과 정부, 대학은 어떤 역할을 해야 할까?
8. 한국 사회의 강한 기술 수용능력(IT·스마트폰 보급률, 디지털 금융 활용 등)이 AI 강국으로 성장하는 데 어떤 강점이 될까?
9. AI 강국이 되기 위해 한국이 반드시 극복해야 할 문제는 무엇인가?
10. 인공지능 시대에 한국인의 사고방식이 다른 나라와 어떻게 차별화될까?

15

AI 미래사회

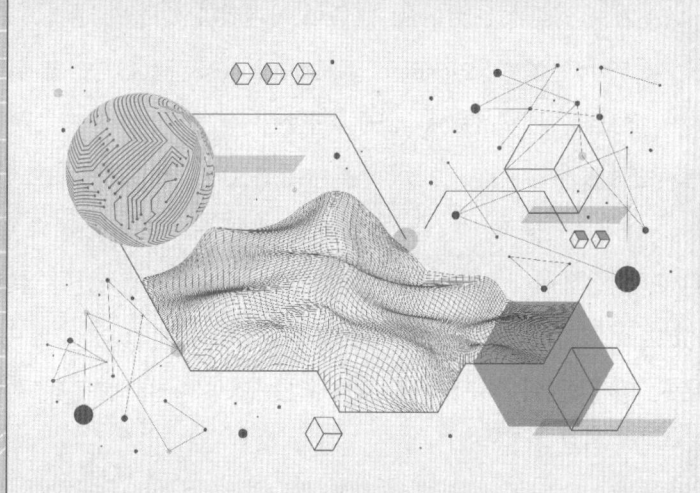

호모 사피엔스 이후 진화하는 인간과 AI시대의 도래

인류는 지구상에서 가장 지능적인 종으로 자리 잡았지만, 우리의 진화는 아직 끝나지 않았다. 과거를 돌아보면, 호모 사피엔스(Homo sapiens)가 유일한 '호모(Homo-)' 종이 아니었다. 수십만 년 전, 우리는 호모 네안데르탈인(Homo neanderthalensis, 약 45만년 전~4만년 전), 호모 하빌리스(Homo habilis, 약 233만년 전~140만년 전), 호모 에렉투스(Homo erectus, 약 200만년 전~10만년 전), 호모 플로레스인(Homo floresiensis, 약 9만 4천년 전~1만 3천년 전) 등 여러 인간종과 함께 지구를 공유했다. 그러나 시간이 흐르며 호모 사피엔스만이 살아남았고, 이제 우리는 또 다른 새로운 전환점 앞에 서 있다. AI의 등장으로 인해 인류는 다시 한번 '호모-'라는 명칭의 진화를 고민해야 할 시점에 이르렀다.

고인류학 연구에 따르면, 인류의 조상들은 서로 다른 환경에서 적응하며 다양하게 진화했다. 네안데르탈인은 추운 기후에 적응한 튼튼한 체격을 가졌으며, 호모 플로레스인는 소형화된 체구로 섬 환경에서 생존했다. 하지만 이들 대부분은 호모 사피엔스와의 경쟁에서 밀려 사라졌다. 인간의 언어 능력과 협업 기술, 추상적 사고가 생존 경쟁에서 결정적인 역할을 했다. 우리는 과거에 동족을 자연적 환경 속에서 잃었지만, 이제는 새로운 방식으로 '인간'이라는 개념을 확장하는 단계에 있다. AI와 인간의 융합, 생명공학과 뇌-기계 인터페이스(BMI)의 발전은 단순한 생물학적 진화를 넘어선 새로운 '인간상'을 만들어내고 있다.

❋ 뇌-기계 인터페이스(BMI: Brain Machine Interface) : 뇌와 기계를 직접 연결하여 뇌가 무엇인가를 생각할 때의 뇌 활동을 계측하고 그 데이터로부터 사람이 의도하는 바를 검출하여 기계 또는 로봇을 생각만으로 조작하는 기술이다.

AI시대, 새로운 'Homo-'의 탄생

인류의 역사를 관통하는 중요한 질문 중 하나는 "인간을 인간답게 만드는 것은 무엇인가?"라는 것이다. 철학자와 인류학자들은 이에 대해 여러 가지 답을 내놓았다. AI가 점점 더 인간의 지적 영역을 침범하고 있는 시대에서, 우리는 더 이상 기존의 '호모 사피엔스'로 머물 수 없다. 그렇다면 우리는 어떤 새로운 '호모-'가 될 것인가?

1. 호모 파베르(Homo Faber): 도구를 만드는 인간

'호모 파베르(Homo Faber)'는 "도구를 만들어 환경을 변화시키는 인간"을 뜻한다. 이 개념은 프랑스 철학자 앙리 베르그손(Henri Bergson)과 사회학자 막스 셸러(Max Scheler) 등이 발전시킨 것으로, 인간을 단순한 자연 일부가 아니라, 자신의 힘으로 환경을 개척하고 창조하는 존재로 본다. 인류는 도구를 만들고 사용하는 능력을 통해 동물과 구별되었으며, 기술과 문명을 발전시켜왔다. 결국, 호모 파베르의 손끝에서 인류의 역사가 만들어졌다.

호모 파베르의 역사는 도구의 역사와 같다. 200만 년 전, 초기 인류는 돌을 깨뜨려 날카로운 석기를 만들었고, 이 도구를 이용해 사냥하고 생존했고, 약 100만 년 전 불의 발견은 인류에게 요리와 보호의 능력을 주었고, 문명의 토대가 되었다. 약 1만 년 전에는 농경과 금속 기술의 발전으로 정착 사회를 만들고, 도시와 국가의 형성을 이끌었고, 18~19세기 산업혁명은 증기기관과 기계를 통해 생산성을 폭발적으로 증가시켰다. 20~21세기의 디지털 혁명은 컴퓨터와 인터넷, AI(인공지능)라는 새로운 도구를 통해 지식과 정보의 시대를 열었다. 이처럼 인간은 도구를 만드는 존재이며, 도구는 다시 인간을 변화시켜왔다.

인류의 진화 과정에서 손의 사용과 두뇌의 발달은 밀접한 관계가 있다. 손을 이용해 도구를 만들면서, 정교한 움직임을 제어하는 능력과 논리적 사고 능력이 함께 발달했다. 도구를 사용하면서 문제 해결 능력과 창의적 사고가 발전했고, 이것이 결국 과학과 예술의 발전으로 이어졌다. "손은 외부의 두뇌다"라는 말처럼, 인간의 창조성은 손과 도구의 협력 속에서 탄생했다. 인간은 단순히 자연에 적응하는 것이 아니라, 자연을 변화시키고 개척하는 존재다. 댐을 건설하고, 산을 깎고, 강을 바꾸며, 새로운 에너지원(화석 연료, 원자력, 태양광 등)을 개발했고, 질병에 맞서 의학 기술을 발전시켰고, 기근과 싸우기 위해 농업 기술을 개발했다. 전기, 자동차, 인터넷 같은 기술은 생활의 편리함을 극대화하는 방향으로 발전하고 있다. 인간은 단순한 생존을 넘어, 새로운 것을 창조하는 존재다. 과학과 예술, 건축과 공학, 음악과 문학 등 모든 창조 활동은 인간의 도구 사용 능력에서 비롯되었다. 기술 혁신을 통해 인간은 더 나은 미래를 설계하고 있다.

호모 파베르의 창조적 능력은 문명을 발전시켰지만, 기술이 오히려 인간을 위협하는 경우도 있다. 산업화와 기술 개발로 인해 지구 온난화, 생태계 파괴, 자원 고갈 등의 문제가 발생했다. 인간은 창조뿐만 아니라 파괴를 위한 도구(핵무기, 생화학 무기 등)도 개발했다. 또한, AI와 로봇의 발전으로 일자리가 감소하고 인간의 역할이 축소될 가능성이 커지고 있고, 스마트폰과 인터넷 시대에 인간은 더 편리해졌지만, 기술 의존도가 심화하면서 인간 본연의 능력이 약화할 위험도 있다. 기술이 인간의 감정, 사고, 창의성을 대신하는 시대가 오면, 인간은 더 이상 '도구를 만드는 존재'가 아니라, 도구에 의해 지배되는 존재가 될 수도 있다.

AI가 인간보다 더 뛰어난 창조력을 가지게 된다면, 인간의 역할은 무엇이고, 기술이 인간의 본질을 바꿀 수 있는 시대에, 호모 파베르는 어떤 방향으로 나아가야 할까? 호모 파베르는 단순히 도구를 만드는 존재가 아니라, 도구를 통해 미래를 창조하는 존재다. AI와 로봇, 생명공학, 우주 개발 등의 발전은 인간이 자신을 뛰어넘는 가능성을 열고 있다. 기술은 인간을 강화하는 방향으로 발전할 수도 있고, 인간을 도태시키는 방향으로 갈 수도 있다. 중요한 것은, 인간이 기술을 통제할 것인가, 아니면 기술이 인간을 통제할 것인가 하는 문제다. "도구를 만드는 인간"은 이제 자신을 만드는 존재로 변화하고 있다. 호모 파베르는 단순한 기술자가 아니라, 미래의 창조자가 되어야 한다.

2. 호모 루덴스(Homo Ludens): 놀이하는 인간

'놀이하는 존재'(Homo Ludens), 즉 호모 루덴스는 네덜란드 역사학자 요한 하위징아(Johan Huizinga)가 1938년 그의 저서 『Homo Ludens』에서 제시한 것이다. 그는 놀이가 단순한 오락이 아니라, 인간 문화와 문명의 본질적인 요소라고 주장했다. 예술, 문학, 스포츠, 법, 철학, 심지어 과학까지도 본질적으로 놀이적 요소를 가지고 있으며, 놀이가 없다면 인류의 창조성과 문명 발전도 없었으리라는 것이다.

그렇다면, 왜 인간은 놀이하는 존재인가? 놀이란 무엇이며, 인간의 삶에서 어떤 의미가 있는가? 놀이란 일이나 생존을 위한 활동과 구별되는 자발적이고 즐거운 활동이다. 그러나 단순한 재미를 넘어서, 인간의 사고방식과 창조성을 형성하는 중요한 역할을 한다. 하위징아는 놀이를 '문화보다 먼저 존재했던 현상'이라고 보았다. 즉, 문화는 놀이에서 시작되었다는 것이다. 법, 정치, 경제, 예술, 종교 등 인간의 중요한 제도들도 놀이적 요소를 기반으로 발전했다. 고대 올림픽(스포츠), 법정에서의 논쟁(규칙이 있는 게임), 연극과 문학(이야기 속 역할 놀이) 등도 놀이의 연장선이다. 심지어 현대의 과학 연구도 새로운 가능성을 탐색하는 놀이적 태도에서 발전해왔다.

인간은 어린 시절부터 놀이를 통해 세상을 배운다. 그러나 어른이 되어서도 예술, 게임, 스포츠, 유머 등의 놀이적 요소를 지속해서 즐긴다. 호모 루덴스는 나이를 초월하여 평생 놀이하는 존재다. 인간의 가장 강력한 능력 중 하나는 무에서 유를 창조하는 것이며, 그 시작점이 바로 놀이다. 예술, 문학, 음악, 영화, 게임 등 모든 창작 활동에는 놀이적 요소가 포함되어 있다. 과학과 기술 발전도 본질적으로 기존의 틀을 깨고 새로운 가능성을 탐색하는 놀이적 사고에서 비롯된다.

놀이를 통해 규칙을 배우고, 협력하며, 경쟁하는 법을 익힌다. 스포츠나 보드게임, 온라인 게임 등은 사람들 간의 유대감을 형성하고 공동체를 강화하는 역할을 한다. 심지어 정치와 경제도 하나의 '게임'처럼 작동하며, 사회적 관계도 일종의 '역할 놀이'라 볼 수 있다. 놀이하는 순간, 인간은 현실의 스트레스에서 벗어나 몰입(Flow) 상태에 도달할 수 있다. 이는 심리적 안정과 행복감을 높이며, 창의적 사고와 문제 해결 능력을 향상한다. 따라서 호모 루덴스는 놀이를 통해 삶의 의미를 찾고, 즐거움을 느끼는 존재다.

현대 사회에서 온라인 게임, 가상현실(VR), 증강현실(AR), 메타버스 등 기술이 발전하면서 놀이의 방식도 변화하고 있다. 과거에는 물리적 공간에서만 가능했던 놀이가 이제는 디지털 세계에서 무한히 확장되고 있다. e스포츠, 스트리밍, 가상 커뮤니티 등은 현대 사회에서 놀이가 단순한 오락을 넘어 하나의 문화와 산업이 되고 있음을 보여준다. 과거에는 놀이와 일이 철저히 분리되었지만, 현대에는 일과 놀이가 결합하는 경향이 강해지고 있다. 교육, 업무, 마케팅 등 다양한 분야에서 게임 요소를 적용하여 몰입도를 높이는 방식으로 스트리머, 유튜버, 프로게이머 등 놀이를 직업으로 삼는 새로운 형태의 노동이 등장했는데 이것을 '게이미피케이션(Gamification)'이라고 한다. 창의적 직업군(예술가, 개발자, 디자이너 등)에서는 놀이적 태도가 필수적인 요소가 되고 있다

현대 사회에서는 지나치게 바쁜 일상과 생산성 위주의 문화로 인해 놀이가 줄어드는 문제가 발생하고 있다. "어른이 되면 놀지 않는다"라는 인식은 인간의 본성을 억압하는 것일 수 있다. 하지만 오히려 현대 사회가 복잡해질수록, 더 많은 창의성과 유연성이 요구되며, 이는 놀이를 통해 길러질 수 있다. 놀이하는 인간, 호모 루덴스는 단순히 오락을 즐기는 존재가 아니다. 놀이를 통해 세상을 이해하고, 창조하고, 사회를 형성하는 존재다. 과학, 예술, 철학, 스포츠, 기술 모든 것이 놀이적 요소를 포함하고 있으며, 인류 문명의 발전과 함께 해왔다. 따라서 놀이를 단순한 '시간 낭비'가 아니라, 인류의 본질적 활동으로 재평가해야 한다.

그렇다면, 미래의 인간은 어떤 방식으로 놀이할 것인가? AI와 로봇이 노동을 대신하는 시대가 오면, 인간은 더욱 놀이하는 존재가 될 가능성이 크다. 메타버스와 가상현실 기술은 완전히 새로운 차원의 놀이 문화를 창조할 것이다. 하지만 동시에 '놀이의 자유'가 사라지지 않도록, 인간은 기술과 놀이의 균형을 맞출 필요가 있다. 결국, 놀이의 방식은 변해도, 놀이하는 인간의 본질은 변하지 않는다.

3. 호모 나랜스(Homo Narrans): 이야기하는 인간

인류를 독특하게 만드는 중요한 특징 중 하나가 이야기를 창조하고 공유하는 능력이다. 언어가 생겨나면서 인간은 단순한 정보 전달을 넘어, '이야기(서사, Narrative)'를 만들고 공유하기 시작했다. 이야기 속에서 인간은 과거를 기억하고, 현재를 이해하며, 미래를 상상한다. 인류학자와 철학자들은 이러한 인간의 본질적 특성을 가리켜 '호모 나랜스(Homo Narrans)', 즉 이야기하는 인간이라고 부른다.

우리는 단순한 사실보다 이야기를 통해 세상을 이해한다. 숫자와 데이터보다 사람의 경험과 감정이 담긴 서사가 더욱 강한 공감을 불러일으킨다. 기억은 단순한 정보의 나열이 아니라, 스토리의 형태로 저장되고 재구성된다. 우리는 자기의 삶을 하나의 이야기로 바라보며, 정체성을 만들어간다. "나는 누구인가?"라는 질문은 결국 "나는 어떤 이야기 속의 주인공인가?"라는 질문과 같다. 개인뿐만 아니라, 국가, 종교, 문화도 각자의 서사를 중심으로 정체성을 형성한다. 이야기는 사회를 연결하는 힘으로서 신화, 전설, 역사, 종교는 집단을 하나로 묶는 공동의 이야기다. 민족과 국가의 정체성도 공유된 이야기(예: 건국 신화, 영웅 서사) 속에서 탄생한다. 현대에도 영화, 소설, 드라마, 게임 등 대중문화의 이야기들이 사람들을 연결하는 역할을 한다.

단순한 정보보다 이야기는 감정을 불러일으키고, 깊은 공감을 형성한다. 기업 광고에서도 단순한 제품 설명보다 스토리텔링 기법을 활용할 때 더 강한 인상을 남긴다. 우리는 현실에서 만날 수 없는 상황이라도 이야기를 통해 경험하고 감정을 느낄 수 있다. 인간은 본능적으로 삶의 의미를 찾고 싶어 하며, 이야기는 그 의미를 제공한다. 우리는 우연한 사건도 하나의 서사로 연결해 의미를 부여하려는 경향이 있다. 역사적 사건도 단순한 연대기(Chronicle)가 아니라, 하나의 이야기로 재구성될 때 의미가 있다. 인간은 현실만이 아니라, 가상의 세계를 창조하고 몰입하는 능력을 갖추고 있다. 신화, 문학, 영화, 게임 등은 인간이 스스로 만들어낸 이야기 속에서 또 다른 현실을 경험하는 방식이다. 현대 사회에서 가상현실(VR), 메타버스, AI 기반 스토리 생성 기술이 발전하면서, 이야기의 세계는 더욱 확장되고 있다.

이야기는 강력한 힘을 가지지만, 왜곡된 서사도 쉽게 퍼질 수 있다. 가짜뉴스, 음모론, 조작된 역사는 사회적 갈등을 유발하는 위험이 있다. 호모 나랜스는 단순히 이야기를 받아들이는 존재가 아니라, 비판적으로 사고하고 사실과 허구를 구별하는 능력이 필요하다. 현대 사회에서는 소셜미디어와 AI 알고리즘이 특정 서사를 강조하고 필터링하는 역할을 한다. 사람들은 '자신이 믿고 싶은 이야기만 선택적으로 소비하는 경향(Echo Chamber)'을 보인다. 호모 나랜스가 건강한 사회를 유지하려면, 다양한 서사를 포용하고 열린 태도를 유지하는 것이 중요하다.

인공지능이 점점 더 정교한 이야기를 만들어낼 수 있게 되면서, 인간의 창작자 역할이 변화하고 있다. AI는 소설, 영화 대본, 시나리

오를 생성할 수 있지만, 인간만이 삶에서 느끼는 감정을 바탕으로 진정한 공감과 의미를 담은 이야기를 창조할 수 있다. 결국 호모 나랜스의 미래는, AI와 협력하여 더 깊고 풍부한 서사를 만들어가는 방향으로 나아가야 한다. 호모 나랜스는 단순히 이야기를 듣고 전달하는 존재가 아니다. 우리는 이야기를 통해 세상을 이해하고, 자신과 타인의 삶을 해석하며, 미래를 상상하는 존재다. 서사는 개인을 넘어 사회를 형성하고, 집단의 정체성을 결정하며, 인류 문명의 흐름을 만들어간다. 그러므로 가장 중요한 질문은 "우리는 어떤 이야기를 만들 것인가?"이다. 우리는 모두 저마다의 이야기를 가진 존재이며, 동시에 함께 새로운 이야기를 만들어가는 공동 창작자다. 결국, 우리의 이야기들이 모여 인류의 미래를 결정할 것이다.

4. 호모 데우스(Homo deus) : 신이 된 인간의 미래

인류는 오랜 세월 동안 생존을 위해 자연과 싸워왔다. 기아, 질병, 전쟁은 인간 문명의 가장 큰 위협이었으며, 우리는 이를 극복하기 위해 기술과 사회를 발전시켜왔다. 그러나 현대에 이르러 이러한 문제들은 점차 해결되고 있다. 유발 하라리는 그의 저서 [호모 데우스]에서, 인간이 이제 단순한 호모 사피엔스(Homo sapiens)를 넘어 호모 데우스(Homo Deus), 즉 '신적 인간'으로 변모할 가능성을 제시했다. 생명공학, 인공지능(AI), 유전자 편집, 나노기술 등의 발전은 인간을 신화 속 신과 같은 존재로 만들어 줄 수 있다. 하지만 이것이 과연 인류에게 축복일까, 아니면 새로운 재앙일까?

과거 인간은 신에게만 허용되던 능력을 갖추기 위해 노력해왔다. 불멸, 전지전능, 창조의 힘은 오랫동안 신의 영역이었다. 그러나 현대 과학과 기술은 점점 이러한 능력을 인간에게 부여하고 있다. 유전자 편집으로 인간의 DNA를 수정하여 질병을 예방하고, 노화의 속도를 늦출 수 있고, 줄기세포 및 장기 재생 기술로 장기를 교체하고 손상된 세포를 복구함으로써 생물학적 수명을 연장할 수 있다. 인간의 의식을 디지털화하여 클라우드에 저장하거나, 뇌-컴퓨터 인터페이스를 통해 기억을 보존하는 연구도 진행 중이다. 이러한 기술이 완성된다면, 인간은 더 이상 죽음을 필연적인 운명으로 받아들이지 않을지도 모른다.

인간의 뇌를 인공지능과 직접 연결하는 뉴럴링크(Neuralink) 같은 기술이 개발되고 있다. 이를 통해 인간은 엄청난 양의 정보를 즉각적으로 습득하고, 기존의 사고력과 창의성을 극대화할 수 있다. AI가 인간보다 더 빠르게 사고하고 결정을 내릴 수 있다면, 인간은 더 이상 지구에서 가장 지적인 존재가 아닐 수도 있다. 초지능이 현실화한다면, 우리는 과거 신들에게 기대했던 '전지성(全知性, Omniscience)'에 가까운 존재가 될 것이다.

하지만, 기술이 발전한다고 해서 모든 인간이 호모 데우스로 진화하는 것은 아니다. 유전자 편집, 생명 연장, AI 융합 등의 기술은 막대한 비용이 필요하며, 부유한 엘리트 계층만이 이를 활용할 가능성이 크다. 결과적으로, '신적 인간'과 '일반 인간' 사이의 격차가 커지고, 극단적인 계급 사회가 형성될 수도 있다. 그런 위험과 우려에서도 호모 데우스로의 변신은 불가피하다. 기술은 계속 발전하고 있으며, 인간은 자신의 한계를 뛰어넘으려는 본능을 가지고 있다. 그러나 그 과정에서 우리는 중요한 선택을 해야 한다.

우리는 단순한 호모 사피엔스를 넘어선 존재로 변모하고 있다. 하지만 우리가 신이 된다고 해서 반드시 더 나은 존재가 되는 것은 아니다. 중요한 것은 우리가 어떤 방식으로 신이 될 것인지에 대한 고민과 균형이다. 호모 데우스가 될 운명을 맞이한 인류는 이제 스스로를 돌아보아야 한다. 우리가 신이 되는 것이 목표가 아니라, 신이 된 이후에도 '인간다운 가치'를 잃지 않는 것이야말로 진정한 과제가 될 것이다.

5. 호모 커넥투스(Homo Connectus): 초연결 시대의 인간

과거 인류는 언어와 도구를 통해 협력하며 진화했다. 이후 문자와 인쇄술이 지식을 전파하는 시대를 열었고, 인터넷과 스마트폰은 물리적 경계를 넘어 인류를 하나로 연결했다. 이제 우리는 또 다른 차원의 연결을 향해 나아가고 있다. 인공지능(AI), 사물인터넷(IoT), 뇌-컴퓨터 인터페이스(BCI), 메타버스 등의 기술이 우리의 사고와 감각을 네트워크화하면서, 인간은 '호모 커넥투스(Homo Connectus)'로 진화하고 있다.

호모 커넥투스는 단순히 인터넷을 활용하는 존재가 아니다. 디지털 네트워크와 실시간으로 연결되며, 물리적 · 정신적 경계를 초월하는 인간이다. 이 새로운 인간형은 우리가 생각하고, 소통하고, 존재하는 방식 자체를 바꿔놓고 있다. 스마트폰과 웨어러블 기기(스마트워치, AR/VR 기기)를 통해 우리는 24시간 온라인 상태를 유지한다. 메타버스와 가상현실(VR) 기술이 발전하면서, 우리는 물리적 공간을 초월한 디지털 존재로 활동할 수 있다. 이제 "나는 생각한다, 고로 존재한다"가 아니라, "나는 연결된다, 고로 존재한다"라는 새로운 패러다임이 등장했다.

인터넷과 소셜미디어를 통해 개인이 아니라, 집단 지성이 사고하고 판단하는 시대가 되었다. 위키피디아, 온라인 포럼, SNS 등을 통해 지식이 개인에게서 집단으로 이동하고 있다. AI가 네트워크 속에서 정보를 분석하고 제시하면서, 인간의 사고방식도 AI와 상호작용하며 변화하고 있다. 뉴럴링크(Neuralink)와 같은 기술은 인간의 뇌와 컴퓨터를 직접 연결하여 정보를 주고받을 가능성을 열고 있다. 가까운 미래에는 생각만으로 인터넷을 검색하고, 뇌파로 디지털 기기를 조작하는 시대가 올 수 있다. 궁극적으로, 인간 개개인의 두뇌가 하나의 거대한 네트워크에 연결되는 '초집단 지성(Super Collective Intelligence)'이 형성될 수도 있다.

과거에는 정보를 습득하려면 책을 읽거나 전문가에게 배워야 했지만, 이제는 인터넷 검색 한 번으로 즉각적인 지식 습득이 가능하다. AI 비서를 통해 맞춤형 학습이 가능하며, 학교 교육의 개념이 변화하고 있다. 개별 인간이 학습하는 것이 아니라, 집단 지성이 학습하고 발전하는 시대가 오고 있다. 인터넷을 통해 전 세계 사람들이 실시간으로 협력하며 새로운 가치를 창출하고 있다. 원격 근무, 디지털 노마드(Digital nomad, 디지털 유목민), 메타버스 기반 직장이 등장하면서 물리적 장소의 개념이 희미해지고 있다. 온라인 커뮤니티는 단순한 취미 활동을 넘어, 사회적·정치적 영향력을 행사하는 공간이 되었다.

※ 디지털 노마드(Digital nomad) : 디지털(digital)과 유목민(nomad)을 합성한 신조어로, 인터넷 접속을 전제로 한 디지털 기기(노트북, 스마트폰 등)를 이용하여 공간 제약 없이 재택·원격 근무하며 자유롭게 생활하는 사람들을 말한다.

VR/AR 기술을 통해 우리는 물리적으로 존재하지 않는 공간에서도 감각적으로 몰입할 수 있는 경험을 하고 있다. 미래에는 뇌와 컴퓨터를 연결하여 서로 직접 상호작용이 가능하게 하는 인간 인터페이스 기술을 통해 시각, 청각뿐만 아니라 촉각, 미각, 후각까지 디지털화될 가능성이 크다. 결국 인간은 물리적 신체를 초월하여 디지털 환경 속에서도 실재감을 느낄 수 있는 존재로 변화할 것이다.

스마트폰, SNS, CCTV, AI 감시 시스템을 통해 우리는 이미 감시 사회에 살고 있다. 인터넷에 모든 정보가 연결되면서, 개인의 사생활과 익명성이 점점 사라지고 있다. 결국 인간이 자신의 사생활을 포기하고, 초연결 속에서 자유를 잃게 될 위험이 있고, 정보가 빠르게 확산할수록, 가짜뉴스와 허위 정보의 영향력도 커지고 있다. 또한, 딥페이크 기술이 발전하면서, 거짓과 진실을 구별하는 것이 더욱 어려워졌다. 초연결 사회에서 잘못된 정보가 퍼질 경우, 사회 전체가 왜곡된 인식을 가질 가능성이 크다. 모든 것이 연결될수록, 오히려 개인은 더 외로워질 수도 있다. SNS는 사람들을 연결하지만,

동시에 비교 문화, 피로감, 정신적 소외감을 유발할 수도 있고, 인간이 디지털 네트워크에 과도하게 의존하면, 실제 인간관계가 약화할 위험이 있다.

호모 커넥투스는 단순한 기술적 진보가 아니라, 인간 존재 방식의 근본적 변화를 의미한다. 과거에는 인간이 환경에 적응했지만, 이제는 네트워크 환경을 통해 인간이 새롭게 재구성되고 있다. 초연결 사회에서 인간은 더욱 강력한 협력을 이루지만, 동시에 새로운 정체성의 혼란을 겪을 수도 있다. 중요한 것은, "우리는 연결을 어떻게 활용할 것인가?" 하는 질문이다. 우리는 연결 속에서 자유를 찾을 것인지 아니면 연결 때문에 지배될 것인지 선택해야 한다.

6. 호모 테크노(Homo techno) : 기술과 융합하는 새로운 인간

인류는 항상 도구를 사용하며 발전해 왔다. 돌도끼에서 시작된 기술은 불, 바퀴, 금속, 전기, 컴퓨터를 거쳐 이제는 인공지능(AI)과 뇌-기계 인터페이스(BMI) 같은 첨단기술로까지 확장되었다. 현대 사회에서 인간은 더 이상 자연적인 존재만이 아니다. 우리는 기술과 밀접하게 결합하며 새로운 형태의 존재, 즉 '호모 테크노(Homo techno)'로 변모하고 있다.

기술은 단순한 도구가 아니라 인간의 일부가 되어가고 있다. 스마트폰 없이는 생활할 수 없는 현대인은 이미 기술과 결합한 하이브리드 존재다. 스마트폰뿐만 아니라, 스마트워치, 인공지능 비서,

가상현실(VR) 기기, 그리고 점점 발전하는 신경 인터페이스까지, 기술은 우리의 몸과 정신을 보조하고 확장하는 역할을 하고 있다. 호모 테크노는 단순한 기술 사용자 이상의 존재다. 기술과 융합하여 새로운 형태의 인간으로 진화하는 단계를 의미한다. 이는 단순한 디지털 도구 사용을 넘어서, 기술을 신체와 정신의 일부로 받아들이는 존재를 뜻한다.

과거에는 신체적 결함을 보완하기 위해 의수와 의족이 사용되었지만, 이제는 오히려 인간의 신체 능력을 향상하는 방향으로 발전하고 있다. 생체공학(Bionics) 기술을 활용한 기계 팔, 로봇 다리 등은 신체를 보완하는 것을 넘어 더 강한 힘과 정교한 움직임을 가능하게 하고, 시각장애인을 위한 생체공학적 안구(Bionic Eye), 난청을 보완하는 인공 와우(Cochlear Implant) 등은 감각을 확장하고 있다. 궁극적으로는 유전자 편집과 나노기술을 이용해 신체의 자연적 한계를 넘어서는 방향으로 나아갈 것이다.

AI는 인간의 정신 활동을 보조하고 증폭하는 역할을 하고 있다. 특히 뇌-기계 인터페이스(BMI) 기술은 인간의 뇌와 컴퓨터를 직접 연결하여 기억, 학습, 사고력을 확장하는 새로운 가능성을 제시한다. 일론 머스크의 뉴럴링크(Neuralink) 같은 기업들은 뇌 신호를 직접 해석하고 디지털 장치와 연결하는 기술을 연구 중이다. 이러한 기술이 발전하면, 인간은 더 이상 정보를 외부에서 검색하지 않아도 되고, 생각만으로 컴퓨터를 조작하거나, 다른 사람과 직접적인 '뇌-뇌' 통신할 수 있을 수도 있다. AI 보조 시스템이 학습과 결정을 돕는다면, 인간은 한계를 초월한 '증강된 사고력'을 갖게 될 것이다.

호모 테크노가 확산하면서, 기존의 '인간'이라는 개념 자체가 변화하고 있다. 우리가 AI와 긴밀하게 연결된다면, 인간의 자율성과 독립성은 어디까지 유지될 것인가? 인간의 뇌가 디지털 저장소와 연결될 경우, 우리의 기억과 정체성은 물리적인 몸에만 의존하는 것이 아닐 수도 있다. 기계화된 인간이 '인간'으로 간주될 수 있을까? 아니면 새로운 존재로 분류해야 할까? 호모 테크노는 인간 진화의 다음 단계일 수도 있지만, 그 방향이 반드시 긍정적이지만은 않다. 기술 의존도가 지나치게 높아진다면, 인간은 기계 없이는 존재할 수 없는 상태로 전락할 수도 있다. 또한, 기술 발전이 계층적 불평등을 심화시켜 신체적·정신적으로 업그레이드된 엘리트 계층과 그렇지 못한 계층 간의 격차가 심각해질 가능성도 있다. 우리가 호모 테크노로서 어떤 방향으로 나아갈 것인지는 우리의 선택에 달려 있다. 기술을 도구로 활용하되, 인간성의 본질을 잃지 않는 균형을 찾는 것이 중요한 과제가 될 것이다.

호모 테크노는 단순한 개념이 아니라 현실이 되어가고 있는 인간의 미래다. 이미 우리는 스마트폰, 웨어러블 디바이스, 뇌-컴퓨터 인터페이스 등을 통해 기술과 하나가 되어가고 있다. 미래에는 AI 보조 두뇌, 신경 임플란트, 사이버네틱 신체를 갖춘 새로운 인류가 등장할 것이다. 우리는 기술을 통해 신체적·정신적 능력을 확장하고 있으며, 점점 더 인간과 기계의 경계가 흐려지고 있다. 다만, 이 과정에서 기술이 인간을 지배하는 것이 아니라, 인간이 기술을 지배하며 보다 나은 존재로 진화할 수 있도록 방향성을 설정하는 것이 중요하다. 우리가 호모 테크노가 될 것인가, 아니면 기술에 종속된 존재가 될 것인가라는 질문에 대한 답을 찾는 것이 미래 인류가 직면한 가장 중요한 과제 중 하나일 것이다.

7. 호모 프롬프트(Homo Promptus): AI와 공존하는 인간의 새로운 진화

인류는 시대의 흐름에 따라 변화해왔다. 호모 사피엔스는 지능과 언어를 바탕으로 문명을 구축했으며, 호모 테크노는 기술과 융합해 신체적·정신적 한계를 확장했다. 그리고 이제 우리는 또 다른 진화의 문턱에 서 있다. 인공지능이 우리의 사고와 창작을 보조하는 시대, 인간은 AI와의 협력을 통해 새로운 존재로 변화하고 있다. 우리는 이제 호모 프롬프트(Homo Promptus), 즉 AI와 상호작용하며 사고하고 창조하는 인간으로 진화하고 있다.

과거에는 인간이 기계를 직접 프로그래밍하고 명령을 입력해야 했다. 하지만 AI의 발전으로 우리는 이제 프롬프트(Prompt), 즉 자연어를 이용한 명령어를 통해 AI와 소통하게 되었다. 텍스트 기반 AI(ChatGPT, Claude, Gemini)는 인간의 언어를 이해하고, 질문에 답하며, 창작을 돕고, 이미지 생성 AI(DALL·E, Midjourney)는 인간의 상상을 시각적으로 구현하며, 음악·영상·코딩 AI는 창작의 영역을 확장하여 누구나 전문가 수준의 결과물을 만들 수 있도록 돕는다. 이제 인간의 능력은 지식을 암기하고 반복적인 작업을 수행하는 것이 아니라, AI에게 올바른 질문을 던지고 원하는 결과를 유도하는 능력으로 변화하고 있다.

호모 프롬프트는 단순히 AI를 사용하는 존재가 아니다. AI를 어떻게 활용하는지에 따라 능력이 결정되는 인간이다. 과거에는 글을 읽고 쓰는 능력(문해력, Literacy)이 필수적이었다면, 이제는 프롬프트를 작성하는 능력이 새로운 문해력이다. 좋은 질문을 던지고, 원하는 결과를 얻기 위해 AI를 조작하는 능력이 곧 지능과 창의력의 척도가 된다. AI와 협력하는 방식에 따라 인간의 생산성과 창의성이 극적으로 향상될 수 있다.

호모 프롬프트는 단순한 창작자가 아니다. 이제 인간은 디렉터(Director)가 되고, AI는 조력자(Assistant)가 된다. 작가는 AI에게 스토리를 구상하게 하고, 자신만의 색깔로 다듬는다. 디자이너는 AI를 활용해 컨셉을 구상하고, 인간의 감각으로 완성도를 높인다. 프로그래머는 AI에게 코드를 생성하게 하고, 인간의 논리적 사고로 개선한다. 즉, AI와의 협력을 통해 인간은 창의력과 사고력을 더욱 증폭할 수 있다. 과거에는 문제를 해결하는 능력이 중요했다. 하지만 AI 시대에는 어떤 문제를 해결해야 하는지를 정의하는 능력이 더욱 중요해진다. AI가 수많은 데이터를 분석하고 해결책을 제시할 수 있지만, 인간이 올바른 방향을 설정하지 않으면 AI는 무의미한 답을 생성할 뿐이다. 따라서 호모 프롬프트는 문제를 정확하게 정의하고, 창의적으로 해결 방식을 유도하는 능력을 갖추어야 한다.

과거에는 많은 정보를 암기하는 것이 중요했지만, AI시대에는 지식을 어떻게 활용할 것인가가 더욱 중요해진다. 우리는 이제 AI를 통해 언제든 원하는 정보를 얻을 수 있다. 하지만 어떤 정보를 찾고, 어떻게 해석하며, AI의 답변을 비판적으로 검토하는가가 중요하다. AI가 창작을 돕는 것은 분명하지만, 이는 인간이 창의성을 잃을 위험도 내포하고 있다. 인간이 AI의 결과물에 의존하게 되면, 스스로 사고하고 창조하는 능력이 약화할 수 있다. 따라서 AI를 단순한 자동화 도구로 사용할 것이 아니라, 인간의 창의력을 확장하는 도구로 활용해야 한다. AI는 완벽하지 않으며, 편향된 정보나 오류를 포함할 수도 있다. AI의 답변을 무조건 신뢰하는 것이 아니라, 비판적으로 검토하고 판단하는 능력이 중요해진다. 호모 프롬프트는 AI와 협력하면서도, 인간의 윤리적·비판적 사고력을 유지하는 존재가 되어야 한다.

호모 프롬프트는 단순히 AI를 사용하는 인간이 아니라, AI와 협력하여 새로운 가치를 창출하는 존재다. AI는 인간의 경쟁자가 아니라 도구이자 동반자가 될 것이다. 인간은 AI를 통해 더 깊이 사고하고, 더 창의적으로 표현하며, 더 넓은 영역에서 문제를 해결할 수 있는 존재로 진화할 것이다. 하지만 AI에 의존하는 것이 아니라, AI를 비판적으로 활용하고, 인간성을 유지하는 것이 중요하다. AI시대를 맞이한 우리는 단순히 AI에 의존하는 존재가 될 것인지, 아니면 AI를 활용해 더 창의적이고 지적인 존재가 될 것인지를 결정해야 한다. 우리는 이미 호모 프롬프트로의 진화를 시작했다. 이제 중요한 것은 AI와 공존하며, 인간만이 가진 사고력과 창의성을 확장하는 방향으로 나아가는 것이다.

8. 호모 아르티피키우스(Homo Artificius): 스스로를 창조하는 인간

인류는 자연의 법칙을 거스르며 스스로를 변화시키는 능력을 갖추어 왔다. 우리는 단순한 적응을 넘어서, 직접 자기 신체와 정신을 개조하는 시대에 접어들었다. 이제 인간은 더 이상 자연적인 존재에 머무르지 않고, 스스로를 창조하는 존재, 즉 '호모 아르티피키우스(Homo Artificius)'로 변모하고 있다.

호모 아르티피키우스는 자연적 진화의 흐름에서 벗어나, 과학과 기술을 통해 자신을 개조하고 재설계하는 인간을 의미한다. 자연적 진화를 벗어나, 스스로 자신을 개조하는 존재를 의미한다. 인간은 더 이상 환경에 적응하기 위해 변하는 것이 아니라, 스스로의 신체와 정신을 개조하여 새로운 형태로 발전할 수 있다. 생명공학, 인공지능(AI), 뇌-기계 인터페이스(BMI), 나노기술, 사이보그 기술 등의 발전은 인간이 더 이상 환경에 적응하는 것이 아니라, 환경에 맞게 스스로를 변화시키는 능력을 부여하고 있다. 이러한 변화는 인간의 본질을 다시 정의할 만큼 강력하며, 새로운 종의 탄생을 예고한다.

과거 인간은 자연의 선택을 받아들이는 존재였다. 하지만 호모 아르티피키우스는 선택을 기다리지 않고, 스스로를 설계하는 존재다. 이는 생물학적, 신경학적, 기계적 측면에서 인간의 개조를 의미한다. CRISPR-Cas9 같은 유전자 편집 기술을 통해 특정 유전자를 조작하여 질병을 예방하고, 심지어 신체적·지적 능력을 향상할 수 있다. '맞춤형 아기(디자이너 베이비)'의 탄생은 더 이상 상상이 아니다. 부모는 유전적으로 최적화된 아이를 선택할 수 있는 시대가 다가오고 있다. 노화를 조절하거나 수명을 연장하는 연구도 진행 중이며, 인간이 생물학적 한계를 극복할 가능성이 커지고 있다.

뇌-기계 인터페이스(BMI) 기술을 이용하면, 인간의 두뇌를 컴퓨터와 연결하여 기억을 보존하거나 사고력을 향상할 수 있다. 뉴럴링크 같은 프로젝트는 생각만으로 기계를 조작하고, 정보를 실시간으로 뇌에 업로드하는 기술을 연구하고 있다. 결국 인간은 순수한 생물적 존재가 아니라, 기계와 융합된 '하이브리드 존재'로 진화할 가능성이 크다. 바이오닉 팔다리와 신경 보철 기술은 신체적 장애를 보완하는 것을 넘어, 기존 인간의 능력을 초월하는 신체적 업그레이드를 가능하게 한다. 미래에는 강화된 시력, 청력, 근력을 가진 사람들이 등장할 것이며, 인간의 신체적 한계를 자유롭게 수정하는 것이 일반화될 수도 있다. 일부 과학자들은 인체 내부에 나노 로봇을 주입하여 자가 치유 시스템을 구축하는 연구도 진행 중이다.

호모 아르티피키우스는 단순한 진화의 연장이 아니라, 인간성과 정체성에 대한 근본적인 질문을 던진다. 신체가 기계로 대체된다면, 우리는 여전히 인간인가? 뇌가 컴퓨터와 연결되고, 기억이 업로드될 수 있다면, 우리의 정체성은 어디에 있는가? 스스로를 완전히 개조할 수 있다면, '나'라는 존재는 어떻게 정의될 것인가? 이러한 질문들은 과거 SF 소설에서 다뤄지던 주제였지만, 이제는 현실이 되어가고 있다.

호모 아르티피키우스의 등장은 인류에게 엄청난 가능성을 제공하지만, 동시에 심각한 윤리적·사회적 문제를 초래할 수 있다. 경제적 격차가 생물학적 격차로 확장될 가능성이 있다. 부유한 사람들만이 유전자 개조, 신체 업그레이드, 두뇌 강화 기술을 사용할 수 있다면, 인간 사회는 극단적인 계층화가 이루어질 수 있다. '강화된 인간(Enhanced Humans)'과 '자연적 인간(Natural Humans)' 사이의 차별과 갈등이 발생할 수도 있다.

인간이 기계와 융합될수록, 우리의 사고와 감정은 더 이상 개인적인 것이 아닐 수도 있다. 인간은 항상 자신의 한계를 극복하려는 욕망을 가지고 있었지만, 모든 한계를 초월한 인간은 더 이상 도전할 것이 없을 수도 있다. 과거에는 생존이 인간의 목표였지만, 호모 아르티피키우스가 된 인간에게는 새로운 목표가 필요할 것이다. 인간의 삶이 무한히 연장되고, 완벽한 신체와 지능을 갖게 된다면, 우리는 무엇을 위해 살아갈 것인가?

우리는 자연이 정한 길을 따르는 것이 아니라, 우리 스스로를 창조하는 단계에 접어들고 있다. 하지만 이 과정이 단순한 진보가 아니라, 전혀 새로운 존재로의 전환일 수도 있다는 점을 인식해야 한다. 우리는 이제 '인간을 개조하는 기술을 어디까지 허용할 것인가?', '기술 발전이 인간의 존엄성을 유지하도록 어떻게 규제할 것인가?', '강화된 인간과 자연적 인간이 평등하게 공존하는 방법은 무엇인가?'와 같은 질문의 답을 고민해야 한다. 호모 아르티피키우스는 인간의 마지막 진화일 수도 있고, 또는 인간이 아닌 새로운 종의 탄생일 수도 있다. 우리는 이 거대한 변화 앞에서, 어떤 인간이 될 것인지에 대한 철학적·윤리적 질문을 피할 수 없다. 우리는 인간으로 남을 것인가, 아니면 스스로를 다시 창조하여 새로운 존재가 될 것인가? 이 질문에 대한 답은, 인류가 스스로 결정해야 할 가장 중요한 선택이 될 것이다.

AI시대의 인간, 진화인가 소멸인가?

AI와 기술 발전이 가속화되면서, 인간의 역할에 대한 의문이 커지고 있다. 만약 AI가 인간의 모든 정신적, 육체적 능력을 초월한다면, 인간은 어떤 정체성을 유지할 수 있을까? 기술과 융합하는 것이 인간의 생존 방식이 될지, 아니면 기술에 종속되어 무력해질지는 우리가 선택해야 할 문제다. 우리는 과거 수많은 'Homo-' 종이 사라진 이유를 기억해야 한다. 네안데르탈인은 강력한 육체를 가졌지만, 협업과 적응력에서 사피엔스보다 부족했다. 이제 호모 사피엔스 역시 AI라는 새로운 경쟁자와 공존해야 하는 시대에 접어들었다. 우리가 'Homo techno' 또는 'Homo deus'로 진화할지, 아니면 또 다른 새로운 'Homo-'가 등장할지는 우리의 선택과 기술의 방향에 달려 있다.

우리는 더 이상 전통적인 의미의 '호모 사피엔스'로 남아 있을 수 없다. AI, 생명공학, 뇌-기계 인터페이스 등의 발전은 우리를 변화시키고 있으며, 이제는 인간이란 무엇인가를 다시 정의해야 할 시섬이다. 과거의 'Homo-' 종들이 자연의 선택 속에서 생존을 고민했다면, 우리는 이제 기술과의 관계 속에서 어떤 존재가 될지를 고민해야 한다. 과연 우리는 스스로의 진화를 주도하는 'Homo artificius'가 될 것인가, 아니면 AI에 의해 도태될 것인가? 이제 인류는 더 이상 자연의 선택이 아니라, 스스로의 선택에 의해 새로운 길을 개척해야 한다.

질문들

1. "우리는 어떤 도구를 만들 것이며, 그 도구는 우리를 어떤 존재로 만들 것인가?"라는 호모 파베르의 질문에 우리는 어떤 답을 할 것인가?
2. "당신은 지금, 충분히 놀고 있는가?"라는 호모 루덴스의 질문에, 우리는 어떤 답을 할 것인가?
3. 호모 나랜스, 우리는 지금 어떤 이야기를 써가고 있는가?
4. 초연결은 인류를 더욱 발전시킬 것인가, 아니면 더 깊은 고립과 감시에 빠뜨릴 것인가?
5. 만약 정부나 기업이 인간의 신경 데이터를 조작하거나 감시할 수 있다면, 인간의 자유 의지는 유지될 수 있을까?
6. 인간이 자신의 감정을 조작하고 기억을 편집할 수 있다면, 우리는 무엇을 진정한 자아로 받아들여야 할까?
7. 인간의 기억을 클라우드에 저장하고 영원히 존재할 수 있다면, '죽음'의 의미는 무엇이 될까?
8. 인간이 육체적 한계를 극복하고 기계와 결합하는 시대(트랜스휴머니즘)가 온다면, 우리는 여전히 인간일까?